Xpert.press

Springer-Verlag Berlin Heidelberg GmbH

Die Reihe **Xpert.press** des Springer-Verlags vermittelt Professionals in den Bereichen Betriebs- und Informationssysteme, Software Engineering und Programmiersprachen aktuell und kompetent relevantes Fachwissen über Technologien und Produkte zur Entwicklung und Anwendung moderner Informationstechnologien.

Axel Pink
Heinz Koßmann

Software-Entwicklung

für Kommunikationsnetze

in Zusammenarbeit mit Manfred Broy

mit Beiträgen von Edeltraud Kargl
Michael Lagally
Thomas Schimper

54 Abbildungen und 11 Tabellen

Springer

Dr. Axel Pink, Dr. Heinz Koßmann, Edeltraud Kargl, Michael Lagally,
Thomas Schimper
Siemens AG, Hofmannstr. 51, D-81359 München

axel.pink@icn.siemens.de, heinz.kossmann@icn.siemens.de, edeltraud.kargl@icn.siemens.de, michael.lagally@icn.siemens.de, thomas.schimper@icn.siemens.de

Professor Manfred Broy
TU München, Institut für Informatik, Arcisstr. 21, D-80290 München
broy@informatik.tu-muenchen.de

Die Deutsche Bibliothek - CIP-Einheitsaufnahme
Software-Entwicklung für Kommunikationsnetze / von Axel Pink .... - Berlin ;
Heidelberg ; New York ; Barcelona ; Hongkong ; London ; Mailand ; Paris ;
Singapur ; Tokio : Springer, 2002
(Xpert.press)

ISBN 978-3-642-62792-7 ISBN 978-3-642-56147-4 (eBook)
DOI 10.1007/978-3-642-56147-4

http://www.springer.de

Ursprünglich erschienen bei Springer-Verlag Berlin Heidelberg New York 2002
Softcover reprint of the hardcover 1st edition

Satz: Computer to film von PostScript Daten der Autoren
Umschlaggestaltung: KünkelLopka Werbeagentur, Heidelberg
Gedruckt auf säurefreiem Papier SPIN 10866937 - 33/3142YL - 5 4 3 2 1 0

Vorwort

Computer werden zunehmend in technischen und sozialen Systemen hoher Komplexität eingesetzt. Beispiele sind Kommunikationsnetze, Flugleitsysteme, Gesundheitssysteme, Finanzdienstleistungen oder Börsen. Dabei handelt es sich immer weniger um isolierte Computer in Rechenzentren, die große Datenmengen verarbeiten oder hohe Rechenleistung erbringen, sondern zunehmend um Computer, die im Verbund mit anderen, d.h. in Netzwerken, zusammenarbeiten.

Dies führt dazu, daß sich die Funktionen der Systeme zunehmend auf Netzwerke verteilen; d.h., Teilfunktionen werden auf unterschiedlichen Computern des Netzwerks koordiniert ausgeführt. Die Folge davon ist, daß die eingesetzten Software-Systeme aufgrund der computerübergreifenden Schnittstellen heterogen und komplex sind. Unbeeindruckt von dieser technisch bedingten Komplexität erwarten die Anwender der Systeme selbstverständlich eine hohe Verfügbarkeit und Qualität der Funktionen.

Die Fortschritte in der Computerentwicklung führen dazu, daß Rechengeschwindigkeit und Kapazität der Speicher ständig steigen, so daß immer umfangreichere Funktionen in Software realisiert werden können. Standard-Computer der verschiedenen Hersteller bieten zunehmend Software für anwendungsspezifische Basisfunktionen, deren Verwendung die Software-Herstellung beschleunigt. Gleichzeitig steigen die Anforderungen der Systembetreiber, die sich nur durch neue Dienste, d.h. neue Funktionen ihrer Systeme, in immer kürzeren Abständen gegen Wettbewerber behaupten können.

Entsprechend dazu haben Kommunikationsnetze während ihrer Entwicklung mehrere Phasen durchlaufen. Zunächst wurde die elektromechanische Steuerung durch Computer-Software zur Effizienzsteigerung nachgebildet. Über die ursprüngliche Aufgabe hinaus eröffnete der Computer als Netzknoten die Möglichkeit, weitere Services darauf aufbauend einzuführen. Ein aktuelles Beispiel sind im Rahmen der Integration von Telefonnetz und Internet die sogenannten „Converged Services". Der zusätzliche Freiheitsgrad, der sich daraus ergibt, daß diese neuen Anwendungen Hardware-übergreifend agieren, erhöht die Komplexität beträchtlich.

Alles in allem steigen die Anforderungen an die Software-Entwicklung hinsichtlich Funktionalität, Marktorientierung, Qualität, Kosten und Zeit.

Die Software-Entwicklung muß auf diese Situation reagieren:

- Sie muß kostengünstig sein, da die Technologieentwicklung konkurrenzfähig sein muß und durch Preisverfall geprägt ist,
- sie muß schnell sein, da die Systembetreiber einem hohen Konkurrenzdruck ausgesetzt sind,
- sie muß marktorientiert sein, was bedeutet, daß auch überraschende Marktanforderungen in laufenden Entwicklungen zu berücksichtigen sind, und
- sie muß flexibel sein hinsichtlich Austausch von Computer-Plattformen.

Welche Faktoren der Software-Entwicklung können zur Erreichung dieser Ziele beitragen?

Drei Faktoren spielen entscheidende Rollen. Es werden Experten benötigt, die Grundlagen wie Programmerstellung und Programmverifikation beherrschen. Prozesse zur Regelung der Entwicklungstätigkeiten von der Planung bis zur Übergabe an den Kunden sind notwendig. Diese Punkte sind aber nicht Software-spezifisch, sondern gelten auch für andere technische Disziplinen der industriellen Produktentwicklung.

Es gibt allerdings einen Aspekt, in dem sich die Software-Entwicklung von der Entwicklung anderer technischer Produkte unterscheidet. Der Unterschied liegt im Produkt selbst, nämlich in der inneren Struktur, den Eigenschaften des Zusammenwirkens der Strukturelemente und der Wirkungsweise nach außen. Die Komplexität dieser statischen und kausalen Zusammenhänge ist so darzustellen, daß sie minimiert werden kann und dadurch in der nachfolgenden Implementierung beherrschbar wird. An dieser Stelle liegen die Schwierigkeiten: Die innere Komplexität eines Software-Systems ist schwer zu fassen. Zudem fehlen geeignete Darstellungsmittel zur Kommunikation der Zusammenhänge. Dies macht es für die Implementierung schwierig, alle Probleme, die sich aus der Komplexität ergeben, zu erkennen und in geeigneter Form zu lösen. Verschärft wird das Problem dadurch, daß aufgrund der Schwierigkeiten bei der Darstellung der inneren Struktur die Tätigkeit des Modellierens bei Software leichter vernachlässigt wird als bei anderen Produkttypen.

Eine wesentliche Rolle bei der Beherrschung der Software-Komplexität spielt die Software-Architektur. Sie stellt die Regeln und Methoden für die Systementwicklung zur Verfügung. Ergänzt durch einen einfachen, aber wirkungsvollen Entwicklungsprozeß, der die

Implementierung lenkt, sind die Grundlagen für eine erfolgreiche Produktentwicklung geschaffen.

Die angesprochenen Anforderungen an moderne Software-Technik bilden die Motivation für dieses Buch. Grundlage sind die praktischen Erfahrungen aus einer Reihe von Software-Projekten aus dem Bereich der Telekommunikation. Telekommunikationssoftware zeichnet sich als Embedded Software durch ihre Funktionalität, ihren Umfang und die Vielzahl komplizierter Schnittstellen aus. Die spezifischen Eigenschaften sind ([Jung1998]):

- Echtzeitverarbeitung, parallele Abläufe, zeitkritisches Antwortverhalten
- äußerst großer Umfang
- hohe Komplexität durch auf verschiedene Prozessortypen verteilte Funktionalität mit eng gekoppelten Schnittstellen
- hohe Leistungsfähigkeit bezüglich des Durchsatzes
- hohe Qualitätsanforderungen (Zuverlässigkeit, Stabilität, Verfügbarkeit sowie fehlertolerantes Verhalten).

Dieses Buch beschreibt Prinzipien und Methoden der Entwicklung großer Software-Systeme aus dem Bereich der Telekommunikation, die sich in der Praxis bewährt haben. Es werden praktische Anwendungen von Architektur in Ergänzung zum Buch „Applied Software Architecture" [Hofm2000] beschrieben. Die theoretische Fundierung der Darstellung der Architekturelemente wird in einer Kooperation mit Prof. Broy, Institut für Informatik der Technischen Universität München, weiterentwickelt. Nicht betrachtet werden die speziellen Designaspekte der Implementierung selbst, da diese schon ausführlich in Büchern wie „Entwicklung von Software-Systemen" [Balz1982] dargestellt sind.

Zielgruppe

Angesprochen werden sollen Studenten der Software-Technik und Software-Entwickler, die an Aufgabenstellungen mit obiger Charakteristik arbeiten. Die praxisgerechte Darstellung der relevanten Zusammenhänge zwischen den verschiedenen Repräsentationen eines Software-Systems soll ihnen bei der Strukturierung ihrer Aufgaben helfen. Darüber hinaus finden Software-Manager, die sich mit dem Einsatz neuer Technologien in der Software-Entwicklung beschäftigen, Hinweise, mit welchen Mitteln eine Integration in die Entwicklungsprojekte möglich wird. Nicht zuletzt soll das Werk neuen Mitarbeitern und werdenden Software-Entwicklern, die noch nicht mit der Praxis und den Prinzipien der Entwicklung großer Software-Systeme vertraut sind, den Zugang zu ihren Aufgaben erleichtern.

Inhaltsverzeichnis

Einleitung **1**

1 Das Wesen von Software **5**

1.1 Prinzip der Speicherprogrammierbarkeit oder die schnelle Änderbarkeit aufgrund des Baumaterials 6
1.2 Komplexe Aufgabenstellungen oder Verlust der Anschaulichkeit 8
1.3 Fazit 9

2 Dynamik in der Software-Entwicklung **11**

2.1 Leistungsdynamik 11
2.2 Technologiedynamik 12
2.3 Teamdynamik 12
2.4 Anforderungsdynamik 13
2.5 Fazit 15

3 Software-Architektur **17**

3.1 Bedeutung von Architektur in der Software-Entwicklung .17
3.2 Architektur als Brücke zwischen System und Computerprogramm 21
3.3 Hardware-Konfiguration 25
3.4 Fazit 27

4 Beispiel einer Software-Architektonik **29**

4.1 Aufgabenstellung 29
4.2 Entwurf einer Software-Architektonik für PINT-Services .31
4.2.1 Basisaufbau 32

4.2.2 Einschub: Architekturelemente in der Notation COSPEL . 35
4.2.3 Reaktionszeit und Durchsatz ... 37
4.2.4 Standardschnittstellen ... 46
4.2.5 Offene Schnittstellen ... 48
4.2.6 Verfügbarkeit ... 51
4.2.7 Versionsentwicklung ... 55
4.2.8 Prototyp der Software-Architektonik für PINT-Services ... 58
4.2.9 Bewertung der Software-Architektonik des PINT-Gateways ... 60
4.3 Fazit ... 61

5 Zeit- und Kostenschätzungen ... 65

5.1 Grundsätzliches zur Zeit- und Kostenschätzung ... 65
5.2 Produktivität in der Software-Entwicklung ... 66
5.3 Das modifizierte Aron-Modell und das Cocomo-Modell .. 68
5.4 Vergleich mit Einzelangaben aus der Literatur ... 74
5.5 Function Points ... 75
5.6 Aktivitätsorientierte Aufwandsschätzung ... 75
5.7 Fazit ... 76

6 Architekturfaktoren, Prozedur zur Entscheidungsfindung ... 79

6.1 Checkliste ... 80
6.2 Bewertungsmatrix ... 84
6.3 Fazit ... 85

7 Wechselwirkung zwischen Architekturelementen und Implementierung ... 87

7.1 Strukturierungssichten für ein Software-System ... 87
7.2 Auswirkung der Struktur auf das Laufzeitverhalten ... 89
7.3 Durchstich zur Betriebsmittelabschätzung ... 91
7.4 Fazit ... 92

8 Von den Komponenten zur Schicht ... 93

8.1 Ordnung auf Komponenten ... 93
8.2 Konstruktion von Schichten ... 97
8.3 Schichtenmodell für Internet Supplementary Services ... 99
8.4 Architekturregeln ... 100
8.5 EWSD-Serviceschichtung ... 101
8.6 Fazit ... 103

9 **Aufteilung des Software-Systems auf ein verteiltes Computersystem 105**

9.1 Betriebsmittelzuordnung 105
9.2 Graphentheoretischer Lösungsansatz 107
9.3 Fazit 110

10 **Ausführen von Programmen 111**

10.1 Programme und ihre Realisierung durch Programmiersprachen 111
10.2 Prozesse als konkurrierende Ausführungseinheiten 113
10.3 Synchronität, Asynchronität und ihr Zusammenwirken ... 116
10.4 Prozeßkonzept in CHILL 119
10.5 Abhängigkeit zwischen Programmiersprache und Betriebssystem 122
10.6 Auswahlkriterien für eine Programmiersprache 123
10.7 Fazit 125

11 **Formale Grundlage der Architekturelemente 127**

11.1 Semantik der Signalmodelle 127
11.2 Semantik der Komponentenmodelle 132
11.2.1 Semantik des Protokollautomaten 136
11.2.2 Semantik des asynchronen Interfaces 138
11.2.3 Semantik des synchronen Interfaces 138
11.2.4 Semantik des Service 138
11.3 Einführung in COSPEL 139
11.3.1 Begründung und Prinzipien 139
11.3.2 Service 140
11.3.3 Komponente 142
11.3.4 Applikation 143
11.4 Sprachbeschreibung COSPEL 145
11.4.1 Hinweise zur Metasprache 145
11.4.2 COSPEL-Spezifikation 146
11.4.3 Applikation 146
11.4.4 Komponente 149
11.4.5 Service 152
11.4.6 Synchrone und asynchrone Interfaces 155
11.4.7 Protokollautomat 158
11.4.8 Channel 160
11.4.9 Signaturen (Formale Parameter) 161
11.5 Beispiel mit synchronen und asynchronen Schnittstellen . 161
11.6 Click-to-Dial-Beispiel in COSPEL 164
11.7 Fazit 173

12 Ausfallsicherheit: Redundanzarchitektur bei Echtzeitsystemen ... 175

12.1 Software-Zuverlässigkeit ... 175
12.2 Kombinatorische Regeln ... 177
12.3 Software-Fehlerbehandlung ... 179
12.4 Fazit ... 181

13 Qualitätssicherung ... 183

13.1 Qualität von Software ... 183
13.1.1 Entwicklungsprozeß und Fehlervermeidung ... 186
13.1.2 Fehlerquellen und Fehlerfindung ... 189
13.2 Entwicklungsmethode ... 193
13.3 Inspektionsverfahren ... 197
13.4 Testprozeß ... 201
13.4.1 Testmethoden ... 201
13.4.2 Durchführung der Tests ... 207
13.4.3 Beispiel: Funktionstest der Komponente SIP/PINT-Stack ... 208
13.5 Fazit ... 211

14 Methoden- und Sprachbewertung: UML, SDL, Java, C++, CORBA ... 213

14.1 UML ... 213
14.2 SDL ... 214
14.3 Java ... 215
14.4 C++ ... 216
14.5 CORBA ... 217
14.6 Fazit ... 217

15 Projektmanagement ... 219

15.1 Projekte ... 219
15.2 Entwicklungsprozesse ... 222
15.2.1 Der sequentielle Prozeß mit Rückkopplung ... 222
15.2.2 Extreme Programming ... 224
15.2.3 Der sequentielle Prozeß mit Frühwarnsystem ... 225
15.3 Verwaltung von Entwicklungselementen ... 231
15.4 Fazit ... 237

16 Erfolgreiche Projektkooperation: Soziale Bedingungen ... 239

16.1 Sozialwissenschaftliche Aspekte der Kooperation ... 239
16.2 Erfahrungen aus praktischen Projekten ... 241

16.2.1 Architekturgruppe 242
16.2.2 Einheitliche Begriffswelt 242
16.2.3 Kommunikation in Entwicklungsgruppen.........................243
16.2.4 Kommunikation zwischen Gruppen 244
16.3 Fazit 244

17 Resümee..245

Anhang 251

Pseudo-Code der Komponentenmodelle..251
Verzeichnis für Bilder und Tabellen 258

Glossar 261

Literaturverzeichnis 265

Index 269

Am Anfang war der Endtermin.

Einleitung

In dieser Einleitung wird eine Übersicht über den Inhalt und ein Leitfaden durch das Thema gegeben.

In Kap. 1 werden diejenigen Eigenschaften von Software beschrieben, die ein spezifisches Vorgehen in der Entwicklung begründen. Insbesondere wird hier auf das Baumaterial von Software-Systemen eingegangen.

Kap. 2 beschreibt die verschiedenen Einflüsse, die aus der Umwelt auf die Software-Entwicklung als einen über einen längeren Zeitraum ablaufenden Prozeß einwirken. Diese Einflüsse sind weder bezüglich Zeitpunkt noch Thema vorhersagbar. Aus diesem Grund werden sie unter dem Begriff „Dynamik" dargestellt.

Die Kap. 3 bis 16 beschäftigen sich mit einzelnen Aspekten der Software-Entwicklung. Anhand eines konkreten, bereits abgeschlossenen Projektes werden diese vorgestellt und diskutiert. Zur Gliederung der Thematik wird eine Struktur für Software-Projekte als Graph definiert (siehe Abb. 0.1). Im Zentrum dieser Struktur steht die Projektdurchführung als Hauptthema dieser Arbeit; sie repräsentiert alle Entwicklungstätigkeiten während des Projektablaufs. In kausaler Abhängigkeit wirken einzelne Faktoren auf die Projektdurchführung ein; diese initiiert ihrerseits weitere Faktoren und hat Rückkopplung zu den ursprünglichen Faktoren. Die Pfeile drücken jeweils die Richtung der Wirkung aus.

Die farblich unterlegten Knoten im Übersichtsgraphen repräsentieren Themen der Software-Entwicklung, die in der Arbeit genauer dargestellt werden.

Am Anfang eines jeden Projekts steht eine Kundenanforderung, die hinsichtlich Funktionalität, Leistungsfähigkeit und Bedienung bei Bedarf anhand eines technischen Prototypen verifiziert wird. Die Kundenanforderung kann als Service angesehen werden, mit dem er in einem gewissen Marktfenster einen Mehrwert seines Geschäftes schaffen kann. Der Service soll in Software realisiert werden. Daraus ergibt sich aus technischer Sicht ein Projekt zur Realisierung eines Software-Systems, dessen Leistungsmerkmale den Kundenanforderungen entsprechen. Das Marktfenster bestimmt den Endtermin des Projektes.

Vor der Durchführung des Projektes ist der Projektleiter zu bestimmen, dessen Aufgabe darin besteht, die Entwicklung des durch die Leistungsmerkmale bestimmten Software-Systems zum vorgegebenen Termin durchzuführen. Wichtige Informationen zur Auswahl des Entwicklungsteams (benötigtes Know-how, Entwicklungsaufwand und Entwicklungszeit) stehen erst zur Verfügung, nachdem erste Tätigkeiten innerhalb der Projektdurchführung, speziell die Analyse und Teile des Entwurfs, ausgeführt worden sind. Die technischen Leistungsmerkmale werden als funktionale Anforderungen an das Software-System formuliert.

Eine grundlegende Tätigkeit in der Projektdurchführung ist die Erstellung des Entwurfs auf der Basis von Software-Architektur (Kap. 3). Die Software-Architektur stellt die Methoden und Mittel zur Verfügung, mit denen die für die Implementierung relevanten Systemeigenschaften mit geeigneten Architekturelementen dargestellt werden können. Die Festlegung der Architekturelemente erfolgt aufgrund praktischer Erfahrungen aus ähnlichen Projekten (Kap. 4, 7 und 8). Diese formalen Grundlagen werden in Kap. 11 beschrieben. Architekturrelevante Eigenschaften der zur Implementierung der Programme verwendeten Programmiersprache (Kap. 10) werden ebenso berücksichtigt wie Entscheidungsfaktoren im Sinne von Standards, OEM-Produkte oder Qualität (Kap. 6, 9, 12 und 13).

Nach Vorlage des Entwurfs werden Zeit- und Kostenschätzungen vorgenommen (Kap. 5). Auf dieser Grundlage wird das Projektteam unter Berücksichtigung der Regeln sozialer Kooperation zwischen Entwicklern und Entwicklungsgruppen festgelegt (Kap. 16).

Die Implementierung des Software-Systems erfolgt unter Steuerung eines Projektmanagements (Kap. 15). Die einzelnen Entwicklungstätigkeiten zur Strukturierung der Aufgabe sind im Entwicklungsprozeß (Kap. 15.2) festgelegt. Zur Durchführung der Tätigkeiten werden geeignete Methoden und Tools eingesetzt (Kap. 14).

Damit sind wesentliche Aspekte der Software-Entwicklung umrissen, die im folgenden detailliert beschrieben und begründet werden sollen.

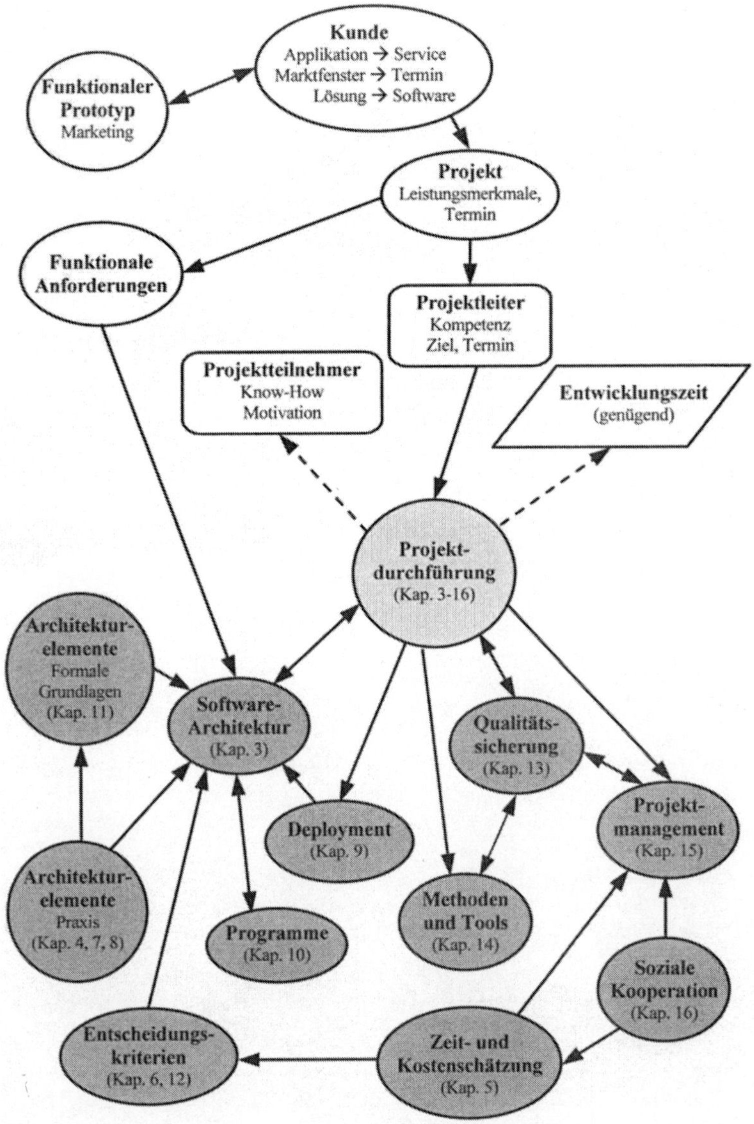
Kunde
Applikation → Service
Marktfenster → Termin
Lösung → Software
Funktionaler
Prototyp
Marketing
Projekt
Leistungsmerkmale,
Termin
Funktionale
Anforderungen
Projektleiter
Kompetenz
Ziel, Termin
Projektteilnehmer
Know-How
Motivation
Entwicklungszeit
(genügend)
Projekt-
durchführung
(Kap. 3-16)
Architektur-
elemente
Formale
Grundlagen
(Kap. 11)
Software-
Architektur
(Kap. 3)
Qualitäts-
sicherung
(Kap. 13)
Deployment
(Kap. 9)
Projekt-
management
(Kap. 15)
Architektur-
elemente
Praxis
(Kap. 4, 7, 8)
Methoden
und Tools
(Kap. 14)
Programme
(Kap. 10)
Soziale
Kooperation
(Kap. 16)
Entscheidungs-
kriterien
(Kap. 6, 12)
Zeit- und
Kostenschätzung
(Kap. 5)

Abb. 0.1: Übersichtsgraph eines großen Software-Projektes

1 Das Wesen von Software

Obwohl Computer-Software seit mehr als fünfzig Jahren entwickelt wird, besteht auch heute noch eine Unsicherheit bezüglich der Bewertung ihrer Qualität und der Zuverlässigkeit ihrer Herstellung. Auch in Fachkreisen wird die Meinung vertreten, daß die Qualität von Software nicht die von anderen technischen Produkten wie zum Beispiel von Gebäuden oder Hardware erreicht.

Angeheizt wurde die Diskussion in letzter Zeit durch fast dramatische Berichte vom Auftreten von Computerviren, die in der Lage sind, Computernetze massiv zu schädigen und lebenswichtige Daten öffentlicher Einrichtungen zu zerstören.

Auf der anderen Seite verwenden wir im täglichen Leben große Computersysteme, die so zuverlässig arbeiten, daß sie kaum als solche wahrgenommen werden. Dazu gehören computergesteuerte Telefonnetze und Flugleitsysteme.

Wie erklärt sich also die Diskrepanz zwischen unverständlichem und inakzeptablem Fehlverhalten gewisser Software-Systeme einerseits und problemlosem und unauffälligem Funktionieren alltäglicher Software-Systeme andererseits?

Als Hauptproblem der Software-Entwicklung wird oft bemängelt, daß die Disziplin Software Engineering in der Software-Entwicklung nicht so weit institutionalisiert ist wie in anderen Fachgebieten. Der Grund für gravierende Probleme mit Software-Systemen liegt aber weniger im Fehlen von Prozessen, Methoden und formaler Ausbildung als im Konstruktionsprinzip der Computer selbst. Zwei Aspekte scheinen wesentlich zu sein: Hohe Rechengeschwindigkeiten aufgrund des Einsatzes elektronischer Bauelemente (ohne mechanische Bewegungen) ermöglichen es, Computer für immer komplexere Aufgabenstellungen einzusetzen, die hohe Anforderungen an die Vorstellungskraft des Menschen stellen. Darüber hinaus führt die leichte Programmierbarkeit der Computer und die damit verbundene universelle Nutzbarkeit der Hardware dazu, daß sich die Logik der Aufgabenstellung nur im Programm, d.h. der Software, widerspiegelt; dadurch kann die Logik leicht geändert werden. Beide

Aspekte müssen in der methodischen Software-Entwicklung angemessen berücksichtigt werden.

1.1 Prinzip der Speicherprogrammierbarkeit oder die schnelle Änderbarkeit aufgrund des Baumaterials

Betrachten wir als klassische Konstruktion ein Bauwerk, und zwar als einfachsten Fall ein Wohnhaus. Es handelt sich dabei um ein dreidimensionales Gebilde, das über einen längeren Zeitraum hinweg errichtet wird und anschließend für lange Zeit im wesentlichen unverändert bleibt. Hauptgrund für diese Beständigkeit ist die Schwerfälligkeit des Baumaterials (Ziegelsteine, Betonteile, Rohre usw.) und die aufwendige Bearbeitung; eine Haustüre läßt sich nicht per Mausklick verschieben. Für eine derart statische Konstruktion ist also das Baumaterial eine Dämpfung der Änderungsbereitschaft seitens der Konstrukteure und Eigentümer. Bei Software-Konstruktionen ist die Situation völlig anders, wie im folgenden zu sehen sein wird.

Die Entwicklung der Computer (das Wort stammt von der englischen Bezeichnung „computers“ für Menschen, die berufsmäßig in mühsamer Kleinarbeit numerische Rechnungen durchführten) läßt sich zurückverfolgen bis zu den festverdrahteten mechanischen Rechenmaschinen zur Ausführung der vier Grundrechenarten (z.B. Rechenmaschine von Gottfried von Leibniz um 1700). Sie erfüllten eine genau definierte Aufgabe, waren weder änderbar noch an neue Aufgaben anpaßbar. Somit stellen sie statische Konstruktionen dar. Die nachfolgenden lochkartengesteuerten Maschinen (z.B. der Webstuhl von Jacquard um 1725) konnten hinsichtlich ihrer Funktionalität in begrenztem Umfang geändert werden. Auch die ersten elektronischen Computer (Beispiel: ENIAC; entwickelt an der University of Pennsylvania 1946) waren relativ statische Konstrukte, da die Programme zur Steuerung der Anwendungen fest verdrahtet waren. Zum Umprogrammieren der ENIAC benötigte man Stunden, da das Schaltwerk mittels Schraubenzieher und Lötkolben neu eingerichtet werden mußte. Schon das Nachfolgemodell EDVAC sollte leichter programmierbar und damit universell nutzbar sein. Die Lösung bestand darin, das Programm einfach in den Speicher zu laden (Prinzip der Speicherprogrammierbarkeit, verknüpft mit dem Namen von Neumann).

Damit handelt es sich bei der EDVAC um einen dynamisch programmierbaren Rechner, d.h. einen Computer im heutigen Sinne, bestehend aus Hardware und Software.

Diese angestrebte Flexibilität der Programmierung läßt sich mißbrauchen zu ungeplanten, undokumentierten oder nicht durchdachten Änderungen funktionierender Programme, was unvorhersehbare Auswirkungen auf das Systemverhalten haben kann. Mit Einführung der Speicherprogrammierbarkeit konnten bedingte Befehle und Sprungbefehle realisiert werden, mit denen fast beliebig Abläufe verändert und Programmteile verknüpft werden können. Der Stoff also, aus dem Software gemacht wird, ermöglicht es wie kein anderer, das daraus konstruierte System zurechtzubiegen und nachträglich zu formen. Software ist also vom Ausgangsmaterial her immateriell, kaum sichtbar und extrem geschmeidig.

Da es keine geeigneten Metriken zur Klassifizierung des dynamischen Verhaltens eines Programms gibt (außer der Anzahl der Speicherelemente, die die Befehle des vollendeten Programms belegen), ist die Illusion verbreitet, daß Software in ihrer Funktionalität keinen natürlichen Schranken unterliegt. In der Praxis erfährt man allerdings sehr schnell, daß sich die Schranken der Software aus der Hardware ergeben, bestimmt durch die verfügbare Rechenleistung und physikalischen Speicher.

Die leichte Änderbarkeit der Software und die Illusion der Unbeschränktheit begründen eine euphorische Änderungsbereitschaft sowohl bei den Konstrukteuren als auch bei den Eigentümern mit möglicherweise negativen Auswirkungen auf Qualität und Sicherheit:

- Entwickler begnügen sich damit, grobe Skizzen der Systemstruktur als „Architektur“ zu bezeichnen und als Basis für die Implementierung zu verwenden; sollten im späteren Entwicklungsverlauf Probleme auftreten, wird man die Software schon zurechtbiegen (undenkbar beim statischen Hausbau).
- Entwickler ändern „über Nacht“ ein funktionierendes Programm mit dem Ziel einer lokalen „Verbesserung“ (undenkbar beim Hausbau).
- Kunden fordern sogenannte „late features“ noch während der Entwicklung des Systems (undenkbar beim Autokauf, außer es handelt sich um routinemäßig angebotene Ausstattung).
- Hersteller akzeptieren aus Konkurrenzgründen „late features“ in der Annahme, daß die „flexible“ Software die Änderung verkraftet (undenkbar beim Autobau).

Eine industrielle Herstellung von Software-Produkten mit hoher Qualität muß diese Problempunkte beherrschen. Grundlage sind dabei geeignete Prozesse für die Planung und Entwicklung der Projekte.

1.2 Komplexe Aufgabenstellungen oder Verlust der Anschaulichkeit

Kehren wir zurück zur klassischen Konstruktion von Bauwerken. Bereits diese statischen Konstruktionen erfordern zu ihrem Verständnis die Betrachtung verschiedener Elemente, wie Fassade, Wasserversorgung, Elektroinstallation und Heizsystem, die exakt aufeinander abgestimmt sein müssen. Anstatt eines statischen Wohnhauses betrachten wir eine dynamischere Konstruktion, und zwar einen Container-Bahnhof zur Zwischenlagerung von Containern. Die Container an sich bleiben in ihrer Struktur konstant, allerdings ändert sich ihre Anzahl und Anordnung. Die Konstruktion hat also einen statischen Anteil, bestehend aus Gebäuden zur Lagerung der Container und Verbindungswege, und einen dynamischen Anteil, die Logistik zur Verteilung der Container. Damit hat dieses Bauwerk im Vergleich zum Wohnhaus eine wesentlich größere Zustandsmenge, maßgeblich bestimmt durch die jeweilige Anzahl der Container und ihre Lagerplätze. Zur Darstellung des Entwurfs reichen die standardisierten Methoden dreidimensionaler Gebilde (Grundriß und Seitenansicht), die für den statischen Anteil geeignet sind, nicht mehr aus. Die Zustandsmengen der Logistik lassen sich nur mit Hilfe von Simulationen (z.B. des Verkehrsaufkommens) ermitteln. Diese erhöhte Komplexität, die inhärent der Aufgabenstellung innewohnt, erschwert die Anschaulichkeit (die man von statischen Bauwerken her kennt), da die Vorstellungskraft des Menschen nur bei sequentiellen Abläufen im dreidimensionalen Raum gut funktioniert. Die Logistik des Container-Bahnhofs kann durch einen Algorithmus (eine Rechenvorschrift) beschrieben werden und ermöglicht damit den Einsatz eines Computers, was ab einer bestimmten Ausbaustufe des Bahnhofs unbedingt erforderlich ist.

Mit Zunahme der Leistungsfähigkeit der Computer und der methodischen Beherrschung der Software-Entwicklung können also immer komplexere Aufgabenstellungen bearbeitet werden. Viele dieser Aufgabenstellungen und damit ihre effizienten Realisierungen in Software können die Anschaulichkeit des Raum-Zeit-Kontinuums durch verschiedene zusätzliche Aspekte weiter erschweren.

Ein einfaches Beispiel aus der Nachrichtentechnik ist die Fourier-Transformation zur Untersuchung von Wellenspektren. Die entsprechenden Verfahren operieren im komplexen Raum und entziehen sich damit weitgehend der Anschaulichkeit. Dieser inhärente Verlust an Anschaulichkeit kann durch praktische Effizienzüberlegungen noch verschärft werden, z.B. um Abläufe zu beschleunigen oder Rechnerkonfigurationen in ihrer Leistungsfähigkeit zu skalieren:

- Beschleunigen von Abläufen: Um den Lösungsweg zur Realisierung der Fourier-Transformation zu beschleunigen, kann die Realisierung durch Parallelisierung von Teilaufgaben auf einem Vektorrechner erfolgen, wodurch die Anschaulichkeit weiter reduziert wird, da sich der Mensch parallele Abläufe nur schwer vorstellen kann. Dabei besteht noch ein Vorteil darin, daß die Software-Lösung ein deterministischer Monolith ist.
- Skalierung von Konfigurationen: Um schnell auf Art und Umfang neuer Aufgaben reagieren zu können, werden parallele Teilaufgaben in verteilten Systemen untergebracht (z.B. Client-Server-Architekturen). Da solche Konfigurationen nichtdeterministisch sind, geht ein weiterer Teil der Anschaulichkeit verloren. Das Zusammenspiel der verteilten Abläufe, aus denen die Software-Lösung besteht, stellt hohe Anforderungen an die Vorstellungskraft des Menschen.

Der Verlust der Anschaulichkeit komplexer Aufgabenstellungen und ihrer Realisierung in Software muß kompensiert werden durch Projektionen auf verständliche Unterräume und Teilprozesse, die geeignet dargestellt werden können.

1.3 Fazit

Software entzieht sich einerseits der Anschaulichkeit, ist aber andererseits bei Bedarf schnell lokal änderbar, wobei die negativen Auswirkungen auf das globale Verhalten schwer vorhersehbar sind. Um diese Defizite zu kompensieren und die Komplexität typischer Aufgabenstellungen für Software beherrschbar zu machen, werden geeignete Methoden und Verfahren benötigt, die in der Software-Architektur zusammengefaßt werden. Die folgenden Kapitel stellen diese anhand von Beispielen vor und geben Hinweise, auf welchen Gebieten der Software-Architektur noch Lücken bestehen, die dringend geschlossen werden müssen.

2 Dynamik in der Software-Entwicklung

Eine wesentliche Aufgabe innerhalb der Software-Entwicklung ist die Bewältigung der vielfältigen Dynamikaspekte, die im Verlauf der Entwicklung wirksam werden. Diese sind, bedingt durch das Wesen von Software (vgl. Kap. 1), vielfältiger als bei der Entwicklung anderer technischer Gegenstände.

Wir klassifizieren im folgenden die Dynamikaspekte und geben Hinweise und Lösungsmöglichkeiten zur Beherrschung ihrer Komplexität. Dabei werden neben der durch die technischen Anforderungen gegebenen Dynamik innerhalb des Systems auch die dynamischen Randbedingungen aus dem weiteren Umfeld betrachtet.

2.1 Leistungsdynamik

In Telekommunikationssystemen werden eine kurze Reaktionszeit und eine hohe Verarbeitungsgeschwindigkeit gefordert. Diese Leistungsdynamik kann nur durch geeignete Kombination der Betriebsmittel der verwendeten Hardware erfüllt werden.

Ein Software-System benötigt zur Bewältigung seiner Aufgaben eine meßbare Menge Rechenzeit sowie ein Kontingent von Systemressourcen wie z.B. Speicherplatz, Dateideskriptoren und TCP/IP-Sockets. Dieser Betriebsmittelbedarf kann in der Entwurfsphase nur sehr grob abgeschätzt werden, hat jedoch unmittelbaren Einfluß auf die erzielbare Leistung des Systems. Es besteht ein Trade-off zwischen CPU-Zeit und Speicherbedarf, z.B. kann durch Anlegen von Objekten zur Laufzeit der Speicherbedarf optimiert werden, wohingegen bei statischen Objekten die CPU-Zeit minimiert wird.

Meist gibt es bereits zur Analysephase Lastabschätzungen und Forderungen an die Reaktionsgeschwindigkeit. Eine Überprüfung, ob ein Systementwurf diese Anforderungen abdeckt, kann durch Prototypimplementierungen der systembestimmenden Teile durchgeführt werden. So kann mittels eines Lastmodells frühzeitig sichergestellt werden, wie sich das fertige System in bestimmten Szenarien verhalten wird. Diese Aussagen lassen sich, wenn der Systementwurf dem Prototypen folgt, auf das fertige System übertragen.

Bei komplexeren Aufgabenstellungen werden die Ergebnisse häufig im Detail abweichen, da im Lastmodell viele Abstraktionen gemacht werden. Diese erste Näherung muß mit einem Sicherheitsfaktor versehen werden. Mit der Prototypimplementierung werden Messungen auf der Referenzmaschine durchgeführt.

Eine weitere Möglichkeit, den Betriebsmittelbedarf abzuschätzen, bieten die aus SDL bzw. UML bekannten Sequenzdiagramme, die um kritische Attribute (z.B. Laufzeit, Speicherbedarf) ergänzt werden können.

2.2 Technologiedynamik

Software-Technologie entwickelt sich sehr rasch. Auch unausgereifte Techniken werden ohne entsprechende Methoden und stabile Werkzeuge eingesetzt. Jeder einzelne Entwickler befindet sich damit im Spannungsfeld zwischen wenig erprobten technologischen Weiterentwicklungen und bewährtem Vorgehen.

Die notwendige Erfahrung beim Einsatz neuer Technologien kann durch Prototyping bzw. kleinere Projekte gewonnen werden, gegebenenfalls unterstützt durch Coaching von Experten. Oft sind neuere Technologien erst nach längeren Erprobungszeiten in Hinblick auf ihre Vorteile einschätzbar.

2.3 Teamdynamik

Die Mitglieder eines Software-Entwicklungsteams haben unterschiedliche Fähigkeiten und Stärken. Ein Team ist keine statische Einheit, sondern entwickelt im Verlauf der Zeit eine nicht zu unterschätzende Dynamik:

- Erfahrene Mitarbeiter verlassen das Team, wodurch viel Wissen (auch Architekturwissen) verloren geht, neue Mitarbeiter müssen angelernt werden, wodurch eine zusätzliche Belastung der verbleibenden Teammitglieder entsteht.

  Ziel muß daher sein, die Fluktuationsrate durch geeignete Maßnahmen möglichst gering zu halten.

Der Know-how-Verlust läßt sich durch geeignete Dokumentation begrenzen.

- Spannungen im Team verursachen, daß wertvolle Entwicklungszeit nicht in das Projekt einfließt, sondern zur Konfliktbewältigung verwendet wird.

  Maßnahmen zur Steigerung der Teamzufriedenheit und Kommunikation können hier entgegenwirken.

- Zusätzlicher Personaleinsatz in einer späten Projektphase führt in den meisten Fällen zu Terminverzögerungen, da der Einarbeitungsaufwand für die neuen Mitarbeiter eine zusätzliche Belastung für das Team darstellt.

  Dies läßt sich durch richtig abgeschätzte Aufwände und realistische Termine in vielen Fällen vermeiden. Ein klarer Architekturentwurf hilft beim Ermitteln der Aufwände für die Teilkomponenten und gewährleistet so eine höhere Planungssicherheit.

Das Funktionieren der Teamarbeit ist einer der wichtigsten Erfolgsfaktoren für die Software-Entwicklung.

2.4 Anforderungsdynamik

An Software-Systeme werden im Lauf ihrer Entwicklung und während ihrer Lebensdauer neue Anforderungen gestellt, die zum Zeitpunkt des ursprünglichen Entwurfs noch nicht bekannt waren. Dies kann z.B. durch weiterentwickelte Hardware, neue Kundenwünsche, Änderung der Externschnittstellen und Skalierungswünsche impliziert werden.

Die meisten neuen Anforderungen implizieren Änderungen des Software-Systems; es ist anzustreben, das System so zu entwerfen, daß es flexibel an neue Anforderungen angepaßt werden kann. Änderungswünsche treten kontinuierlich während der gesamten Projektlaufzeit auf; es ist erforderlich, diese Tatsache im Entwicklungsprozeß zu berücksichtigen, um flexibel reagieren zu können.

Die Flexibilität und die Gestaltungsvielfalt des Entwicklungsprozesses reicht vom Wasserfallmodell bis zum „Extreme Programming“ (siehe Kap. 15.2). In Abhängigkeit von der Komplexität des Projektes können Änderungen nur zu bestimmten Projektsynchronisationspunkten (Meilensteinen) berücksichtigt werden.

Der Aufwand für eine Änderung hängt nicht unmittelbar mit der Komplexität der Anforderung zusammen. So waren beim Jahr-2000-Problem in vielen Systemen beträchtliche Anpassungen vorzunehmen, obwohl die Anforderung „verwende 4 statt 2 Stellen in allen Datumsformaten“ in einem Satz spezifiziert werden kann.

Die Jahr-2000-Änderungen waren deshalb sehr problematisch, weil in vielen Systemen die Art der Datumsverwendung nicht ausreichend dokumentiert war.

Die Architektur muß folgende Änderungstypen unterstützen, die nicht immer unabhängig voneinander sind:

- Funktionale Änderungen:
  Eine neue bzw. erweiterte fachliche Funktion des Software-Systems wird benötigt.
- Technologieänderungen:
  Hier ändert sich die verwendete Technologie – Beispiele sind die Portierung auf ein anderes Betriebssystem, der Austausch einer verwendeten Klassenbibliothek, Umstieg von CGI (Common Gateway Interface) auf Java-Servlets, Änderung des GUIs auf eine Web-Oberfläche etc.
- Externschnittstellenänderungen:
  Diese umfassen eine Änderung der Benutzungsschnittstelle, die Verwendung eines anderen Kommunikationsprotokolls, Umstieg auf eine andere Datenbank.

Der Systementwurf hat entscheidenden Einfluß auf die grundsätzliche Realisierbarkeit neuer Anforderungen (Variabilität) und auf den dafür zu leistenden Aufwand. Wenn ein System stark verflochten ist, sind für eine neue Anforderung Änderungen in einer Vielzahl von Programmteilen erforderlich.

Eine wesentliche Strukturierungsmöglichkeit im Entwurf ist die Aufteilung in funktional abgeschlossene Komponenten mit klar definierten Schnittstellen nach den Prinzipien des Information Hiding. Die Realisierung einer Teilaufgabe darf nicht auf unnötig viele Komponenten verteilt sein, da dies zu Unflexibilität in Hinblick auf Änderungen führt.

Daraus resultiert die Forderung, daß eine Komponente sich bei klarer Zuständigkeit mit nur einer Aufgabe befassen soll. Das Ziel ist dabei ein Entwurf, der möglichst unempfindlich gegenüber Änderungen aus allen drei Änderungstypen ist.

Die innere Kohäsion einer Komponente muß entschieden größer sein als die Kopplung zu anderen Komponenten, d.h., Anzahl und Komplexität der externen Schnittstellen muß wesentlich geringer sein als die der internen Schnittstellen. Die Anzahl der Schnittstellen zwischen N Komponenten sollte nicht wie N^2 zunehmen, sondern möglichst proportional zu N sein (kein „Spaghetticode“). Dieses wird z.B. durch das Vorgehen nach dem Schichtenmodell erreicht, siehe Kap. 8.

2.5 Fazit

In der Software-Entwicklung hat Dynamik einen wesentlich höheren Stellenwert als in anderen Ingenieurdisziplinen, z.B. beim Straßenbau und in der Flughafenplanung. Deshalb muß den Aspekten der Dynamik in der Projektplanung und -durchführung besondere Aufmerksamkeit zuteil werden.

3 Software-Architektur

Gerade für umfangreiche, komplexe Software-Systeme sind Fragen ihrer Strukturierung entscheidend. Entsprechend hat das Konzept der Software-Architektur einen hohen Stellenwert.

3.1 Bedeutung von Architektur in der Software-Entwicklung

Komplexe Software-Systeme sind sehr ähnlich im Vergleich zu hoch entwickelten sozialen Systemen [DeMa2000]. Der Vergleich ist aus zwei Gründen zulässig. Beide Arten von Systemen lassen sich auf eine einfache Grundidee zurückführen, die ursprünglich in einer erfolgreichen Implementierung eingeführt wurde. Während der weiteren Lebensdauer der Systeme wurden dann unzählige Erweiterungen und Änderungen vorgenommen, teils um neue Anforderungen zu berücksichtigen, teils um erkannte Probleme zu beseitigen, so daß heute die Auswirkungen von weiteren Eingriffen nur schwer vorhersehbar sind (daraus ergibt sich ein Teil der Komplexität).

Als Beispiel eines komplexen Software-Systems kann der Software-Anteil des Internets dienen. Ein hoch entwickeltes soziales System ist beispielsweise das deutsche Gesundheitssystem. Vergleichbar sind auch die Schwierigkeiten, mit denen beide konfrontiert sind. Das Internet hat massive Probleme mit Zuverlässigkeit und Sicherheit (ständig legen Hacker Teile des Netzes lahm), während das Gesundheitssystem seine Finanzierungsbasis verloren hat. Für beide gilt: Lokale und damit überschaubare Anpassungen lösen die grundsätzlichen Probleme nicht, können sogar unbeabsichtigt neue Probleme schaffen; eine komplette Erneuerung wäre auf der anderen Seite nicht bezahlbar.

Warum sind diese Systeme so schwer zu steuern, obwohl sie in ihrer Anfangsphase klar strukturiert und mit einfachen Regelsystemen ausgestattet waren? Die Vermutung liegt nahe, daß mit der Zeit die Beherrschung der Komplexität außer Kontrolle geriet, ohne daß es für die Verantwortlichen offen sichtbar war. Es fehlte eine geeignete Darstellung des Gesamtsystems mit allen Teilsystemen und den zwischen ihnen eingeführten Interaktionen, welche die Komplexität hätte visualisieren können; es fehlte also die Darstellung der Architektonik.

Das aus dem Griechischen stammende Wort Architektonik bezeichnet den inneren Aufbau eines Kunstwerks oder Gedankensystems. In Abgrenzung hierzu bedeutet Architektur Baukunst, d.h. die Lehre über die Herstellung von Kunstwerken (ursprünglich nur von Bauwerken). In der heutigen Praxis werden beide Begriffe oft synonym benutzt, was zu Mißverständnissen führen kann. Im folgenden Text wird diese Differenzierung aus Gründen der Genauigkeit beibehalten.

Systeme dieser Komplexität besitzen nach einer gewissen Lebensdauer eine Architektonik, unabhängig davon, ob zu Beginn explizit eine solche festgelegt worden ist oder nicht. Wurde sie nicht geplant, besteht die Gefahr, daß sie schlecht ist. Der entscheidende Punkt ist, daß es eine Beschreibung der Architektonik mit allen wesentlichen Problemfeldern des Systems gibt. Sie bildet eine sichere Basis zur Beurteilung der Auswirkungen, die Korrekturen und Veränderungen mit sich bringen.

Nach den Erfahrungen aus vielen Software-Projekten hat sich ein Konsens unter den Software-Entwicklern eingestellt: Für die Entwicklung eines Software-Systems, die in Versionen erfolgt, ist eine bei Projektbeginn konstruierte Struktur der Software unter Anwendung von Regeln der Software-Architektur, deren Darstellung von Version zu Version aktualisiert wird, von Vorteil. Das entscheidende Ergebnis ist, daß die Entwicklung kalkulierbarer wird hinsichtlich Aufwand, Zeit und Qualität.

Ein wichtiger Aspekt für die Darstellung der Architektur ist ihre Visualisierung. Die wesentlichen und charakteristischen Elemente des Bauprojektes werden anschaulich dargestellt, so daß sie von allen am Projekt Beteiligten, dem Architekten, dem Auftraggeber und den Konstrukteuren, verstanden werden und diskutiert werden können. Schließlich entspricht die Darstellung der Architektonik dem gemeinsamen Verständnis aller Beteiligten. Diese Anschaulichkeit ist um so wichtiger, je größer die darstellungsmäßige Kluft zwischen der Beschreibung des Systems seitens der Anwender und der Implementierung ist. Dies gilt ganz besonders für Anwendersysteme, deren Realisierung aus einem Computerprogramm besteht, da die Kluft zwischen der informalen Beschreibung des Anwendersystems und dem vollständig formalisierten Computerprogramm (sonst könnte keine Maschine das Programm ausführen) besonders groß ist. Die einzige Möglichkeit, diese Kluft von Beginn des Projektes an zu überbrücken, ist die Software-Architektur. Dabei erwarten wir, daß sie neben der Systemstruktur Darstellungen aller wesentlichen Aspekte des Lösungsweges zur Verfügung stellt. Damit lassen sich dann auch die grundsätzlichen Fragen nach Durchführbarkeit, Kosten und Termin besser beantworten.

Eine wesentliche Aufgabe zu Beginn eines Projektes ist die Bestimmung der Komplexität der Implementierung, die nicht unbedingt durch die Komplexität der Funktionen auf Anwenderebene erkennbar ist. Veranschaulichen läßt sich dies anhand der obigen Beispiele:

- Beispiel Internet: Eine Maßzahl für seine Komplexität könnte die Gesamtheit der sogenannten Routing-Tabellen sein, die zur Versendung eines Informationspaketes durch das Netz benötigt werden und die in sehr kurzen Intervallen zwischen den Knotenrechnern, den Routern, zur Aktualisierung der verfügbaren Wege ausgetauscht werden müssen. Diese Komplexität ist dem Anwender, der einen „Web Browser" auf seinem Personal Computer bedient, nicht sichtbar.
- Beispiel Gesundheitssystem: Die Komplexität läßt sich z.B. messen anhand der Vielzahl von gesetzlichen Regeln zwischen den beteiligten Gruppen von Ärzten, Apotheken, Krankenhäusern, Pharmaherstellern und gesetzgebenden Organen. Diese Komplexität ist für den Patienten, der bei einem Arzt seine Versicherungskarte vorlegt, nicht sichtbar.

Für die Software-Entwicklung gilt: Da die Komplexität des Anwendersystems bestenfalls durch eine Menge von Regeln für das dynamische Verhalten des Systems beschrieben ist, ist ein wichtiger Schritt auf dem Weg zum Erfolg des Projektes die Bestimmung der Komplexität des realisierenden Software-Systems, und zwar in möglichst formaler Weise. Die einzige Möglichkeit zur Veranschaulichung der Implementierungskomplexität ist die Architektonik.

Architektur unterstützt die Aufgabe, die Komplexität eines Software-Systems zu strukturieren.

Ist dieser Versuch erfolgreich, so ist auch die Umsetzung, d.h. die Implementierung als Computerprogramm, beherrschbar.

Ein erfolgreiches Software-System hat eine lange Lebensdauer, während der es aufgrund von neuen Anforderungen und Fehlverhalten viele Änderungen erfährt. Dieser Prozeß kann mehr oder weniger aufwendig und teuer sein, sowohl für den Anwender als auch für den Hersteller. Die einzige Möglichkeit, diesem Prozeß eine optimale Grundlage zu schaffen und ihn anschließend zu steuern, liegt in der Software-Architektur. Es gilt [DeMa2000]:

Architektur liefert einen Rahmen für die disziplinierte Einführung von Änderungen in ein Software-System.

Dieser Aspekt der Software-Architektur (siehe auch Kap. 2) hat zum Ziel, die versionsmäßige Entwicklung eines großen Systems über Jahre hindurch beherrschbar zu machen. Die Architektonik selbst durchläuft dabei eine Evolution, deren Schritte durch den jeweiligen Umfang der Version bestimmt werden. Entscheidend für den Projekterfolg ist, daß die jeweilige Ausprägung der Architektonik für den nächsten Entwicklungsschritt brauchbar ist.

Fassen wir zusammen:

Architektur als Grundlage für ein Software-System ist positiv. Sowohl die Komplexität des Systems als auch die Entwicklung über Versionen werden beherrschbar.

Soweit die Theorie, begründet auf den Erfahrungen aus vielen bekannten Software-Projekten. Aus denselben Projekten stammt auch die Erkenntnis, daß Architektur Kosten verursacht.

„Der Architekt ist viel zu teuer". Diesen Satz hat sicher jeder schon von Bekannten gehört, die gerade ein Haus gebaut haben. Nachdem das Haus (mehr oder weniger) auf Anhieb stabil steht, keine Teile zusammenbrechen und die Optik ungefähr dem entspricht, was man sich vorgestellt hat, entstehen Zweifel an der Notwendigkeit der Architektur. Ohne die Bauvorschriften, deren Einhaltung Voraussetzung für eine Baugenehmigung ist und die verlangen, daß ein autorisierter Architekt die Baupläne unterzeichnet, würden viele Bauherren ohne entsprechende Architektur ans Werk gehen.

Auch im Software-Geschäft stellt sich natürlich die Frage nach den Kosten für den Einsatz der Architektur, da sie die Herstellungskosten und damit den Preis des Produktes mitbestimmen. Die Antwort ist einfach [DeMa2000]: Architektur kann teuer sein, Ignorieren von Architektur ist aber noch teurer.

Trotz dieser Erkenntnis wird oft ohne eine hinreichende Architektur zur Implementierung übergegangen, da der Fortschritt der Implementierung leichter gemessen werden kann (90% „code complete") als die Vollständigkeit der Architektur.

Die Kunst in der Software-Entwicklung besteht darin, die Investition in die Architektur bei Produkten mit langer Lebensdauer, deren Anforderungen aufgrund der Marktsituation schwer vorhersehbar sind und bei denen kurzfristige Änderungen der Anforderungen zu erwarten sind, zu optimieren. Es ist also ein Kompromiß zu finden zwischen einem Vorgehen ohne Berücksichtigung der Architektur, d.h. Arbeiten mit einer zufälligen Systemstruktur im Sinne der Evolution, und einer vollständig durchgeplanten Architektonik, die von Anfang an alle zukünftigen Anforderungen zu berücksichtigen versucht.

Bewährt hat sich folgender Ansatz:

1. Die Architektonik ist gut genug für die erste Systemversion.
2. Die Architektonik ist erweiterbar auf absehbare Folgeversionen mit steigender Qualität.

Dies bedeutet, daß die Architektur der ersten Version schon die Ansätze für die Erweiterung der nächsten Version bereitstellt, aber nur so viele, wie sinnvoll und notwendig sind. Dasselbe Prinzip gilt auch für die nachfolgenden Versionen, so daß die Kosten für jede einzelne Architektonik minimal sind. Damit verteilen sich Aufwand und Kosten für die Berücksichtigung von Architektur auf die Versionen, während sich hinreichend viel Nutzen für die Entwicklung jeder einzelnen Version ergibt.

Heute ist zu beobachten, daß gerade bei umfangreichen, langlebigen Software-Systemen die Architektur in der Software-Technologie als eigenständige Disziplin zunehmend an Bedeutung gewinnt.

3.2 Architektur als Brücke zwischen System und Computerprogramm

Die Tatsache, daß die Disziplin Architektur noch nicht in allen Software-Projekten zum Einsatz kommt, hat unterschiedliche Gründe, wie insbesondere:

- Unklarheit über Software-Architektur-Konzepte und ihre Anwendung.
- Ungenügende Methoden zur Darstellung und Kommunikation einer Software-Architektonik.
- Fehlende Integration architekturrelevanter Aktivitäten in den Entwicklungsprozeß.

Die Hauptschwierigkeit bei Systemen ab einer gewissen Komplexität besteht darin, daß man keinen geschlossenen Formalismus zur vollständigen Beschreibung zur Verfügung hat; vielmehr werden verschiedene, untereinander konsistente Perspektiven benötigt, um ein umfassendes Systemverständnis zu gewinnen und darzustellen.

Ansätze zur Lösung dieser Probleme werden hier kurz vorgestellt und später in den entsprechenden Kapiteln präzisiert. Definitionen der Konzepte können in [Shaw1996] nachgelesen werden. Architektur unterstützt neben der Beschreibung von strukturellen Elementen („Komponenten") und ihrer (statischen) Schnittstellen auch die Beschreibung des (dynamischen) Verhaltens des Systems als genau spezifiziertes Zusammenspiel seiner Teile. Ein Hauptproblem der Disziplin liegt immer noch darin, eine adäquate Darstellung von Software-Strukturen zu finden [Broy1997]. Die Möglichkeiten reichen von mathematisch präzisen Spezifikationssprachen wie RAPIDE [Luck1995] oder Unicon [Shaw1995], die wegen des zugrundeliegenden formalen Mechanismus schwer zu handhaben sind, bis zu sehr einfachen graphischen Methoden, in denen kein Semantikbegriff existiert und die deshalb nur begrenzt aussagekräftig sind. Auch die derzeit viel diskutierte Methode UML [Berg1997, Rumb1998] unterstützt nur eingeschränkt die Darstellung von Software-Strukturen. Aus unserer Sicht ist es allerdings zulässig, projektspezifisch geeignete Darstellungsmethoden als Ergänzung zu Standardmethoden für ein Entwicklungsprojekt zu definieren. Entscheidend ist, daß diese Methoden dokumentiert und von allen verstanden und konsequent angewendet werden.

Im folgenden sind Kriterien zusammengestellt, die eine Software-Architektonik aus strategischer, technischer und fachlicher Sicht erfüllen muß, wenn sie praxistauglich sein soll:

Reaktionszeit, Durchsatz, Skalierbarkeit: Die dynamische Leistungsfähigkeit ist für Systeme der Telekommunikation entscheidend. Diese Leistungsfähigkeit muß in der Architektur vorbereitet und dargestellt werden, insbesondere da sie oft durch die Wahl von Architekturkonzepten maßgeblich (negativ) beeinflußt wird.

Integration von Standards: Ausschlaggebend für die praktische Nutzung und damit den Markterfolg eines Software-Systems ist oft die Frage, wie einfach sich einerseits die Nutzung gestaltet (bis hin zu portablen Anwendungen, die von Dritten entwickelt werden) und andererseits Systemerweiterungen einbringen lassen. Dies erfordert eine Offenlegung der Schnittstellen. Proprietäre Schnittstellen erfordern maßgeschneiderte Lösungen, während standardisierte Schnittstellen, insbesondere in der Telekommunikation, sowohl die Qualität verbessern als auch den Entwicklungsaufwand reduzieren.

Erweiterbarkeit, Änderbarkeit: Unvermeidbare Erweiterungen und Veränderungen eines Software-Systems sind oft mit hohem Aufwand verbunden. Es ist frühzeitig zu klären, mit welchen Varianten in der Zukunft zu rechnen sein wird, so daß die Architektur entsprechend darauf vorbereitet werden kann. Konkret bedeutet dies, daß eine Reihe von Erweiterungspunkten vorzusehen ist, die aufzeigen, wie und in welcher Form der Ausbau des Systems stattfinden kann.

Verständlichkeit: Eine bedeutende Rolle der Architektonik besteht darin, die Organisation des Systems im allgemeinen und das Zusammenspiel der einzelnen Komponenten im besonderen zu vermitteln. Wird dieses Ziel verfehlt, steigt der Aufwand für die Realisierung ebenso wie für die Wartung und Weiterentwicklung.

Im weiteren Verlauf des Kapitels werden diese Kriterien immer wieder in den Vordergrund treten bei dem praktischen Versuch, eine Architektonik für ein überschaubares Beispiel zu entwickeln.

Der Ausgangspunkt einer Systementwicklung ist im allgemeinen Fall eine mehr oder weniger formale Beschreibung der Funktionen des Anwendersystems in Form von Regeln und Beschreibungen von Situationen und Verhaltensweisen. Gesucht wird ein Computerprogramm als Implementierung. Eine abgeschlossene Funktion bezüglich einer gegebenen Aufgabenstellung aus Anwendersicht bezeichnen wir als Applikation.

Bei der Lösung dieser Aufgabe sind verschiedene Tätigkeiten durchzuführen, die man, abhängig vom Grad ihrer Abstraktion von der Implementierung, unterschiedlichen „logischen Ebenen“ zuordnen kann. Im gewissen Sinn müssen diese Ebenen schrittweise durchdrungen werden.

Ebene 0: Beschreibung der gesamten Systemumgebung des **Anwendersystems** und Abgrenzung des zu realisierenden Systems von seiner Umgebung.

Ebene 1: Erkennen und Verstehen der **Systemfunktionen** aus Sicht des Benutzers. Hierbei handelt es sich um eine der wichtigsten Tätigkeiten überhaupt, da ein Mißverständnis hinsichtlich Funktionalität im ungünstigsten Fall erst nach Fertigstellung des Systems erkannt wird.

Ebene 2: Annäherung der ziemlich amorphen Vorstellung der Systemfunktionen durch eine präzise Darstellung in Form von **Funktionen in formalisierter Notation** (z.B. Daten und Algorithmen).

Ebene 3: Präzisierung der formalen Darstellung durch Elemente einer Programmiersprache, die in ihrer Summe das **Computerprogramm** ergeben, das die Implementierung der Systemfunktionen leistet.

Ebene 4: Transformation des Computerprogramms in ausführbare Instruktionen einer Computer-Hardware. Dieses **Maschinenprogramm** kann vom Auftraggeber auf einen entsprechenden Computer geladen und Anwendern zur Benutzung übergeben werden.

Die Ebenen 1 und 2 beinhalten „kognitive“ Tätigkeiten, die Verständnis und Kreativität seitens des Entwicklers erfordern. Die Tätigkeit in Ebene 3 ist bekannt als „Codieren“ und kann teilweise automatisiert durchgeführt werden. Dabei sind Kenntnisse von Programmiersprachen und Eigenschaften der Computersysteme erforderlich. Ebene 4 umfaßt Tätigkeiten, die weitgehend maschinell mittels Werkzeugen wie Compiler und Builder durchgeführt werden.

Der Übergang von Ebene 1 zu Ebene 2 bedeutet die Erfassung der Systemfunktionen in einer Form, die ohne Systembruch in konkrete Computerprogramme abbildbar ist und die Verifikation unterstützt.

Die Ergebnisse aus den Ebenen 1 bis 4 liefern wesentliche Bestandteile der Architektonik, wobei die Prototypimplementierung die Ebenen 3 und 4 umfaßt. Der bestimmende Faktor bei ihrer Ermittlung ist die menschliche Fähigkeit des Erkennens und Abstrahierens, die notwendig ist, um eine in der Regel wenig formale Idee in eine maschinelle Realisierung umzusetzen. Je mehr Komponenten, Maschinen und unabhängige, womöglich parallele Abläufe zu beherrschen sind, desto schwieriger wird dies. Wir stoßen hier eindeutig an „kognitive“ Schranken des Menschen. Die Architektur soll dabei helfen, diese „kognitiven“ Aspekte des Systems darzustellen, so daß sie einerseits nachvollziehbar und verifizierbar werden und andererseits auf Ebene 3 geeignet weiterverarbeitet werden können. Es gibt keinen Automaten, der die Übereinstimmung des Computerprogramms mit der Vorstellung des Kunden und Architekten überprüfen kann. Dieses impliziert, daß die Darstellung der Architektonik einerseits für den Kunden, Architekten und Entwickler leicht verständlich sein muß und andererseits soweit formalisiert ist, daß die Umsetzung in ein Maschinenprogramm möglichst eindeutig vorgegeben ist.

Ein weiteres Problem stellt sich von der untersten Abstraktionsebene her, der Computer-Hardware (Ebene 4). Die bekannten „physikalischen“ Schranken (Rechenleistung und Speicher) wirken sich natürlich auf die Ebene 3 des Computerprogramms aus. In den Datenstrukturen, Prozeduren usw. wird im wesentlichen der Verbrauch von Rechenzeit und Speicher festgelegt, da die Transformation auf Ebene 3 weitgehend maschinell erfolgt.

Diese physikalischen Aspekte müssen in der Architektonik entsprechend berücksichtigt werden, so daß die Leistungsanforderungen an das System durch die Implementierung erfüllt werden können. Andernfalls würden solche Mängel erst nach Fertigstellung des Systems entdeckt. Die nachträgliche Optimierung wäre schwierig, teuer und würde wahrscheinlich die Architektur für Weiterentwicklungen ruinieren. Abbildung 3.1 zeigt die verschiedenen Ebenen und die gegenläufigen Auswirkungen der kognitiven und physikalischen Schranken, die auf der Ebene des Computerprogramms aufeinandertreffen.

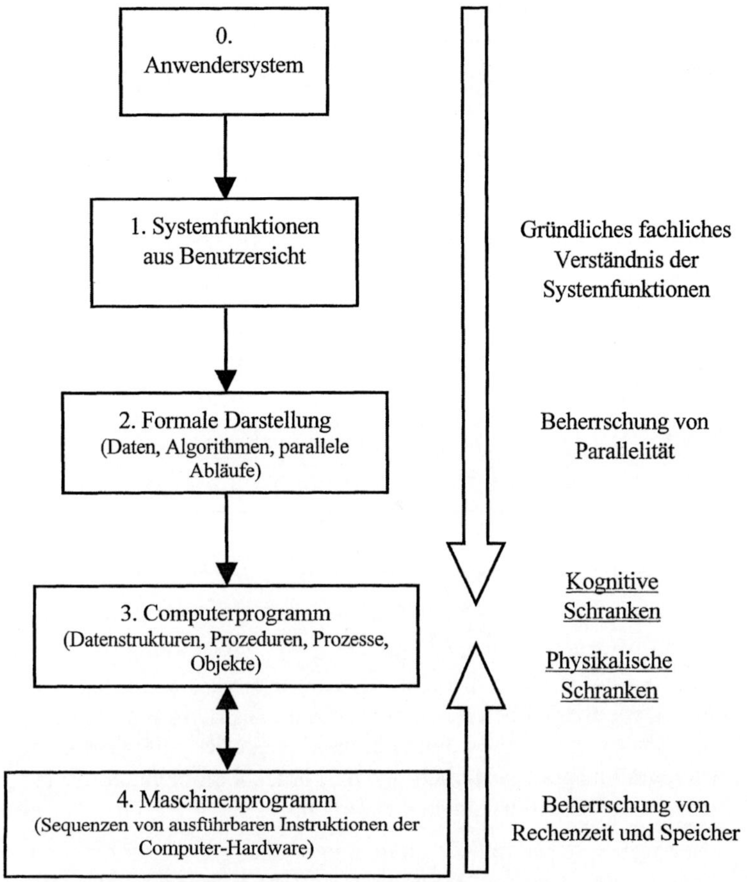

Abb. 3.1: Abstraktionsebenen der Systementwicklung

3.3 Hardware-Konfiguration

Bei der Erstellung der Software-Architektonik ist die Hardware-Konfiguration zu berücksichtigen, auf der das System ablaufen soll. Die logische Software-Sicht der Ebenen 1 und 2 aus Abb. 3.1 muß auf die zugrundeliegenden Hardware-Plattformen (siehe Abb. 3.2) abgebildet werden. An dieser Stelle wird das Software Engineering in das System Engineering eingebettet. Von einer geeigneten Konfiguration wird u.a. die dynamische Leistungsfähigkeit und die Ausfallsicherheit durch Redundanz wesentlich beeinflußt.

Abb. 3.2: Verteilte Betriebssystemkonfiguration

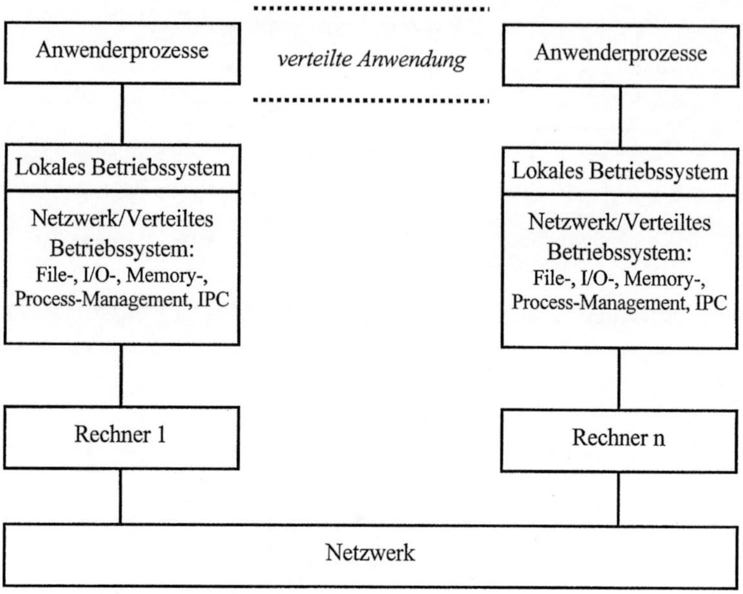

Damit die Anwendung unabhängig von der Hardware-Konfiguration entwickelt werden kann, erfolgen die Zugriffe auf die Rechner und das Netzwerk über einheitliche Schnittstellen des Betriebssystems.

Mehrprozessorsysteme können in drei Kategorien mit zunehmendem Integrationsgrad bezüglich der Interprozeßkommunikation und damit deren Transparenz eingeteilt werden:

- Netzwerksysteme mit Kommunikation über gemeinsam genutztem Dateisystem und autonomen interagierenden lokalen Betriebssystemen,
- verteilte Systeme, bei der das Betriebssystem ein integriertes System bildet („Middleware"), und
- Multiprozessoren mit gemeinsam genutztem Speicher.

Netzwerkbetriebssysteme bestehen aus lose gekoppelter Software auf lose gekoppelter Hardware. Die Funktionen zur Kommunikation sind bei Netzwerkbetriebssystemen im lokalen Betriebssystem integriert. Dazu zählen z.B. Sockets in Unix.

Verteilte Systeme bestehen aus autonomen CPUs, die so zusammenarbeiten, daß das gesamte System wie ein einziger Computer wirkt. Der wesentliche Unterschied zwischen einem verteilten und einem Einprozessorsystem ist die Interprozeßkommunikation.

Im verteilten Betriebssystem sind sowohl die Dienste zur Kommunikation als auch die Verteilungsmechanismen vollständig integriert. Die Verteilung geschieht für den Benutzer völlig transparent, so daß ihm das verteilte System wie eine einzige große Maschine vorkommt. Er weiß nicht, wo welche Ressourcen bereitgehalten werden, die er gerade benutzt.

Hauptanforderung an ein verteiltes System ist die Möglichkeit, Ressourcen wie Dienste, Daten oder Hardware-Komponenten gemeinsam nutzen zu können. Das verteilte System ist transparent bezüglich Zugriff (lokal und entfernt identisch), Lokation der Ressourcen, Skalierbarkeit oder bei Ausfall von Teilkomponenten.

Das folgende Kapitel zeigt anhand eines Beispiels aus der Praxis, welche Wechsel zwischen den Ebenen vollzogen werden müssen, bis die Architektonik vorliegt.

3.4 Fazit

Die Software-Architektur unterstützt die Strukturierung komplexer Systeme, wobei unterschiedliche Blickrichtungen dokumentiert werden müssen:

- statische Systemsicht mit Komponenten und Schnittstellen
- dynamische Sicht der Funktionen, Algorithmen und parallelen Abläufe
- Datensicht mit Datenstrukturen und Objekten
- Hardware-Sicht mit Registern, Speicherelementen, Maschinenbefehlen und Ausführungszeiten

Die wesentlichen Erkenntnisse, die aus allen Sichten zum Verständnis von Problemen und ihrer Lösung gewonnen werden, müssen in der Architektonik dargestellt werden, damit sie abschließend verifiziert und bei der Weiterentwicklung berücksichtigt werden können.

4 Beispiel einer Software-Architektonik

4.1 Aufgabenstellung

Als Beispiel dient eine Applikation aus dem Bereich der Kopplung von Telefonnetz und Internet. Mit der Verbreitung des Internets liegt die Idee nahe [Lu,H1998], die Dienste des Telefonnetzes mit denen des Computernetzwerkes zu verknüpfen und sogenannte „PSTN Internet Interworking Services“ anzubinden: „Request to Call“, „Request to Fax“ und „Request to Hear Content“ [IETF2000]. Eine typische Konstellation ist in Abb. 4.1 dargestellt.

Abb. 4.1: Schematische Darstellung eines PINT-Szenarios

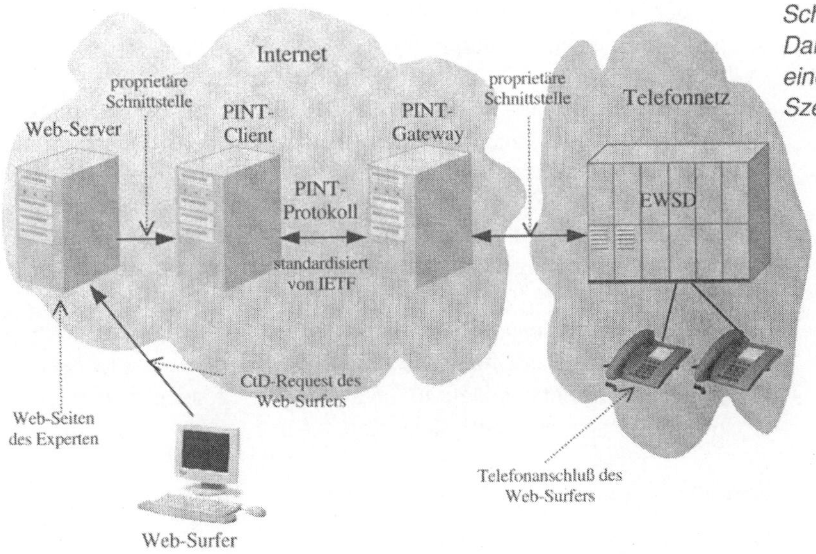

Eine denkbare Applikation in diesem Szenario ist ein „Call Center" eines großen Versandhauses, das seine Angebote nicht nur in Katalogen, sondern auch per World Wide Web im Internet anbietet. Dabei soll dem Kunden via Web die Möglichkeit geboten werden, Kontakt mit einem Berater direkt vom PC aus aufzunehmen.

Der Kunde klickt also im Internet auf einen Link auf der Web-Seite des Versandhauses, worauf im Telefonnetz eine Verbindung zur Hotline des Unternehmens aufgebaut wird. Zur Steuerung des Verbindungsaufbaus wird das zu den PSTN Internet Interworking Services gehörende Protokoll PINT [IETF2000] benutzt. Dieser spezielle Service wird „Click-to-Dial", abgekürzt CtD, genannt. Er eignet sich als Beispiel zur Erläuterung der wichtigen Aspekte der Software-Entwicklung, da die Funktion gut beschrieben ist und die Architektonik überschaubar bleibt.

Das Szenario aus Abb. 4.1 legt die wichtigsten Komponenten der Applikation CtD fest:

Die CtD-Applikation selbst wird auf dem Web-Server des Versandhauses installiert, der die Web-Seite mit dem „Click"-Knopf bereitstellt, den der Web-Surfer an seinem PC auslöst. Der PINT-Client ist ebenfalls Teil des Web-Servers und sendet die dem „Click" entsprechenden PINT-Informationen, die für den Verbindungsaufbau im Telefonnetz benötigt werden, unter Verwendung des „Session Initiation Protocol" (IETF-Standard [IETF1999]) an das sogenannte PINT-Gateway. Dieses PINT-Gateway ist ein Computer, der die Kopplung zwischen Internet und Telefonnetz, beispielhaft repräsentiert durch eine EWSD-Vermittlungsstelle, darstellt.

EWSD ist ein computergesteuertes digitales Vermittlungssystem in offenen Telefonnetzen. Es läßt sich in unterschiedlichen Netzstrukturen als Netzknoten zur Vermittlung der verschiedensten Informationsarten (z.B. Fernsprechen, Telefax, Daten) einsetzen.

Die große Flexibilität des EWSD beruht auf seiner Software-Architektur mit dem weitgehenden Einsatz von ladbarer Software. Entsprechend der verteilten Steuerung des EWSD enthält jeder Prozessor im System seine eigene Software bestehend aus Programmcode und Daten. Generell gilt für jeden Prozessor: Die Software ist nach funktionalen Gesichtspunkten in übereinanderliegenden Schichten organisiert (Schichtenmodell, siehe Kap. 8.5).

Randbedingungen für die Entwicklung

Die PSTN Internet Interworking Services werden in mehreren Versionen entwickelt, beginnend mit Click-to-Dial.

Für den Anwender eines Service wie Click-to-Dial wird die Qualität des Service neben der Funktionalität durch zwei Größen bestimmt, nämlich die Verfügbarkeit und die Reaktionszeiten des PINT-Gateways. Aufgrund des angenommenen Szenarios müssen in der Sekunde 500 PINT-Nachrichten verarbeitet werden (daraus ergeben sich ca. 150 Verbindungsaufträge an den Vermittlungsrechner am Eingang in das Telefonnetz).

Für den Betreiber eines Netzes, das Internet Interworking Services anbietet, ist die Flexibilität des Netzes und der Applikationen von großer Bedeutung.

Die Flexibilität des Netzes drückt sich aus in der Skalierbarkeit der eingesetzten Computer und der Möglichkeit, Software-Komponenten zur optimalen Auslastung geeignet auf den Computern zu verteilen. Aus Sicht des Betreibers läßt sich dies am ehesten durch den Einsatz von kommerziellen Rechnern (Hardware und Betriebssystem) unter Berücksichtigung von Preis und Leistung erreichen. Die Konsequenz daraus ist, daß unsere Implementierung z.B. auf Unix-Workstations oder Windows-PCs ablauffähig ist, d.h. möglichst computerunabhängig ist.

Die Integration der Applikationen in unterschiedliche Umgebungen wird unterstützt durch Verwendung von Standardschnittstellen wie Parlay [Parl2000] für neue Services oder die Offenlegung von proprietären Software-Schnittstellen über standardisierte Mechanismen wie CORBA [Corb2000] zur Verwendung in anderen Internet-Applikationen wie „Electronic Commerce". Beide Aspekte müssen in unserer Implementierung berücksichtigt werden.

4.2 Entwurf einer Software-Architektonik für PINT-Services

In der folgenden Darstellung des Beispiels PINT-Services wird zunächst der **Basisaufbau** des Systems erarbeitet. Anschließend werden die Auswirkungen der Verwendung von **„Standard"-Schnittstellen** und der Bereitstellung von **„offenen" Schnittstellen** untersucht. Auch der Aspekt **„Computerunabhängigkeit"**, der im wesentlichen mit der Wahl von Netzprotokollen, der Programmiermethode und der Programmiersprache zusammenhängt, beeinflußt die Architektonik. Unter **Flexibilität** ist hier der flexible Austausch von Komponenten und Teilfunktionen zu verstehen. Die Grundlagen dazu müssen in der Architektonik vorgeleistet werden, ebenso wie für die Möglichkeit der **Versionsentwicklung**.

4.2.1
Basisaufbau

Gesucht ist eine Software-Architektonik für das PINT-Gateway in Abb. 4.1. Ein Ausschnitt aus Abb. 4.2 liefert die Grobstruktur mit den Schnittstellen zur Umgebung.

Abb. 4.2: Schnittstellen des PINT-Service

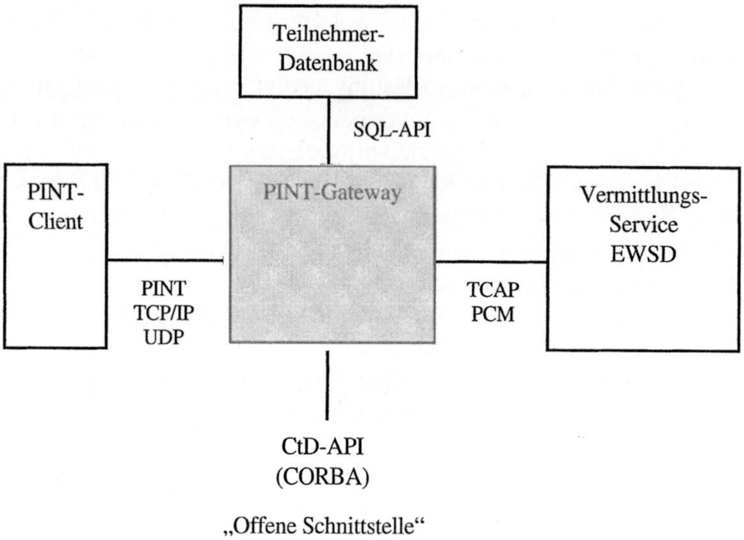

- Die Datenbank beinhaltet Teilnehmerdaten mit Zugangsrechten, Zugangsschlüsseln und Angaben zur Gebührenrechnung. Die Zugriffe erfolgen über ein Application Programming Interface (API) für SQL.
- Der Signalfluß zwischen PINT-Client und PINT-Gateway über eine TCP/IP-Verbindung [Stev1994] auf der Basis von SIP ist im Signalmodell (Abb. 4.3) dargestellt. Die senkrechten Linien repräsentieren die Komponente PINT-Gateway und ihren Zugang PINT-Client, die waagerechten Pfeile sind Signale zwischen diesen Komponenten in ihrer sequentiellen Abfolge. Die formale Semantik dieser Darstellungsmethode wird in Kap. 11.1 beschrieben.

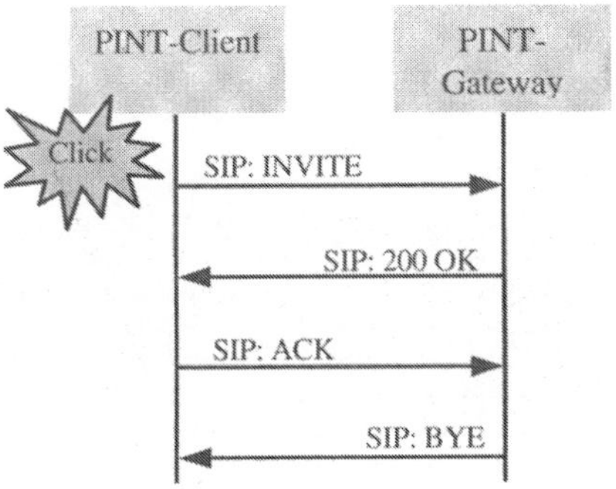

Abb. 4.3: Signalmodell nach SIP

- Die Schnittstelle zum Telefonvermittlungssystem für den Verbindungsaufbau ist durch das Protokoll TCAP („Transaction Capabilities Application Part" [ITUQ1996]) über Ethernet realisiert.
- Zusätzlich wird eine „offene" Schnittstelle zu dem PINT-Service bereitgestellt, über die er von anderen Applikationen verwendet werden kann.

Komponenten

Nach dem Prinzip „teile und herrsche" identifizieren wir die folgenden Komponenten innerhalb des PINT-Gateways:

1. Die Schnittstelle zum Internet, genannt SIP/PINT-Stack, die die Nachrichten zum Verbindungsaufbau in der Notation des SIP/PINT-Protokolls empfängt, analysiert und für die weitere Verarbeitung aufbereitet.
2. Die Schnittstelle zum Vermittlungsrechner EWSD, genannt CSS (Core Switching System), über die der Verbindungsaufbau zwischen den Gesprächsteilnehmern durchgeführt wird.
3. Die eigentliche Servicelogik (CtD-Service-Logic), die die vom SIP-Stack aufbereiteten Informationen als PINT-Nachrichten interpretiert und in die Elemente zur Steuerung eines Verbindungsaufbaus im Sinne des Vermittlungsrechners EWSD zerlegt.
4. Die Vermittlungsfunktion (Mediation), die die Kenntnis über den Vermittlungsaufbau besitzt und das Vermittlungssystem ansteuert.

Schichten

Die folgende Schichtendarstellung verdeutlicht die Zerlegung des Systems. Diese Darstellung ist in einer Kooperation mit Prof. Broy, Lehrstuhl für Informatik der Technischen Universität München, entstanden.

Abb. 4.4: Schichtenmodell des PINT-Gateways

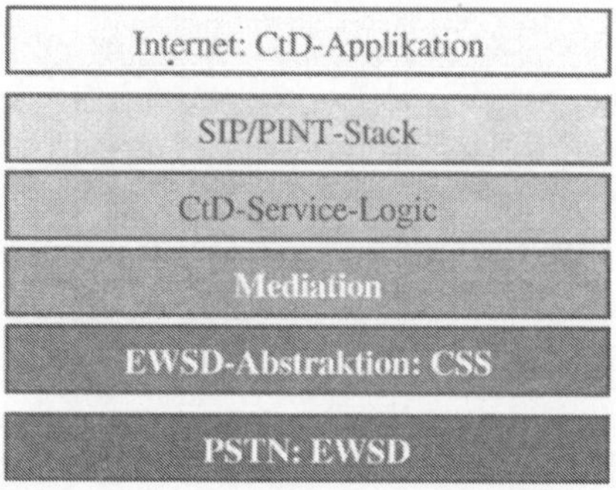

Die Bedeutung dieses Schichtenmodells ist wohl intuitiv klar. Für die Verwendung in einer weitgehend formalisierten Architekturdarstellung muß aber erklärt werden

- wie die Funktion der Applikation in Teilfunktionen untergliedert werden kann, so daß sie als Komponenten im Software-System realisiert werden können,
- wie das Verhalten einer Komponente innerhalb einer Schicht spezifiziert wird,
- unter welchen Bedingungen Schichten aufeinandergetürmt werden dürfen und
- wie die Konsistenz zwischen Schichtenmodell und Signalmodell (Abb. 4.3) hergestellt wird.

Diese Zusammenhänge werden in den Kapiteln 7 und 8 beschrieben.

Mit dieser Struktur ist erst ein kleiner Schritt zur Beherrschung der Komplexität der Applikation Click-to-Dial gemacht. Das Schichtenmodell suggeriert, daß sich die Komponenten sauber entkoppeln lassen und die Schnittstellen dazwischen von gutartigem Typ sind.

Ein eher bösartiges Beispiel für die Entkopplung der Funktionalität von Schichten ist die Teilfunktion Authentifikation/Autorisation, die sich auf mehrere Schichten verteilt und eine externe Teilnehmerdatenbank verwendet, die in Abb. 4.2 angedeutet ist. Für eine funktionierende Einteilung in Komponenten reicht diese statische Betrachtungsweise also nicht aus. Auch die dynamischen Eigenschaften der Komponenten und deren Auswirkungen auf die Schnittstellen müssen betrachtet werden. Zur Darstellung der statischen und dynamischen Eigenschaften der Komponenten benötigen wir eine geeignete Notation.

Da derzeit keine standardisierten Notationen verfügbar sind, die unsere Anforderungen erfüllen (siehe Kap. 3.2), definieren wir eine eigene, an den Komponenten orientierte Sprache (COSPEL – **Com**ponent **Spe**cification **L**anguage), die sowohl zur Darstellung unserer Architekturüberlegungen als auch aufgrund ihrer algorithmischen Struktur als Basis für die Implementierung verwendet werden kann. Um aufzuzeigen, daß die Abstraktion durch COSPEL eine strukturerhaltende Abbildung auf die Implementierung ermöglicht, wird im Anhang zu den Komponenten Pseudo-Code in Java angegeben.

Die vollständige Definition von COSPEL befindet sich in Kap. 11.3; an dieser Stelle wollen wir lediglich diejenigen Darstellungsmittel von COSPEL vorstellen, die zur Beschreibung des Beispiels notwendig sind. Wir unterbrechen also die Betrachtung unseres Beispiels jeweils an geeigneten Stellen, um die Entwurfsnotation COSPEL für komponentenorientierte Applikationen einzuführen.

4.2.2 Einschub: Architekturelemente in der Notation COSPEL

Es ist allgemein akzeptiert, daß Programmiersprachen aufgrund ihrer zu feinen Granularität als durchgehende Entwurfsmethode, insbesondere für Software-Architekturen, ungeeignet sind. Es stellt sich also die Frage, welche Notation einerseits die Feinheiten einer Programmiersprache hinreichend abstrahiert, andererseits aber alle Konstruktionen zur Beschreibung der relevanten Architekturelemente enthält, zu denen auch eine Repräsentation von Laufzeitverhalten gehört.

Architekturelemente

In unserem Beispiel benötigen wir intuitiv

- eine Beschreibung der Applikation Click-to-Dial,
- eine Beschreibung der statischen Struktur (SIP/PINT-Stack, CtD-Service-Logic, Mediation, EWSD-Abstraktion: CSS),
- eine Beschreibung der Semantik der Schnittstellen zum PINT-Client (SIP/PINT-Protokoll gemäß IETF-Standard) und zum Vermittlungsservice (TCAP-Protokoll) und schließlich
- eine Beschreibung der Kanäle zwischen den Rechnern, über die die Schnittstellen übertragen werden (PINT-Gateway zu PINT-Client: TCP-Socket, PINT-Gateway zu EWSD: E1T1-Karte (Ethernet)).

Beginnen wir mit der Notation der Applikation, die in COSPEL den Namen ClickToDial erhält:

```
application ClickToDial ...... end
```

Die Punkte symbolisieren hier weitere Details der Applikation. Schlüsselwörter in der Syntax von COSPEL werden fett dargestellt.

statische Struktur

Die statische Struktur der Applikation gemäß Schichtenmodell in Abb. 4.4 wird durch Auflistung der Komponenten in der Applikation beschrieben. Damit läßt sich ClickToDial mit entsprechender Wahl der Namen folgendermaßen darstellen:

Click-to-Dial-Applikation

```
application ClickToDial
  components
    SipStackComponent,
    ClickToDialComponent,
    MediationComponent,
    CssApiComponent
  end
end
```

Mit dieser Darstellung sind die Komponenten gemäß Schichtenmodell aus Abb. 4.4 erfaßt. Welche Mittel zur Darstellung der Ordnung zwischen den Schichten zur Verfügung stehen, wird im weiteren Verlauf noch klar.

Analog zur Applikation haben Komponenten in COSPEL folgende Darstellung:

```
component SipStackComponent ...... end
```

Eine Komponente spezifiziert einerseits die von ihr definierten und für externe Verwendung bereitgestellten Services (Schlüsselwort **provides**) und andererseits die Services, die sie von anderen Komponenten verwendet (Schlüsselwort **uses**).

```
component SipStackComponent
  services
    provides SipStack end
end
```

Funktionen

Die Funktionalität des Systems ergibt sich durch das Zusammenspiel von funktionalen Einheiten, die Eingabesignale verarbeiten, Aktionen durchführen und Ausgabesignale produzieren. Diese Einheiten bezeichnen wir als Services, die in (statischen) Komponenten eingebettet sind. Der SIP/PINT-Stack in unserem Beispiel enthält als funktionale Einheit den Service SipStack, in COSPEL-Form:

```
service SipStack ...... end
```

Der Service SipStack wird in der Komponente SipStackComponent eingebettet.

Service

Services repräsentieren Datenkapseln, d.h. Datenstrukturen mit darauf zulässigen Operationen (Beispiele sind Objekte in objektorientierten und Module in prozedurorientierten Programmiersprachen). Durch diese Definition wird der Übergang vom Architekturelement Service in die Implementierung (objektorientiert oder prozedural) erleichtert. Services führen also Berechnungen durch, wobei diese Berechnungen in COSPEL als Programme bezeichnet werden (Details zum Begriff Programm finden sich in Kap. 10). Aus Sicht der Architektur sind die meisten algorithmischen Details der Programme nicht relevant, so daß die Programmnotation nicht vorgegeben werden soll (sie können z.B. in textueller Form oder in der Notation einer beliebigen Programmiersprache spezifiziert werden). Programmdetails, die das Laufzeitverhalten entscheidend beeinflussen, z.B. die Verwendung von Betriebsmitteln des Computers, werden allerdings explizit in COSPEL dargestellt.

Programm

Die Programme selbst, die einen Service realisieren, werden namentlich in der Spezifikation des Service aufgelistet. Die für die Architektonik wichtigen Details der Programme werden im Implementierungsteil des Service (Schlüsselwort **implementation**) spezifiziert.

```
service SipStack
  program Provider, Consumer ...
  implementation  "Pseudo-Code für Provider",
                  "Pseudo-Code für Consumer"  end
end
```

Der in **implementation** aufgeführte Pseudo-Code könnte direkt als Text vorliegen oder als Verweis in eine Datei.

Nach diesen Vorbereitungen zur Darstellung der statischen Systemstruktur in COSPEL sollen im folgenden die dynamischen Systemeigenschaften im Beispiel PINT-Gateway betrachtet werden.

4.2.3 Reaktionszeit und Durchsatz

dynamisches Verhalten

In Software-Systemen, deren Anwendbarkeit von kurzen Antwortzeiten abhängt, steht das dynamische Verhalten zu jedem Zeitpunkt der Entwicklung im Fokus. Und zwar nicht nur das Verhalten einzelner Komponenten, die man vielleicht zufälligerweise gut beurteilen kann, sondern das Verhalten aller Komponenten im Zusammenspiel. Wo liegen die Engpässe? Wo entstehen Wartezeiten? Laufzeitoptimierungen nach Vollendung des Systems erreichen oft nicht das gesetzte Ziel, gefährden den Fertigstellungstermin und erhöhen deutlich die Gesamtkosten.

Engpässe

Zurück zu unserem Beispiel. Wo liegen voraussichtlich die Engpässe im PINT-Gateway? Die Eingaberate wird durch das Verhalten von Surfern im Internet bestimmt. Dazu gibt es inzwischen genügend Erfahrung bei den Netzbetreibern. Demnach gibt es Tageszeiten mit sehr hohem Verkehr, den das System mit akzeptablen Antwortzeiten verarbeiten muß. Wir gehen also davon aus, daß der SIP/PINT-Stack eine hohe Eingaberate verkraften muß und entsprechend viele SIP/PINT-Pakete an die CtD-Service-Logic weiterreicht. Da die CtD-Service-Logic ihrerseits zu einigen SIP/PINT-Requests mehrere Aufträge für einen Verbindungsaufbau an den Vermittlungsrechner senden und auf die jeweiligen Quittungen warten muß, kann sie voraussichtlich nicht alle SIP/PINT-Requests unmittelbar nach ihrem Eintreffen weiterverarbeiten. Beide Abläufe müssen also derart entkoppelt werden, daß sie zur Laufzeit unabhängig und damit konkurrierend ausgeführt werden können. Wir benötigen also in der Implementierung zwei konkurrierende Abläufe. Aus ähnlichen Aufgabenstellungen z.B. der Betriebssystementwicklung wissen wir, daß als Entkopplungsmechanismus zwischen konkurrierenden Abläufen Warteschlangen (siehe z.B. [Seeg1974]) verwendet werden können.

Damit sind zwei wichtige Architekturelemente unserer Applikation identifiziert: Warteschlangen und konkurrierende Abläufe, die allgemein als Prozesse bezeichnet werden.

In unserem Architekturmodell repräsentieren Prozesse Laufzeitelemente auf der Ebene der Hardware-Konfiguration (siehe Abb. 3.2); sie belegen Betriebsmittel (CPU, Speicher usw.) und werden vom Betriebssystem während der Laufzeit des Computers verwaltet. Ihre Bedeutung für die Architektonik eines Software-Systems ergibt sich aus der Tatsache, daß die Dynamik des Systems maßgeblich durch die Organisation der Maschinenprogramme und ihre Ausführung in der Hardware-Konfiguration beeinflußt wird. Die Details der Prozesse sind in Kap. 10.2 beschrieben.

Vom Standpunkt der Architektur genügt es, die Programme als Implementierung der Services den zur Laufzeit des Systems konfigurierten (Betriebssystem-)Prozessen gemäß der COSPEL-Notation

```
program Provider runs in RT_Provider
```

zuzuordnen (Provider ist ein Programm im Service SipStack, RT_Provider ist ein fiktiver Prozeß zur Laufzeit, RT steht für RunTime). Dies bedeutet, daß schon zum Zeitpunkt des Systementwurfs die im Betrieb benötigten Prozesse und ihre Kommunikationsmechanismen weitgehend festgelegt werden.

Prozeß

Aufgrund ihrer Bedeutung als Architekturelement werden Prozesse in COSPEL sowohl in den umgebenden Komponenten als auch auf oberster Spezifikationsebene, der Applikation, aufgelistet (**processes ... end**). Abbildung 4.5 zeigt dieses Vorgehen für die Applikation ClickToDial und zunächst nur die Komponente

SipStackComponent. In diesem Beispiel gehen wir der Einfachheit halber davon aus, daß alle zu SipStackComponent gehörenden Programme in eigenen Prozessen ablaufen werden. Dies ist allerdings keine allgemeine Einschränkung.

Abb. 4.5: Programme und Prozesse des SIP/PINT-Stacks

Click-to-Dial-Applikation

```
application ClickToDial
  components SipStackComponent end
  processes RT_Provider, RT_Consumer end
end
```

PINT-Service

```
component SipStackComponent
  processes RT_Provider, RT_Consumer end
end

service SipStack
  program Provider runs in RT_Provider
  program Consumer runs in RT_Consumer
  implementation Pseudo-Code für Provider und Consumer end
end
```

Warteschlangen

Wie oben beschrieben, wird der Service SipStack mittels zweier konkurrierender Prozesse, RT_Provider und RT_Consumer, ausgeführt, die die Programme Provider (zum Empfangen von SIP/PINT-Nachrichten aus dem Internet und Ablegen in einer Warteschlange) und Consumer (zum Weiterverarbeiten der gepufferten Nachrichten) zum Ablauf bringen. Die Kommunikation der Programme erfolgt über eine Warteschlange, die wir als PintQueue bezeichnen. Zur Definition von Warteschlangen und den zulässigen Operationen für Speichern und Lesen verweisen wir auf [Seeg1974]. Diese Details sind für die Architektonik nicht relevant. Hinsichtlich des Datentyps der Warteschlange genügt es zu sagen, daß PintQueue Elemente gemäß SIP/PINT-Protokoll aufnehmen kann. Die Warteschlange wird in COSPEL unter Angabe der schreibenden und lesenden Programme folgendermaßen spezifiziert:

```
queue PintQueue source Provider
  destination Consumer end
```

Diese Spezifikation wird Bestandteil der Beschreibung des Service.

In unserem Beispiel fehlt bisher noch die Spezifikation der Schnittstelle des Service SipStack zum PINT-Client, nämlich das SIP/PINT-Protokoll.

Diese Schnittstelle (wir nennen sie SipInterface – aus Gründen der Eindeutigkeit wird in COSPEL der Interface-Name mittels Service- und Komponentennamen qualifiziert) wird von der Applikation nach außen bereitgestellt. Das zugrundeliegende SIP/PINT-Protokoll nennen wir SIPProtocol.

Transport von Nachrichten

Zur Kommunikation zwischen Computern stehen unterschiedliche Transportmechanismen zur Verfügung (z.B. TCP oder UDP), die einen großen Einfluß auf das Laufzeitverhalten haben. Aus Sicht der Architektur ist es deshalb angemessen, diesen Einfluß offensichtlich zu machen. COSPEL trägt dem Rechnung durch das Konstrukt Transportkanal. In unserem Beispiel ordnen wir dem Protokoll SIPProtocol den Transportkanal SIPChannel zu. Die komplette Beschreibung der veröffentlichten Schnittstelle SipInterface lautet dann:

```
published
   SipStackComponent.SipStack.SipInterface
      with SIPProtocol offered by SIPChannel
end
```

Es fehlen noch die Spezifikationen von SIPProtocol und SIPChannel.

SIPProtocol bezeichnet das SIP/PINT-Protokoll, das in den IETF-Standards RFC2543 (SIP), RFC2327 (SDP) und RFC2848 (PINT) beschrieben wird. Die Darstellung in COSPEL lautet:

```
protocol
  SIPProtocol standard of IETF: RFC2543 (SIP),
     RFC2327 (SDP), RFC2848 (PINT)
end
```

Der Transportkanal SIPChannel aus der Interface-Spezifikation von SipInterface wird als TCP-Socket (Begriff des Betriebssystems Unix) spezifiziert, das über Port 53 angeschlossen ist:

```
channel SIPChannel is TCP-Socket
  configuration Port 53 end
```

Damit ist die Schnittstelle von SipStack mit allen hinsichtlich Laufzeit relevanten Merkmalen spezifiziert. Mit diesen Festlegungen kann die Applikation ClickToDial vervollständigt werden zu:

Click-to-Dial-Applikation

```
application ClickToDial
 components SipStackComponent end
 processes RT_Provider, RT_Consumer end
 published
  SipStackComponent.SipStack.SipInterface with SIPProtocol
    offered by SIPChannel
 end
end
protocol SIPProtocol standard of IETF: RFC2543 (SIP),
         RFC2327 (SDP), RFC2848 (PINT) end
channel SIPChannel is TCP_SOCKET configuration Port 53 end
```

Bei Kommunikationssystemen werden zwei Typen von Schnittstellen unterschieden (siehe auch Kap. 11.5): synchrone Schnittstellen im Sinne von Prozedur- oder Methodenaufrufen und asynchrone im Sinne von Nachrichtenaustausch zwischen Automaten. Sie können als Sequence-Charts oder als endliche Automaten spezifiziert werden. Ein gutes Beispiel für eine asynchrone Schnittstelle ist das SIP/PINT-Protokoll. Dabei können die Signale Werte transportieren, die einem vorgegebenen Wertebereich entstammen. Im Beispiel des SIP/PINT-Protokolls kann der gesamte Text der SIP-Nachricht nach Identifikation des Nachrichtentyps (z.B. „Invite“) zur weiteren Auswertung als Signal *Invite(„SIP-Packet“)* weitergeleitet werden.

synchron / asynchron

Da Protokollautomaten eine große Bedeutung bei der Spezifikation von Kommunikationssystemen spielen, haben wir diese Darstellungsmethode in COSPEL integriert. Die Details befinden sich in Kap. 11. Im Falle eines standardisierten Protokolls (im Beispiel das SIP/PINT-Protokoll) kann auch direkt der Name des Standards angegeben werden.

Protokoll-automat

In unserem Beispiel SIP/PINT-Stack stellt die Komponente SipStackComponent den Service SipStack bereit, der seinerseits über die Schnittstelle SipInterface vom Typ SIPProtocol mit der Umgebung kommuniziert. Die vom PINT-Client gesendeten Nachrichten werden im PINT-Gateway in die Signale SipInvite und SipAck umgewandelt, denen jeweils der gesamte Text der Nachricht als Wert zugeordnet ist, z.B. *SipInvite(SipRAWPacket)*. Analog werden von SipStack Quittungen in Form der Signale SipOk und SipBye mit entsprechenden Werten über den Status der aufgebauten Verbindungen in Richtung PINT-Client zurückgesendet.

Der asynchronen Schnittstelle SipInterface entspricht dann folgende COSPEL-Spezifikation:

```
asynchronous interface SipInterface
  with SIPProtocol
  in   SipInvite(SipRAWPacket),
       SipAck(SipRAWPacket)
  out  SipOk(SipRAWPacket),
       SipBye(SipRAWPacket)
end
```

In Echtzeitsystemen ist es sehr wichtig, Eigenschaften des Systems wie Durchsatz, Verbrauch an CPU-Zeit und Speicherbedarf zu spezifizieren und unter Betrachtung aller auf einem Rechner laufenden Applikationen zu verifizieren. Dabei kann man CPU-Zeit natürlich nicht unabhängig von der verwendeten Hardware angeben. Aus unserer Sicht ist es sinnvoll, diese Eigenschaften den Serviceschnittstellen zuzuordnen, d.h. jeweils den Methodenaufrufen bei synchronen Schnittstellen und den Signalen bei asynchronen Schnittstellen.

In unserem Beispiel ist ein wichtiges Kriterium für den Durchsatz der Applikation die Anzahl der pro Sekunde verarbeiteten SIP-Nachrichten vom Typ „Invite“ (`callspersecond`). Damit läßt sich das letzte, den Durchsatz der Komponente SipStackComponent bestimmende Merkmal spezifizieren, nämlich der Betriebsmittelbedarf (`resources`):

```
resources
  SipStack.SipInterface.SipInvite
       (callspersecond = 100,
        processor cpu_utilization = 0.1,
        memory_utilization = 200k)
end
```

Abb. 4.6 skizziert ClickToDial mit 4 Warteschlangen und 4 konkurrierenden Programmen zur Verarbeitung der SIP-Nachrichten.

Der Provider nimmt SIP-Requests vom Internet entgegen und verteilt sie in 4 Warteschlangen. Die Warteschlangen könnten alle vom Typ Click-to-Dial sein, falls dieser Service in mehreren Inkarnationen gleichzeitig verfügbar sein soll. Die Warteschlangen können auch andere PINT-Typen unterstützen, falls der entsprechende Service verfügbar ist. Damit ist die Warteschlange auch eine geeignete Datenstruktur, weitere Services auf dem PINT-Gateway zu implementieren.

Bei unseren Betrachtungen haben wir stillschweigend die Komponentenebene vor Abschluß der Architekturüberlegungen verlassen und sind gefährlich nahe an die Programmierebene herangekommen, was Verfechter der reinen Architektur als eine zu detaillierte Betrachtungsweise kritisieren. Solche Exkursionen sind allerdings unvermeidbar, wenn die Architekturüberlegungen dabei helfen sollen, die Komplexität des Systems in den Griff zu bekommen, die zum großen Teil durch verborgene dynamische Abhängigkeiten bestimmt ist, die erst in der Implementierung sichtbar werden. Dabei ergibt sich die Komplexität aus der inneren Komplexität aller Komponenten und der Vernetzung der Schnittstellen zwischen den Komponenten.

Abb. 4.6: *Komponentenmodell für SIP/PINT-Stack*

Click-to-Dial-Applikation

```
application ClickToDial
  components SipStackComponent end
  processes RT_Provider, RT_Consumer_1, RT_Consumer_2,
           RT_Consumer_3, RT_Consumer_4 end
  published
    SipStackComponent.SipStack.SipInterface with
       SIPProtocol offered by SIPChannel
  end
end
protocol SIPProtocol standard of IETF: RFC2543 (SIP),
           RFC2327 (SDP), RFC2848 (PINT) end
channel SIPChannel is TCP_SOCKET configuration Port 53 end
```

PINT-Service

```
component SipStackComponent
  services provides SipStack end
  processes RT_Provider,
            RT_Consumer_1,
            RT_Consumer_2,
            RT_Consumer_3,
            RT_Consumer_4
  end
  resources
    SipStack.SipInterface.SipInvite
         (callspersecond = 100,
          processor cpu_utilization = 0.1,
          memory_utilization = 200k)
  end
end

service SipStack
  program Provider runs in RT_Provider
  program Consumer_1 runs in RT_Consumer_1
  program Consumer_2 runs in RT_Consumer_2
  program Consumer_3 runs in RT_Consumer_3
  program Consumer_4 runs in RT_Consumer_4
  queue PintQueue_1 source Provider
    destination Consumer_1 end
  queue PintQueue_2 source Provider
    destination Consumer_2 end
  queue PintQueue_3 source Provider
    destination Consumer_3 end
  queue PintQueue_4 source Provider
    destination Consumer_4 end
  asynchronous interface SipInterface
       with SIPProtocol
    in  SipInvite(SipRAWPacket),
        SipAck(SipRAWPacket)
    out SipOk(SipRAWPacket),
        SipBye(SipRAWPacket)
  end
  implementation Anhang: Pseudo-Code end
end
```

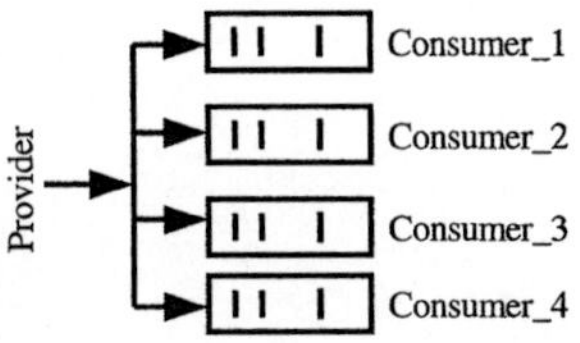

Nachdem der Service SipStack, seine Schnittstelle, die Implementierung durch Programme und die benötigten Betriebsmittel (Prozesse usw.) spezifiziert sind, ist die CtD-Applikation mit der Komponente SIP/PINT-Stack im Sinne von COSPEL komplett beschrieben:

Unsere momentane Beschreibung der Architektonik besteht also aus dem Signalmodell aus Abb. 4.3, dem Schichtenmodell aus Abb. 4.4 und dem ersten Entwurf eines Komponentenmodells, zusammengefaßt in Abb. 4.7.

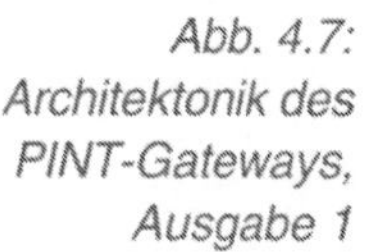

Abb. 4.7: Architektonik des PINT-Gateways, Ausgabe 1

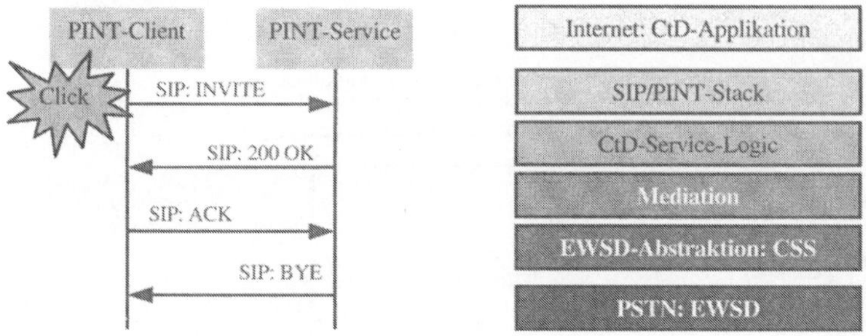

Click-to-Dial-Applikation

```
application ClickToDial
  components SipStackComponent end
  processes RT_Provider, RT_Consumer end
  published
    SipStackComponent.SipStack.SipInterface
      with SIPProtocol
      offered by SIPChannel
  end
end
```

```
protocol SIPProtocol standard of
   IETF: RFC2543 (SIP), RFC2327 (SDP),
   RFC2848 (PINT) end

channel SIPChannel is TCP_SOCKET
  configuration Port 53 end
```

PINT-Service (including SIP/PINT-Stack)

```
component SipStackComponent
  services
    provides SipStack end
  processes RT_Provider, RT_Consumer end
  resources
    SipStack.SipInterface.SipInvite
      (callspersecond = 100,
       processor cpu_utilization = 0.1,
       memory_utilization = 200k)
  end
end
```

```
service SipStack
  program Provider runs in RT_Provider
  program Consumer runs in RT_Consumer
  queue PintQueue source Provider
        destination Consumer end
  asynchronous interface SipInterface
      with SIPProtocol
    in    SipInvite(SipRAWPacket),
          SipAck(SipRAWPacket)
    out   SipOk(SipRAWPacket),
          SipBye(SipRAWPacket)
  end
  implementation Anhang: Pseudo-Code end
end
```

Damit ist die Schnittstelle zwischen dem Internet und dem PINT-Gateway, d.h. dem SIP/PINT-Stack, beschrieben. Als nächstes wird die Servicelogik für den Verbindungsaufbau eingeführt. Dazu stellt die Komponente ClickToDialComponent den Service ClickToDialService zur Verfügung, der für den Verbindungsaufbau ein synchrones Interface (SipCall) zur Verfügung stellt. Die Verwendung dieses Interfaces bewirkt den Aufruf einer (synchronen) Methode (MakeCall). Abbildung 4.8 zeigt die Applikation ClickToDial mit den Komponenten SipStackComponent und ClickToDialComponent.

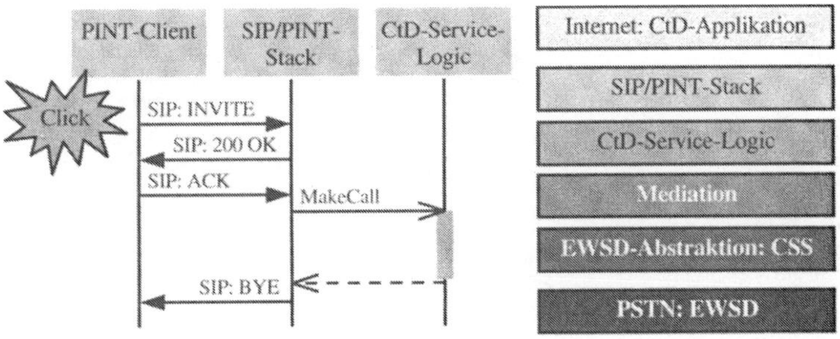

Abb. 4.8: Architektonik des PINT-Gateways, Ausgabe 2

Click-to-Dial-Applikation

```
application ClickToDial
  components SipStackComponent,
             ClickToDialComponent
  end
  processes RT_Provider, RT_Consumer end
  published
    SipStackComponent.SipStack.SipInterface
      with SIPProtocol offered by SIPChannel
  end
end
```

```
protocol SIPProtocol standard of
  IETF: RFC2543 (SIP), RFC2327 (SDP),
  RFC2848 (PINT) end

channel SIPChannel is TCP_SOCKET
  configuration Port 53 end
channel DirectLink is DIRECT_CALL end
```

SIP/PINT-Stack

```
component SipStackComponent
  services uses ClickToDialService end
           provides SipStack end
  processes RT_Consumer, RT_Consumer end
  resources
    SipStack.SipInterface.SipInvite
     (callspersecond = 100,
      processor cpu_utilization = 0.1,
      memory_utilization = 200k)
  end
end
```

```
service SipStack
  uses ClickToDialService.SipCall (MakeCall)
  program Provider runs in RT_Provider
  program Consumer runs in RT_Consumer
  queue PintQueue source Provider
    destination Consumer end
  asynchronous interface SipInterface
    with SIPProtocol
    in  SipInvite(SipRAWPacket),
        SipAck(SipRAWPacket)
    out SipOk(SipRAWPacket),
        SipBye(SipRAWPacket)
  end
  implementation Anhang: Pseudo-Code end
end
```

CtD-Service-Logic

```
component ClickToDialComponent
  services
    provides ClickToDialService end
  resources
    ClickToDialService.SipCall.MakeCall
     (callspersecond = 100,
      processor cpu_utilization = 0.2,
      memory_utilization = 4M)
  end
end
```

```
service ClickToDialService
  synchronous interface SipCall
    method MakeCall()
  end
  implementation
    Anhang: Pseudo-Code end
end
```

Die Anordnung der Komponenten im Sinne des Schichtenmodells wird über die Relationen uses und provides hergestellt. Der funktionale Zusammenhang wird dadurch verdeutlicht, daß ein Service die von ihm verwendeten Interfaces anderer Services auflistet. Im Beispiel verwendet SipStack die Methode MakeCall des von ClickToDialService bereitgestellten Interfaces SipCall.

Die Schnittstelle zwischen SIP/PINT-Stack und CtD-Service-Logic ist damit in ihrer Komplexität dargestellt.

4.2.4 Standardschnittstellen

Betrachten wir als nächstes die Schnittstelle zwischen CtD-Service-Logic und Mediation. Mediation implementiert die Funktion Call Control, das heißt Abläufe, die notwendig sind, um zwei Teilnehmer im Telefonnetz zu verbinden. Für diese Aufgabenstellung existiert ein von Netzherstellern unabhängiger Standard: das Parlay-API [Parl2000]. Die Verwendung dieses Standards in unserer Entwicklung bietet zwei Vorteile. Da Parlay einen kompletten Satz von objektorientierten Schnittstellen für Dienste spezifiziert, über die auf die Funktionalität eines Netzwerkes zugegriffen werden kann, erspart es uns also, dieses API neu zu erfinden. Außerdem ist das Parlay-API geeignet zur Verwendung durch komponentenorientierte Methoden wie COM und CORBA. Somit paßt es sehr gut zu unserem objektorientierten Ansatz und kann nach vollem Ausbau von höher liegenden „Application Services" als Mediation-Schnittstelle verwendet werden. Wie erfolgt die Integration des Parlay-API in das System?

Die CtD-Service-Logic führt für jeden PINT-Request die Methode *MakeCall* aus. Damit verzweigt die Programmkontrolle in die Komponente Mediation, in der die eigentliche Call Control zum Verbindungsaufbau mit Hilfe des Parlay-API durchgeführt wird. Berücksichtigt man noch die Rückmeldungen, die durch den Verbindungsaufbau generiert werden, ist die Schnittstelle zwischen CtD-Service-Logic und Mediation relativ einfach.

Allmählich wird klar, daß die Komplexität des PINT-Gateways hauptsächlich in der Komponente Mediation und der Schnittstelle zum Vermittlungsrechner konzentriert ist. Dies ist nicht überraschend, wenn man die Spezifikationen von SIP/PINT und Parlay miteinander vergleicht. Da Parlay ausdrücklich nicht die technologie- und herstellerspezifischen Zugriffe auf die unterschiedlichen Netzwerkelemente spezifiziert, muß dies in der Schnittstelle zum Vermittlungsrechner erfolgen. Die Implementierung der Parlay-Klassen muß diese Schnittstelle geeignet verwenden.

Damit liegt eine neue Ausprägung der Beschreibung der Architektonik vor, in der das Signalmodell um die wesentlichen Signale zwischen Mediation und Vermittlungsrechner erweitert wurde und das Komponentenmodell erweitert wurde um Programmspezifikationen für die restlichen Komponenten des Schichtenmodells (Abb. 4.9).

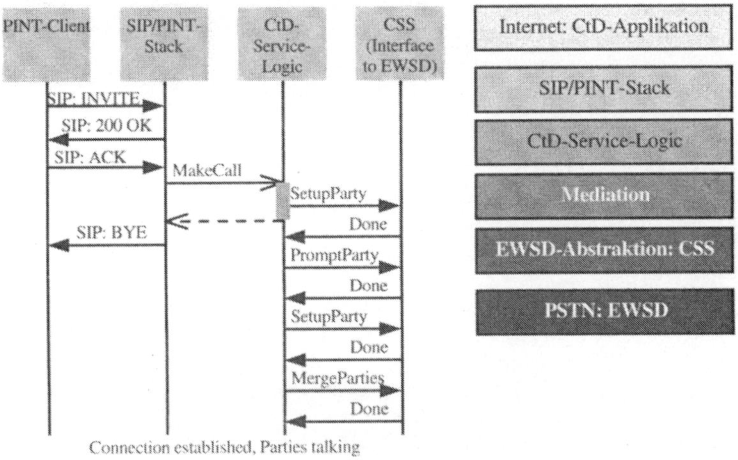

Abb. 4.9: Architektonik des PINT-Gateways, Ausgabe 3

Click-to-Dial-Applikation

```
application ClickToDial
  components  SipStackComponent,
              ClickToDialComponent,
              MediationComponent,
              CssApiComponent
  end
  processes RT_Provider, RT_Consumer,
            E1Handler end
  published
    SipStackComponent.SipStack.SipInterface
      with SIPProtocol offered by SIPChannel
  end
end
```

```
protocol SIPProtocol standard of
    IETF: RFC2543 (SIP), RFC2327 (SDP),
    RFC2848 (PINT) end

channel SIPChannel is TCP_SOCKET
   configuration Port 53 end
channel DirectLink is DIRECT_CALL end
channel OpConChannel is OPCON end
```

SIP/PINT-Stack

```
component SipStackComponent
  services uses ClickToDialService
         provides SipStack end
  processes RT_Provider, RT_Consumer end
  resources
    SipStack.SipInterface.SipInvite
     (callspersecond = 100,
      processor cpu_utilization = 0.1,
      memory_utilization = 200k)
  end
end
```

```
service SipStack
  uses ClickToDialService.SipCall (MakeCall)
  program Provider runs in RT_Provider
  program Consumer runs in RT_Consumer
  queue PintQueue source Provider
    destination Consumer end
  asynchronous interface SipInterface
    with SIPProtocol
    in  SipInvite(SipRAWPacket),
        SipAck(SipRAWPacket)
    out SipOk(SipRAWPacket),
        SipBye(SipRAWPacket)
  end
  implementation Anhang: Pseudo-Code end
end
```

Fortsetzung auf nächster Seite ...

Abb. 4.9: Architektonik des PINT-Gateways, Ausgabe 3 (Fortsetzung)

CtD-Service-Logic

```
component ClickToDialComponent
 services
  uses ParlayCallService end
  provides ClickToDialService end
  resources
   ClickToDialService.SipCall.MakeCall
     (callspersecond = 100,
      processor cpu_utilization = 0.2,
      memory_utilization = 4M)
  end
end
```

```
service ClickToDialService
 uses
  ParlayCallService.ParlayCall
      (routeCallToOrigination,
       routeCallToDestination,
       MergeLegs)
 synchronous interface SipCall
  method MakeCall()
 end
 implementation
  Anhang: Pseudo-Code end
end
```

Mediation

```
component MediationComponent
  services
    uses Css end
    provides ParlayCallService end
end
```

```
service ParlayCallService
  uses Css.CssApiProtocol (SetupParty,
         PromptParty, MergeParties,
         OperationSuccessful, ReportError)
  synchronous interface ParlayCall
    method routeCallToOrigination
              (ServiceID, ApartyLeg)
    method routeCallToDestination
              (ServiceID, BpartyLeg)
    method MergeLegs()
  end
  implementation Anhang: Pseudo-Code end
end
```

Core Switching System API (CSS-API)

```
component CssApiComponent
  services
    provides Css end
  processes E1Handler end
end

service Css
  asynchronous interface CssApi
    with CssApiProtocol
    in  SetupParty(E164Number),
        MergeParties(callid1,callid2),
        PromptParty(E164Number)
    out OperationSuccessfull(callid),
        ReportError(callid, errNumber)
  end
```

```
program InterfaceHandler runs in E1Handler
protocol CssApiProtocol automaton
  startstate init
  state init
    input SetupParty(E164Number)
      task setupLeg
      output OperationSuccessfull(callid)
      nextstate Leg1Ready
  state Leg1Ready
    input PromptParty(E164Number)
      task playAnnouncement
      output OperationSuccessfull(callid)
      nextstate Leg1Informed
  ...
end
implementation Anhang: Pseudo-Code end
end
```

4.2.5 Offene Schnittstellen

PINT-Services sind nicht nur als eigenständige Applikationen als Dialog im Internet von Interesse, sondern auch als Teilfunktionen in komplexeren Applikationen, sogenannten „Application Services" wie z.B. „Electronic Commerce". Diese Wiederverwendung von ausgetesteten Software-Systemen reduziert den Aufwand für die

Entwicklung neuer Dienste und beschleunigt deren Bereitstellung. Der Aufwand für die Integration bzw. Adaption solcher Funktionen hängt natürlich von der Eignung der Schnittstellen ab. Sowohl die Syntax als auch die Semantik der Schnittstellen muß so weit formalisiert sein, daß eine weitgehend automatische Anbindung möglich ist.

Zur Zeit stehen verschiedene standardisierte Konzepte bereit: COM/DCOM (Microsoft [DCOM2000]) für Windows-Umgebungen, JAIN [Sun_2000] für Java-Umgebungen und CORBA (OMG [Corb2000]) als universelle Lösung, unabhängig von Computerplattform oder Programmiersprache.

Da wir für unsere PINT-Services flexibel hinsichtlich Hardware-Hersteller und Betriebssystemen / Plattformen und Programmiersprache sein möchten, ist CORBA die geeignete Lösung. Sowohl die Spezifikationen der OMG als auch die angebotenen Werkzeuge der verschiedenen Hersteller scheinen reif genug für einen Einsatz in der Praxis zu sein.

Als nächstes stellt sich die Frage, wie eine „offene" Programmierschnittstelle in die vorliegende Architektonik eingebaut werden kann und welche Auswirkungen die dazu notwendigen Programmteile auf das Systemverhalten haben (die Dynamik ist sicherlich irgendwie betroffen).

Abb. 4.10 zeigt ein erweitertes Schichtenmodell, in dem die Schichten mit logischen Bezeichnern versehen wurden. Dies erleichtert die Aufgabe, neue Komponenten gemäß ihrer Funktionalität richtig in ein bestehendes System einzuordnen. Die Komponente CORBA/PINT als Implementierung der offenen Schnittstelle (Abb. 4.2) wird dementsprechend in der Schicht Service API Layer eingefügt.

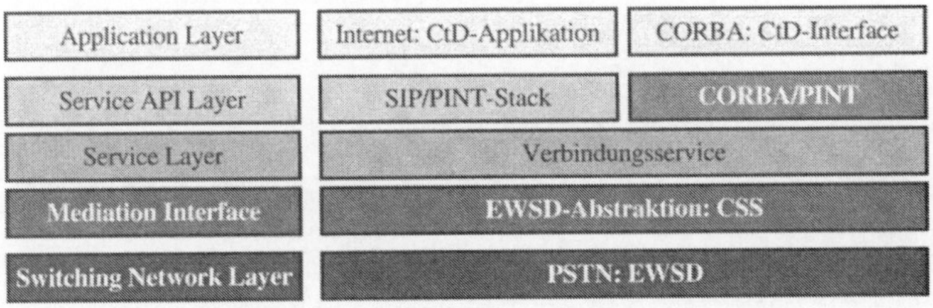

Abb. 4.10: Schichtenmodell des PINT-Gateways mit CORBA-Schnittstelle

Bei Verwendung der Programmierschnittstelle erfolgt kein Dialog zwischen PINT-Client und PINT-Gateway. Vielmehr wird die Verbindung zwischen den beiden Gesprächsteilnehmern als Komplettauftrag an den Verbindungsservice abgesetzt. Die notwendigen Parameter sind im eigentlichen „Application Service" (z.B. „Electronic

Commerce“) aufgrund eigener Quellen verfügbar. Die Verwendung solcher offener Schnittstellen in Programmen externer Entwickler setzt voraus, daß

- die Semantik der Schnittstellen formal beschrieben ist und
- die Semantik der Komponenten selbst, d.h. ihre Reaktionen und die Veränderung ihrer internen Zustände, formal beschrieben ist.

Das Signalmodell der Architektonik wird durch Einführung der Programmierschnittstelle nicht beeinflußt und kann aus Abb. 4.9 übernommen werden. Das Komponentenmodell ist natürlich entsprechend zu erweitern. Abbildung 4.11 stellt die erweiterte Architektonik mit Schichtenmodell und Komponentenmodell dar.

Abb. 4.11: Zusammenhang zwischen SIP/PINT- und CORBA/PINT-Prozeß

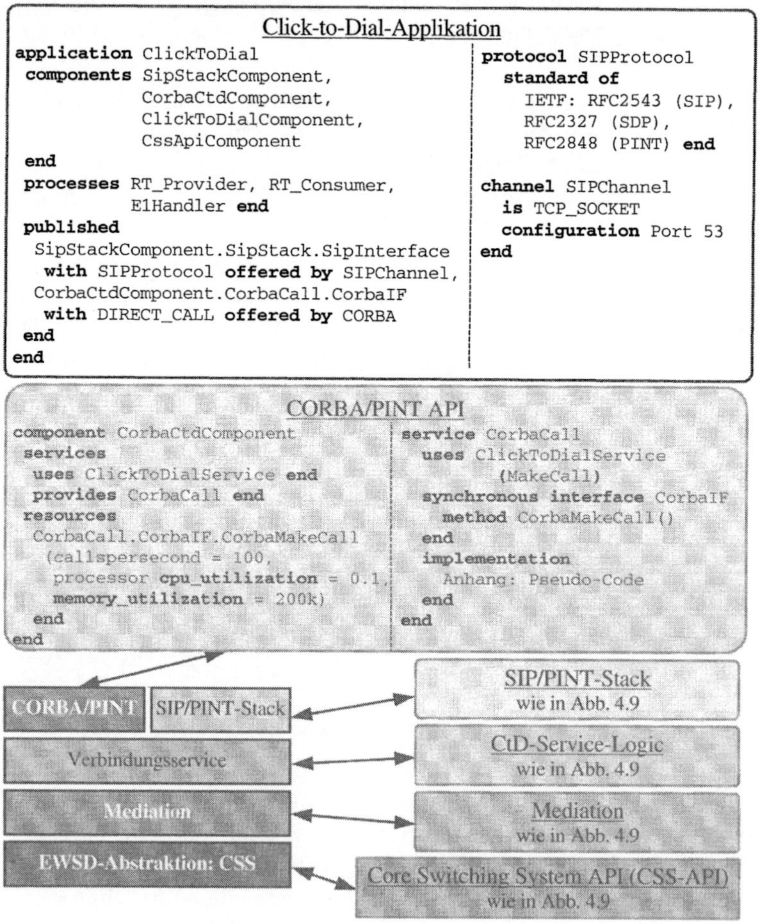

4.2.6
Verfügbarkeit

Die Zuverlässigkeit (QoS – „Quality of Service“) eines Computersystems wird bestimmt durch die Zuverlässigkeit der einzelnen Bestandteile, nämlich der Computer, also Hardware und Betriebssystem und der Software-Systeme. Die Möglichkeiten, Hardware möglichst ausfallsicher zu machen, sollen hier nicht betrachtet werden.

Die Zuverlässigkeit eines Software-Systems kann durch zwei Maßnahmen gewährleistet werden: Es werden Konzepte implementiert, die sicherstellen, daß trotz Fehlverhaltens der Service nach kürzester Zeit wieder verfügbar ist (daraus berechnet sich die Ausfallzeit des Systems); zweitens wird ein Verfahren implementiert, um fehlerhafte Systemteile reibungslos durch korrigierte zu ersetzen (dies wird ebenfalls in der Ausfallzeit zugerechnet).

Redundanz

Die Aufrechterhaltung des Service bei Software-Defekten kann erreicht werden, indem der Service redundant auf mehreren Computern im Verbund („Cluster“) installiert ist (passiv oder aktiv). Im Fehlerfall wird auf einen anderen Computer innerhalb des Clusters umgeschaltet, auf dem die gleiche Software bereitsteht und der bis auf weiteres den Service bereitstellt. Solche Umschalttechniken funktionieren natürlich nur, wenn das Anwendersystem explizit geeignete Aktionen ausführt, z.B. um Daten, die den Systemzustand beschreiben, im Cluster global verfügbar zu machen.

Software-Austausch zur Korrektur

Die zweite Maßnahme zur Sicherstellung der Zuverlässigkeit ist die Einbringung einer neuen Version oder einer korrigierten Version des fehlerhaften Software-Systems in das laufende System. Anders als bei Personal Computern, bei denen neue Versionen der Applikationen üblicherweise nach einem Neustart des Systems installiert werden, muß der Austausch von Software in einem Kommunikationsnetz im laufenden Betrieb erfolgen, um die Verfügbarkeit nicht zu beeinträchtigen.

Im folgenden wollen wir uns auf den Fall beschränken, daß eine Systemfunktion wie Click-to-Dial ausgetauscht werden muß, sei es weil die aktuelle Version fehlerhaft ist oder planmäßig eine neue Version die aktuelle ersetzen soll.

Die Notwendigkeit, Systemteile auszutauschen, muß sich auf die Architektonik auswirken. Hier sei ein Beispiel aus dem Automobilbereich genannt: Es ist allgemein akzeptiert, daß von Zeit zu Zeit Scheinwerferbirnchen wegen Verschleiß ersetzt werden müssen. Es gibt Modelle, bei denen für diese Wartungsarbeit der Luftfilter ausgebaut werden muß, was die Wartungskosten natürlich nachhaltig beeinflußt. Da wir ähnliches verhindern möchten, betrachten wir unsere Architektonik aus Abb. 4.9, konkret also das Signalmodell, das Schichtenmodell und das Komponentenmodell.

Bisher wurde das System Click-to-Dial nur aus der Funktionssicht dargestellt, die Aspekte des Systemeinsatzes, d.h. des Betreibens, waren ausgeklammert. Die Installation und Inbetriebnahme sowie die Unterhaltung eines Kommunikationssystems erfordern Aktivitäten von solchem Umfang und Komplexität, daß nur Computer die Arbeit bewältigen können. Entsprechende Maschinen werden sowohl in Telefonnetzen als auch im Internet eingesetzt. In unserem Beispiel bezeichnen wir diesen Computer als „Operation and Maintenance Manager" (O&M-Manager). Wir setzen voraus, daß der O&M-Manager über ein geeignetes Protokoll (Q3 [ITUQ1997], SNMP [IETF1990]) mit dem PINT-Gateway kommunizieren kann. Es werden geeignete Kommandos zum Laden einer neuen Software-Version in das PINT-Gateway benötigt. Über spezielle Signale („KILL", „START") wird Applikationen signalisiert, sich planmäßig, d.h. nach Vollendung bereits begonnener Aufträge, zu beenden beziehungsweise ihre Tätigkeit aufzunehmen.

Wie läßt sich diese zusätzliche Komponente O&M-Manager in den vorliegenden Architektonikansatz integrieren? Abb. 4.12 veranschaulicht die Situation.

Am einfachsten geschieht dies im Schichtenmodell, indem eine zusätzliche Komponente eingeführt wird, die ohne Rücksicht auf die vorhandenen logischen Schichten auf alle Komponenten Zugriff hat. Dieser Verstoß gegen die Prinzipien des Schichtenmodells muß akzeptiert werden, da das O&M-Management auf alle Komponenten Zugriff haben muß, selbst aber Bestandteil des Software-Systems ist. Es bestätigt sich also auch hier, daß im praktischen Leben keine Regel ohne Ausnahme ist. Im Signalmodell werden die Signale „KILL" und „START", die von dem neuen Prozeß O&M-Manager an die entsprechenden Software-Prozesse gesendet werden, eingezeichnet. Da „KILL" und „START" symmetrisch sind, werden sie gemeinsam jeweils durch einen Pfeil dargestellt. Die waagerechte Linie drückt aus, daß die Abläufe für Operation und Maintenance unabhängig von denen der Applikation Click-to-Dial sind.

Betrachten wir nun das Komponentenmodell. Bisher haben wir vereinfacht angenommen, daß zur Laufzeit die Prozesse der Applikation auf dem PINT-Gateway installiert und zum Ablauf gebracht worden sind, d.h. „gestartet" worden sind. Um den Aspekt Operation und Maintenance darstellen zu können, muß nun die sogenannte Anlaufphase der Applikation modelliert werden.

In unserer einfachen Applikation führen wir für einen speziellen Service die Systemadministration ein (StandardAdminService). Dieser enthält das sogenannte Start-Programm (Main), dem ein eigener

Prozeß (AdminProcess) zugeordnet wird. Die Aufgabe dieses Service besteht darin, zu Beginn der Systeminstallation alle Prozesse zu starten und während des Betriebs alle Administrationstätigkeiten aufgrund der Signale des O&M-Managers durchzuführen. Soll beispielsweise eine neue Version von Click-to-Dial eingephast werden, so benachrichtigt Main nach Empfang des Signals „KILL“ vom O&M-Manager das Programm *Consumer*, das sich daraufhin von der *PintQueue* abkoppelt und keine weiteren SIP/PINT-Pakete zur Verarbeitung abholt. Die begonnenen Aufträge führt es allerdings weiter bis zu ihrer Beendigung durch. Anschließend startet Main das Programm *Consumer* der bereits geladenen neuen Version in seinem Prozeß RT_Consumer, das daraufhin die inzwischen in der PintQueue eingetroffenen SIP/PINT-Pakete verarbeitet.

Wie das Beispiel zeigt, ist eine saubere Entkopplung der Systemteile gemäß Schichtenmodell und die Kapselung von Daten und Abläufen sehr hilfreich für Aufgaben aus dem Bereich Operation und Maintenance. Allerdings kann der Service StandardAdminService keiner Komponente zugeordnet werden, da er in der Lage sein muß, jeden beliebigen Service in der Applikation zu steuern. Deshalb bleibt als einzige Möglichkeit, ihn in der Applikation zu spezifizieren, wodurch wir allerdings gegen die Prinzipien des Nachrichtenverkehrs zwischen den Schichten verstoßen.

In Abb. 4.12 ist der Zusammenhang zwischen der Applikation Click-to-Dial und der übergreifenden Aufgabe Operation und Maintenance mit den Methoden der Architektur dargestellt. Aus Gründen der Übersichtlichkeit ist nur die Komponente SipStackComponent aufgeführt.

Abb. 4.12: Austauschbarer PINT-Service Click-to-Dial

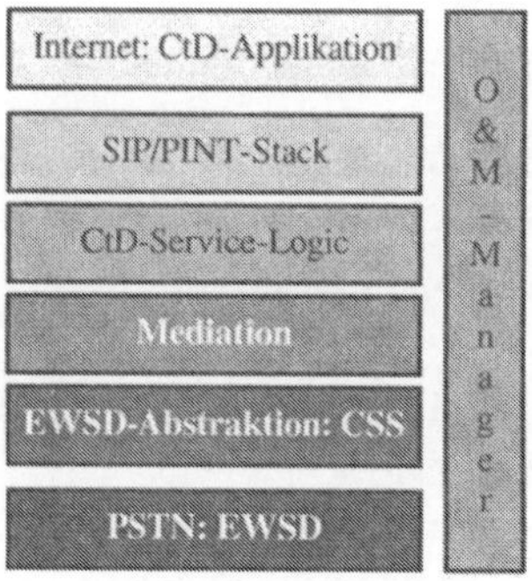

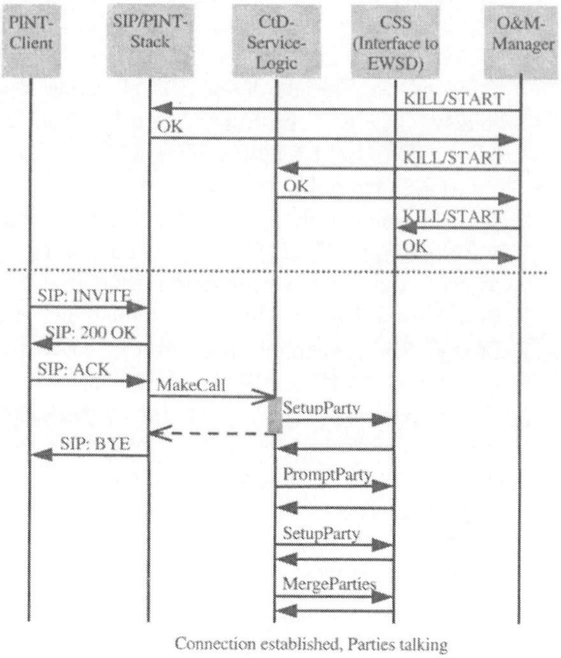

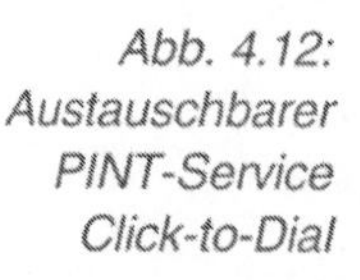

Click-to-Dial-Applikation

```
application ClickToDial
 components SipStackComponent,
            ClickToDialComponent,
            CssApiComponent end
 processes RT_Provider, RT_Consumer,
           E1Handler, AdminProcess end
 published
  ClickToDial.StandardAdminService.AdminIF
    with SNMP offered by SNMPChannel,
  SipStackComponent.SipStack.SipInterface
    with SIPProtocol offered by SIPChannel
 end
 administration StandardAdminService end
end

channel SNMPChannel is UDP_SOCKET
  configuration Port 20 end
channel SIPChannel is TCP_SOCKET
  configuration Port 53 end
```

```
protocol SNMP standard of
  IETF: RFCxxxx end
protocol SIPProtocol standard of
  IETF: RFC2543 (SIP), RFC2327 (SDP),
  RFC2848 (PINT) end

service StandardAdminService
  program Main runs in AdminProcess
  asynchronous interface AdminIF
    with SNMP
    in  StartService(),
        KillService
    out ServiceAlive(),
        ServiceStopped()
  end
  implementation
    Anhang: Pseudo-Code end
end
```

SIP/PINT-Stack

```
component SipStackComponent
  services
    uses ClickToDialService end
    provides SipStack end
  processes RT_Provider, RT_Consumer end
  resources SipStack.SipInterface.SipInvite
             (callspersecond = 100,
              processor cpu_utilization = 0.1,
              memory_utilization = 200k) end
```

```
   administration
     StandardAdminService
   end
end

service SipStack
  /* wie in Abb. 4.9 */
end
```

Mit den bisherigen Überlegungen haben wir eine Architektur für PSTN Interworking Services eingeführt, die die Komplexität der Applikation Click-to-Dial beherrschbar macht. Die Komplexität umfaßt in diesem Fall die Systemstruktur, die Systemdynamik und die Parallelität von Abläufen:

- Systemstruktur durch Spezifikation von Schichten, Komponenten, Services mit Schnittstellenbeschreibungen und Verwendung von Standardprotokollen
- Systemdynamik (Reaktionszeit, Durchsatz) durch Spezifikation von Ressourcen und Ausnutzen von Parallelität
- Parallelität von Abläufen durch Spezifikation von Prozessen und Queues als Kommunikationsmittel

Damit kommen wir zum zweiten Ziel von Architektur: die Beherrschung von Versionsentwicklung.

4.2.7 Versionsentwicklung

Systeme von der Größenordnung eines Kommunikationssystems werden nicht als ganzes entwickelt und ausgeliefert, sondern in einzelnen aufeinanderfolgenden Versionen über mehrere Jahre. Das Beispiel der Internet-Services kann dies veranschaulichen. Die PINT-Services umfassen neben dem Dienst „Request to Call" noch die Dienste „Request to Fax" und „Request to Hear Content" [IETF2000]. Unter dem Begriff Multimedia gibt es z.B. den Dienst Videokonferenz, der die Übertragung von Videoströmen erfordert. Es ist also zu erwarten, daß ein PINT-Gateway, das in der ersten Ausbaustufe Click-to-Dial realisiert, über mehrere Stufen um weitere Dienste ausgebaut wird. Die Steuerung erfolgt dabei durch die Geschäftsmöglichkeiten der Netzbetreiber, die solche Dienste vermarkten wollen. Die Architektonik der ersten Version kann deshalb nicht alle Konstrukte zur Integration zukünftiger Dienste bereitstellen; sie kann allerdings Konstrukte verwenden, die mit hoher Wahrscheinlichkeit zumindest syntaktisch bei der Implementierung weiterer Dienste verwendet werden können, ohne daß allzu große Umbauten an der Basisversion vorzunehmen sind.

Betrachten wir den ersten Fall, nämlich die Implementierung weiterer PINT-Services, z.B. „Request to Fax". Die Anforderung des Dienstes aus dem Internet erreicht das PINT-Gateway als SIP-Nachricht, die auf dem bereits implementierten Weg über den *Provider* in der *PintQueue* landet. Die Aktivierung der entsprechenden Servicelogik für „Request to Fax", CtF-Service-Logic, kann durch den *Consumer* vorgenommen werden. Die Unterscheidung zwischen Click-to-Dial und Click-to-Fax kann anhand der Service-ID in der SIP/PINT-Nachricht erfolgen. Folgen wir der Anordnung der einzelnen Prozesse gemäß Schichtenmodell, so benötigen wir zwei Implementierungen des Parlay Service, was sicher nicht sinnvoll ist. Die Vermischung beider Servicelogiken in einer Schicht mit dem Mediation-Dienst würde die Komplexität dieser Komponenten unnötig erhöhen. Der Ausweg aus dieser Situation besteht darin, die Schicht Verbindungsservice in zwei Schichten aufzuteilen, nämlich Service Layer und Parlay Service Framework. Der Service Layer repräsentiert Dienste wie z.B. Verbindungsdienst zum Aufbau einer Verbindung zwischen zwei Teilnehmern oder Konferenzdienst zum Aufbau einer Konferenzschaltung. Das Parlay Service Framework umfaßt die Parlay Services. Damit erhalten wir ein erweitertes Schichtenmodell und entsprechende Anpassungen im Komponentenmodell (Abb. 4.13). Das Signalmodell bleibt unverändert gültig.

Der zweite Fall der Erweiterung betrachtet Multimedia-Funktionen, geht also über die Möglichkeiten des PINT-Protokolls hinaus. Da das SIP-Protokoll verwendet wird, erfolgt der Einbau nach dem SIP-Empfänger und parallel zu dem PINT-Consumer. Damit steht die *PintQueue* nicht als Kommunikationsstruktur zur Verfügung. In Analogie dazu führen wir einen weiteren Puffer ein, die *VideoQueue*. Sie nimmt die SIP-Nachrichten vom Typ Videonachricht auf und stellt sie einem geeigneten Consumer, dem *VideoConsumer*, bereit. Die Entscheidung, ob eine Nachricht vom Typ SIP/PINT oder SIP/Video ist, wird im Provider getroffen. Die weitere Verarbeitung übernimmt die Video-Service-Logic. Die wesentlichen Erweiterungen der Architektonik sind in Abb. 4.13 dargestellt.

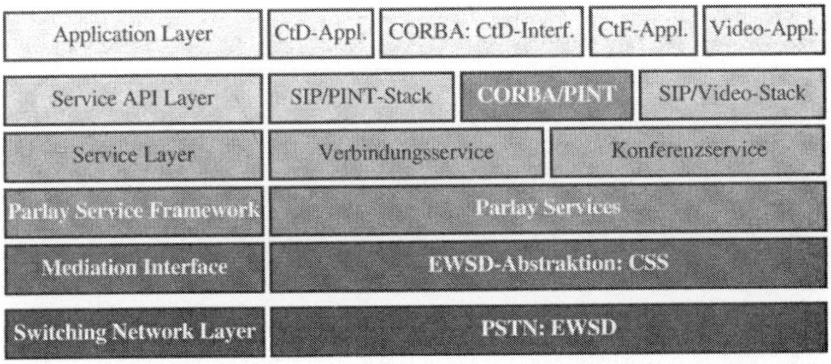

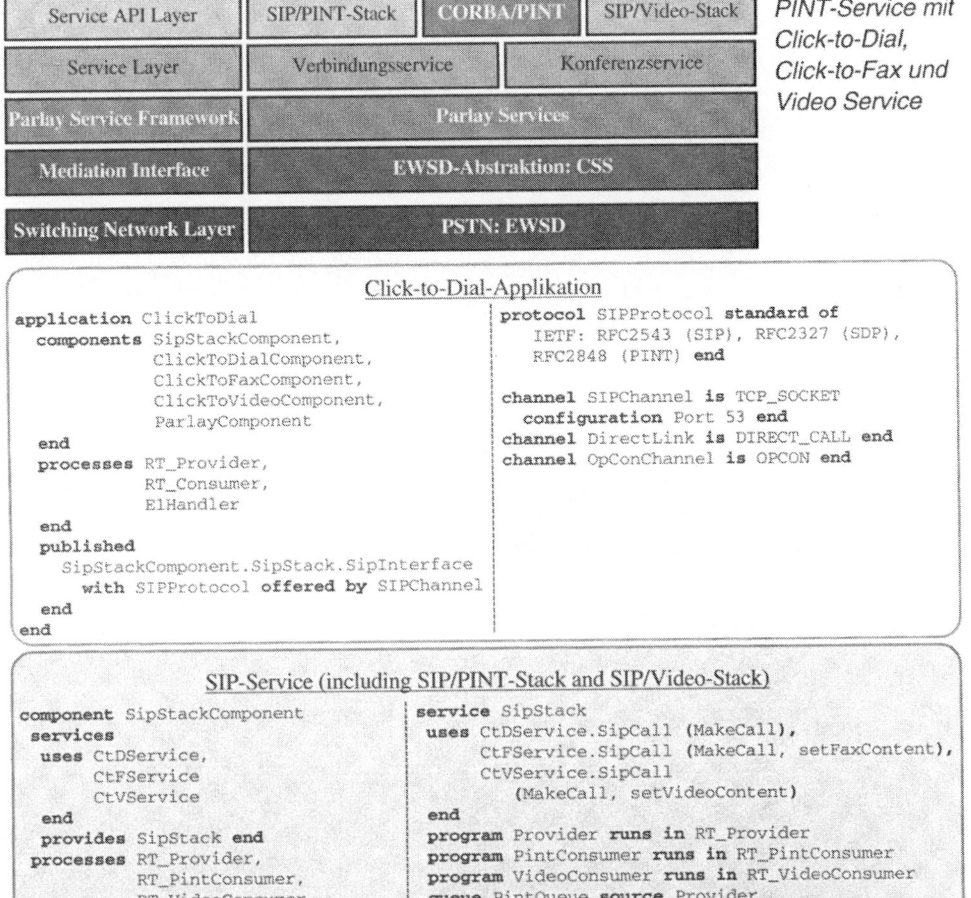

Abb. 4.13: Architektonik des PINT-Service mit Click-to-Dial, Click-to-Fax und Video Service

Click-to-Dial-Applikation

```
application ClickToDial
  components SipStackComponent,
             ClickToDialComponent,
             ClickToFaxComponent,
             ClickToVideoComponent,
             ParlayComponent
  end
  processes RT_Provider,
            RT_Consumer,
            E1Handler
  end
  published
    SipStackComponent.SipStack.SipInterface
      with SIPProtocol offered by SIPChannel
  end
end
```

```
protocol SIPProtocol standard of
   IETF: RFC2543 (SIP), RFC2327 (SDP),
   RFC2848 (PINT) end

channel SIPChannel is TCP_SOCKET
  configuration Port 53 end
channel DirectLink is DIRECT_CALL end
channel OpConChannel is OPCON end
```

SIP-Service (including SIP/PINT-Stack and SIP/Video-Stack)

```
component SipStackComponent
 services
  uses CtDService,
       CtFService
       CtVService
  end
  provides SipStack end
 processes RT_Provider,
           RT_PintConsumer,
           RT_VideoConsumer
 end
 resources
  SipStack.SipInterface.SipInvite
   (callspersecond = 120,
   processor cpu_utilization = 0.25,
   memory_utilization = 500k)
 end
end
```

```
service SipStack
 uses CtDService.SipCall (MakeCall),
      CtFService.SipCall (MakeCall, setFaxContent),
      CtVService.SipCall
        (MakeCall, setVideoContent)
 end
 program Provider runs in RT_Provider
 program PintConsumer runs in RT_PintConsumer
 program VideoConsumer runs in RT_VideoConsumer
 queue PintQueue source Provider
    destination PintConsumer end
 queue VideoQueue source Provider
    destination VideoConsumer end
 asynchronous interface SipInterface
  with SIPProtocol
   in  SipInvite(SipRAWPacket),
       SipAck(SipRAWPacket)
   out SipOk(SipRAWPacket),
       SipBye(SipRAWPacket)
 end
 implementation Anhang: Pseudo-Code end
end
```

Fortsetzung auf nächster Seite ...

Abb. 4.13: Architektonik des PINT-Service mit Click-to-Dial, Click-to-Fax und Video Service (Fortsetzung)

CtD-Service-Logic

```
component ClickToDialComponent
 services
  uses ParlayCallService end
  provides CtdService end
 resources
  CtDService.SipCall.MakeCall
  (callspersecond = 100,
  processor cpu_utilization = 0.2,
  memory_utilization = 4M)
 end
end

service CtDService
 uses ParlayCallService.ParlayCall
      (routeCallToOrigination,
       routeCallToDestination,
       MergeLegs)
 synchronous interface SipCall
   method MakeCall()
 end
 implementation
  Anhang: Pseudo-Code end
end
```

CtF-Service-Logic

```
component ClickToFaxComponent
 services
  uses ParlayCallService end
  provides CtfService end
 resources
  CtFService.SipCall.MakeCall
  (callspersecond = 10,
  processor cpu_utilization = 0.2,
  memory_utilization = 4M)
 end
end

service CtFService
 uses ParlayCallService.ParlayCall
      (routeCallToOrigination,
       routeCallToDestination,
       MergeLegs)
 synchronous interface SipCall
  method MakeCall()
  method setFaxContent(FaxContent)
 end
 implementation
  Anhang: Pseudo-Code end
end
```

Video-Service-Logic

```
component ClickToVideoComponent
 services
  uses ParlayCallService end
  provides CtvService end
 resources
  CtVService.SipCall.MakeCall
    (callspersecond = 10,
    processor cpu_utilization = 0.2,
    memory_utilization = 4M)
 end
end
```

```
service CtVService
 uses ParlayCallService.ParlayCall
      (routeCallToOrigination,
       routeCallToDestination,
       MergeLegs)
 synchronous interface SipCall
  method MakeCall()
  method setVideoContent(VideoContent)
 end
 implementation
  Anhang: Pseudo-Code end
end
```

Mediation

```
component MediationComponent
  services
    provides
      ParlayCallService
    end
end
```

```
service ParlayCallService
  synchronous interface ParlayCall
    method routeCallToOrigination(ServiceID, ApartyLeg)
    method routeCallToDestination(ServiceID, BpartyLeg)
    method MergeLegs()
    method TransferFax(FaxContent)
    method TransferVideo(VideoContent)
  end
  implementation Anhang: Pseudo-Code end
end
```

4.2.8 Prototyp der Software-Architektonik für PINT-Services

Der Prototyp dient der frühzeitigen Erprobung der Software-Architektonik zur Vorbereitung implementierungstechnischer Entscheidungen, z.B. Auswahl der Programmiersprache und Dimensionierung der Betriebsmittel.

Die Architektonik der PINT-Services ist beschrieben durch das Schichtenmodell und das Komponentenmodell in Abb. 4.13 und das Signalmodell in Abb. 4.12. Damit liegt sie in Papierform und dank Personal Computer auch in elektronischer Form vor. Diese Darstellungen sind bestenfalls partiell formalisiert, so daß eine maschinelle Verifikation nicht möglich ist. Das bedeutet aber, daß eine Verifikation nur auf intellektueller Basis möglich und damit nicht objektiv nachvollziehbar ist. Die Lösung in dieser Situation ist eine Validierung anhand eines „physikalischen" Modells, wie man es aus anderen Disziplinen kennt (maßstabsgetreue Modelle z.B. in Holz bei Bauwerken oder Automobilen). In der Software-Entwicklung kann diese Rolle ein vereinfachtes Programm übernehmen, das die wesentlichen Strukturen, die durch die Architektur definiert worden sind, enthält und einen geraden Durchlauf ohne Fehlerbehandlung und qualitätssichernden Maßnahmen realisiert.

Die Validierung der Architektonik des PINT-Gateways erfolgt anhand einer solchen Prototypimplementierung, d.h. eines auf dem Zielrechner ablauffähigen Programms. Das besondere Augenmerk liegt dabei auf der Funktionalität der in der Architektonik festgelegten Strukturen und den Reaktionszeiten des Systems. Beide Aspekte müssen in der Architektonik explizit konstruiert werden, können aber nur an einem lauffähigen Programm verifiziert werden. Insbesondere die Kriterien Rechenzeit und Speicherplatz müssen kontrolliert werden, da diese Betriebsmittel wegen der Computerkosten (besonders bei dem Einsatz von kommerziellen Computern) nicht unbegrenzt zur Verfügung stehen.

Die Erstellung eines Prototyps vor der eigentlichen Implementierungsphase muß aus Zeitgründen möglichst automatisch erfolgen. Nützlich kann die Verwendung eines Werkzeugs sein, das aus der Architektonik (z.B. in UML [UML_2000]) automatisch Programmgerüste erzeugen kann, die dann durch die programmiersprachlichen Prozesse aus unserem Komponentenmodell ergänzt werden. Damit ist der Zeitpunkt gekommen, über die Programmiersprache nachzudenken. Die objektorientierte Entwicklungsmethodik besitzt sicherlich Vorteile hinsichtlich Strukturierbarkeit und Sicherheit (Schlagwort Datenkapselung), kann aber negativen Einfluß auf die Dynamik und damit letztendlich auf die Reaktionszeiten des Systems haben (Schlagwort dynamisches Anlegen von Speicherbereichen). Hinzu kommt, daß die gängigen objektorientierten Programmiersprachen C++ [Stro1987] und Java [Java2000] unterschiedliches Verhalten hinsichtlich Bedarf an Rechenzeit und Speicher zeigen.

Es ist also genau zu prüfen, welche Programmiersprachen die Umsetzung der Systemanforderungen ermöglichen.

Der Prototyp des PINT-Gateways wird in Java implementiert, da wegen der reichhaltigen Java-Bibliothek deutlich weniger Aufwand erforderlich ist als bei Verwendung von C++. Anschließend können anhand von Laufzeitanalysen die dynamisch aufwendigen Konstrukte („instanziiere Objekt", „create thread") hinsichtlich Rechenzeit, Speicherbedarf und Häufigkeit ihres Auftretens ermittelt werden. Prototypimplementierungen dieser Konstrukte in C++ zeigen den Unterschied hinsichtlich Laufzeit und Speicherbedarf für das PINT-Gateway.

Der in Java implementierte Prototyp ermöglicht also einerseits die Überprüfung der Funktionalität der Architektonik anhand der daraus generierten Software-Struktur. Andererseits liefert er aufgrund der dynamischen Messungen Hinweise, welche Komponenten unter Berücksichtigung von Entwicklungszeit und Programmdynamik in welcher Programmiersprache zu entwickeln sind.

4.2.9 Bewertung der Software-Architektonik des PINT-Gateways

Ein erstes Augenmerk richtet sich auf die Form der Darstellung und die Form der verwendeten Mittel. Oft wird der Designer zu einer detaillierteren Darstellung verleitet, als sie notwendig wäre. Auf der anderen Seite gibt es die Tendenz, aus Zeitgründen eine allzu grobe Granularität zu wählen, durch die wichtige Problemfelder übersehen werden. Man kann darüber diskutieren, ob konkrete Lösungsansätze in der vorliegenden Architektonik schon zu detailliert sind, oder geradezu bedeutend für die Bewältigung der Aufgabe. Wir glauben, daß bestimmte Details, die wichtige Systemeigenschaften betreffen – in unserem PINT-Gateway Reaktionszeiten, Durchsatz und Skalierbarkeit –, frühzeitig analysiert und die Ergebnisse in der Architektonik dokumentiert werden müssen. Als Beispiele für die Entkopplung paralleler Abläufe können die konkreten Lösungsansätze für Prozeßgrenzen und Nachrichtenpuffer in der SIP/PINT-Komponente dienen.

Ebenfalls sehr detailliert stellt sich das Signalmodell dar. Da dieses Modell aber die Eingabesignale seitens der Benutzeroberfläche beschreibt, ist seine Betrachtung unerläßlich.

Abgesehen von diesen wesentlichen Details im Signal- und Komponentenmodell bleibt das Schichtenmodell hinreichend abstrakt und beschreibt den Zusammenhang zwischen den Systemkomponenten auf einer logischen Ebene mit reduzierter Komplexität. Diese Zusammenhänge sind allerdings statischer Natur und somit nur eine Seite der Medaille. Die gesamte Komplexität ergibt sich erst mit der Darstellung der dynamischen Zusammenhänge zwischen den Komponenten, die im Komponentenmodell erfaßt sind.

Zusammenfassend ergibt sich:

- Die Hardware-Abstraktion *EWSD-Abstraktion* stellt eine gemeinsame Schnittstelle für unterschiedliche Varianten der zugrundeliegenden Hardware dar.
- Die Einführung der *Parlay Services* stellt die eigentliche vermittlungstechnische Realisierung der Applikation Click-to-Dial dar, die von zukünftigen „converged Services" wiederverwendet werden kann.
- Der *SIP/PINT-Stack* übernimmt die Umsetzung der Serviceanfragen von Seiten der CtD-Applikation auf eine sehr vereinfachte Schnittstelle des *Verbindungsservice*, wodurch eine saubere Konzentration der Komplexität des Verbindungsaufbaus in den *Parlay Services* erfolgt.
- Die zwischen *Parlay Services* und *SIP/PINT-Stack* liegende Service-Layer-Schicht mit dem *Verbindungsservice* ermöglicht die Einführung weiterer Applikationen, deren Services die *Parlay Services* in anderer Form nutzen.

4.3 Fazit

Die vorliegende Architektonik trägt mit ihrer komponentenorientierten Darstellung zur **Verständlichkeit** des Systems bei. Durch die **Integration von aktuellen Standards** der Telekommunikation und des Internets wird sowohl der Entwicklungsaufwand für die Applikation Click-to-Dial reduziert als auch die **Erweiterbarkeit** hinsichtlich weiterer „converged Services" sichergestellt. Damit ist die Architektonik geeignet für die erste Version einer Reihe von Multimedia-Applikationen und erweiterbar für Folgeentwicklungen.

Die Erarbeitung der Architektonik für das PINT-Gateway zeigt deutlich die Bedeutung der Vorstellungskraft des Entwicklers, insbesondere die Fähigkeit, quasi gleichzeitig die verschiedenen logischen Ebenen aus Abb. 3.1, nämlich die Systemfunktionen, die formale Darstellung und das Computerprogramm, vor Augen zu haben, die relevanten Probleme anhand von Details der einzelnen Ebenen zu erkennen und geeignete Konstrukte zu ihrer Lösung in der Architektonik zu verankern.

Die Pfeile in Abb. 3.1, die eine strikte Verfeinerung bzw. Präzisierung der Aufgabenstellung durch die Ebenen darstellen, abstrahieren stark von der wirklichen Vorgehensweise. In Wirklichkeit werden die Ebenen mehrmals in der Art von Tiefenbohrungen durchdrungen, wobei die Ergebnisse der Experimente auf der jeweils höheren Ebene verwendet werden. Abbildung 4.14 veranschaulicht das zeitliche Vorgehen beim Entwurf des PINT-Gateways.

Abb. 4.14: Durchstich zur Architektonik des PINT-Gateways

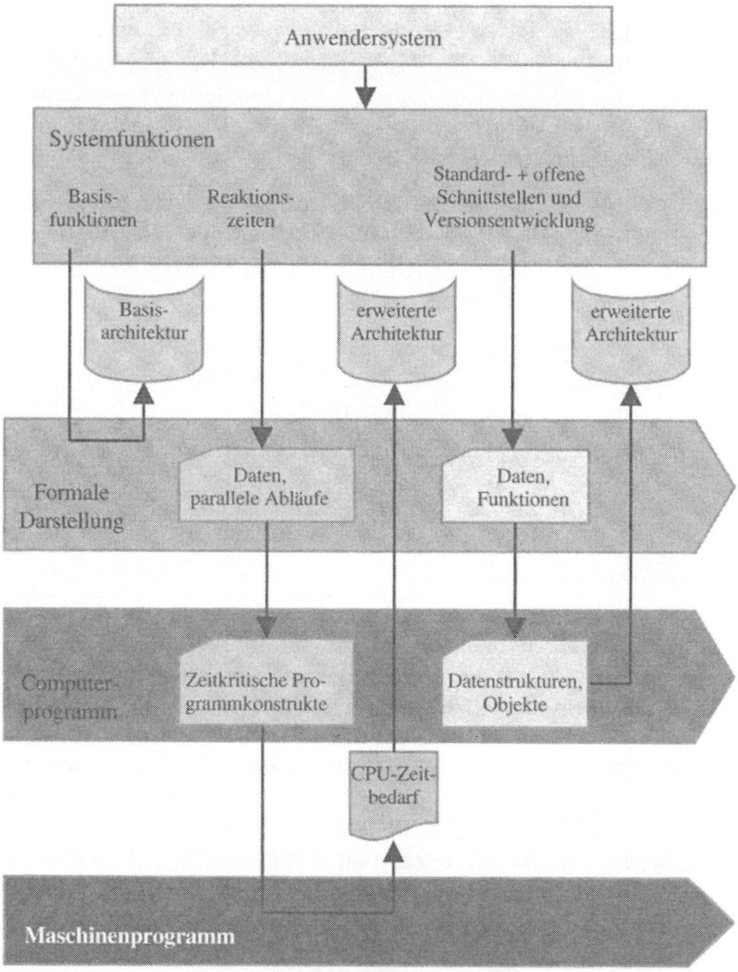

Der Basisaufbau als Entwurf der Funktionalität des Systems PINT-Gateway beinhaltet im wesentlichen die Signale gemäß Signalmodell und die statischen Komponenten des Schichtenmodells, die man der formalen Ebene zuordnen kann. Der Aspekt Reaktionszeiten erfordert deutlich mehr Tiefenanalyse. Es müssen parallele Abläufe (*Provider* und *Consumer*) identifiziert und Daten zur Kommunikation zwischen diesen festgelegt werden (mathematische Ebene). Diesen Elementen entsprechen programmiersprachliche Konstrukte (Ebene des Computerprogramms), die beträchtlichen Einfluß auf die Dynamik des Systems haben (z.B. „instanziiere Objekt"). Derartige zeitkritische Programmkonstrukte werden durch ein entsprechendes Maschinenprogramm untersucht. Die Ergebnisse finden Eingang in die Architektur. Die restlichen Anforderungen wie Standard- und offene Schnittstellen und Versionsentwicklung lassen sich auf den Ebenen „Formale Darstellung" und „Computerprogramm" analysieren.

Diese Vorgehensweise verspricht, die wesentlichen Probleme der Implementierung vorab zu identifizieren und Konzepte zu ihrer Lösung zu erarbeiten. Die Zusammenfassung der Konzepte als Architektonik bietet die Gewähr, den Gesamtüberblick zu behalten und damit die Sicherheit, daß das Gesamtsystem die gestellten Anforderungen auch erfüllen wird.

Diese Vorgehensweise setzt aber auch voraus, daß die für die Architektonik verantwortlichen Personen Experten auf allen Ebenen nach Abb. 4.14 sind.

Warnung: Es ist eine schwierige Aufgabe, die vier Ebenen in Einklang zu bringen. Es besteht immer die Gefahr, daß ein schwerwiegendes Problem unerkannt bleibt.

5 Zeit- und Kostenschätzungen

Für die Planung eines Software-Projekts und für seine Budgetierung ist es notwendig, den Aufwand, der für die Durchführung des Projekts erforderlich wird, realistisch abzuschätzen. Dies ist insbesondere für die Projektentscheidung, die Vertragsgestaltung und für den wirtschaftlichen Erfolg von entscheidender Bedeutung.

Gerade große Entwicklungsprojekte stehen in der Regel unter großem Zeit- und Kostendruck. Die zuverlässige Schätzung der zu erwartenden Kosten und des Zeitaufwandes ist für die Frage, ob es interessant ist, ein bestimmtes Projekt durchzuführen, und für den wirtschaftlichen Projekterfolg entscheidend.

5.1 Grundsätzliches zur Zeit- und Kostenschätzung

Die realistische Einschätzung der Kosten und des Zeitaufwands für ein Projekt ist eine zentrale Aufgabe der Projektplanung. Dabei sind folgende Erfahrungen zu bedenken:

- Pessimistische (konservative) Kostenschätzungen machen ein Projekt wirtschaftlich uninteressant oder ein Angebot für seine Durchführung nicht konkurrenzfähig,
- optimistische Kostenschätzungen führen in große Risiken und zu Projekten, die mit Verlust arbeiten.

Die Schätzungen sind in ihren Aussagen oft bewußt oder unbewußt von Eigeninteressen der an der Schätzung Beteiligten beeinflußt. Dies macht subjektive Schätzungen oft unzuverlässig und parteiisch.

Es empfehlen sich also Methoden zur Abschätzung des Aufwands vor dem Projektbeginn, die auf objektiveren Grundlagen beruhen:

- Vergleich mit den Werten bei ähnlich gelagerten, bereits abgeschlossenen Projekten,

- Einbringen genereller Erfahrungswerte für Aufwand und Produktivität,
- Sammlung von Kostenschätzungen von Projektbeteiligten mit unterschiedlichem Hintergrund und Interessenlage.

Die verläßliche Abschätzung der Kosten und des Zeitaufwands ist bei neuartigen Projekten mit fehlenden Vergleichsmöglichkeiten oft schwierig oder gar weitgehend unmöglich. Dieser Problematik kann in manchen Fällen durch inkrementelle Vorgehensweisen, beispielsweise durch Verwendung des Spiralmodells, begegnet werden, indem nicht von einem vorgegebenen Funktionsumfang ausgegangen wird, sondern von einem vorgegebenen Budget und einer Mindestfunktionalität, die dann schrittweise im Kostenrahmen erweitert wird.

Günstig ist immer der Vergleich mit Erfahrungswerten anderer abgeschlossener Projekte. Allerdings können selbst bei scheinbar ähnlich gelagerten Projekten verborgene Unterschiede die Vergleichbarkeit der Kosten ausschließen.

Bei der Anwendung von Schätzverfahren ist immer auch zu beachten, wie sehr ein Projektverlauf von Störeinflüssen durch die Marktentwicklung überlagert werden kann und damit die Abschätzungen stört.

5.2 Produktivität in der Software-Entwicklung

Es ist nicht ganz einfach, eine Aussage darüber zu machen, wie sich die Produktivität in der Software-Entwicklung in den letzten Jahren verändert hat. Neue Techniken wie CASE-Tools, Programmgeneratoren und Frameworks erlauben einerseits die Einbindung vorgefertigter Teile (Datenbanken, Transaktionsmonitore, GUI-Builder, Middleware etc.), was enorme Reduzierungen im Aufwand und damit eine deutlich höhere Produktivität bringt. Andererseits ist bei Aufgaben, bei denen Funktionen auszuprogrammieren sind, kaum ein Fortschritt bei der Produktivität in der Erstellung der Programme zu beobachten. Beeinflußt wird das auch durch die gestiegene Komplexität der erforderlichen Lösungen in heterogenen, vernetzten Systemen.

Zu beachten ist dabei auch, daß der Aufwand für die Programmierung im engeren Sinn, die Codierung in einer Programmiersprache, nur einen Bruchteil (oft nur um die 15%) ausmacht, und daß Anforderungsanalyse und Qualitätssicherung (insbesondere Testen) den Löwenanteil des Aufwands mit sich bringen.

Ein besonderes Problem stellt schon die Aufwandsmessung in der Software-Entwicklung dar. Prinzipiell bieten sich dafür zwei Ansätze an:

- *Aktivitätsorientierte Aufwandsmessung:*
  Dazu strukturiert man das Projekt in Teilaufgaben und schätzt den Aufwand dafür ab. Die Aufwandsabschätzung folgt also eng dem Prozeßmodell.
- *Ergebnisorientierte Aufwandsmessung:*
  Dazu verwendet man geeignete Maßzahlen für das Software-Produkt. Allerdings sind gute Maßzahlen schwierig zu finden. Verbreitet sind folgende Möglichkeiten:
  - Maßzahlen für den Programmumfang: Lines of Code (LOC): Anzahl der Programmzeilen
  - Maßzahlen für den Funktionsumfang: Function Points / Function Weight / Object Points: Bewertung der geforderten Leistung eines Software-Systems nach Schnittstellenkennzahlen wie Ein-/Ausgabeoperation, Zahl der zu verwaltenden Dateien / Datenbankzugriffe etc.

Grundsätzlich sind alle schematischen Verfahren für die Kostenschätzung nicht geeignet, ohne Anpassung auf die besonderen Umstände eines Software-Projektes übernommen zu werden. Der Aufwand ist zu stark von individuellen Faktoren abhängig wie

- Erfahrung, Qualifikation und Motivation der Mitarbeiter,
- Neuartigkeit der Aufgabenstellung,
- Projektgröße und Koordinationsaufwand,
- Komplexität der Software,
- einschränkende Nebenbedingungen wie zur Verfügung stehende Zeitdauer,
- Rahmenbedingungen (Qualität/Dokumentation von Plattformen oder einzubindenden Systemteilen).

Trotzdem sind die bekannten Verfahren hilfreich, wenn man sie an die Besonderheiten einer Projektsituation anpaßt.

Wir behandeln zunächst Kostenschätzungen nach LOCs.

5.3 Das modifizierte Aron-Modell und das Cocomo-Modell

Das modifizierte Aron-Modell und das Cocomo-Modell orientieren sich an der Messung von Programmen in Zeilen Programmtext. Zur Zeit- und Kostenabschätzung sind nach dem Aron-Modell und dem Cocomo-Modell folgende Schritte notwendig:

- Abschätzung der Größe des Systems in Programmzeilen,
- Abschätzung der Programmkomplexität,
- Berechnung des Personalaufwandes aufgrund von Erfahrungswerten bei Produktivitätszahlen,
- Abschätzung des phasenbezogenen Projektaufwandes und der Termine.

Diese Punkte werden nun nachfolgend im Detail besprochen.

a) Abschätzung der Größe eines Systems

Hierzu ist meist auf einer bestimmten Ebene eine Abschätzung der Anzahl und der Größe der Komponenten notwendig. Dafür kann es allerdings erforderlich werden, eine charakteristische Komponente sehr detailliert zu entwerfen, um Grundlagen für die Abschätzung zu erhalten. Das Ergebnis der Abschätzung sollte eine Angabe über

- die Anzahl der Quellzeilen Programmtext, die geschrieben werden müssen,

sein. Hierzu sind Kommentare und Datenvereinbarungen mitzuzählen. Es ist dabei im Prinzip gleichgültig, ob die Programme in einer höheren Sprache oder in Assembler geschrieben werden.

Die Anzahl der Quellzeilen ist zwar nur ein sehr rohes Maß für den erforderlichen Aufwand, ist aber doch eine zumindest ungefähre Kenngröße und Anhaltspunkt.

b) Abschätzung der Programmkomplexität

Die einzelnen Komponenten und Programmteile werden in die Klassen

- einfach,
- normal,
- schwierig

zu realisieren unterteilt.

Als *einfach* gilt eine Komponente für eine isolierte Problemstellung, die wenig Interaktionen mit anderen Komponenten hat und nur Standardschnittstellen des Betriebssystems benutzt, wie etwa anwendungsorientierte Programme, die mathematisch einfach formulierbare Probleme lösen.

Als *normal schwierig* gilt eine Komponente, die zwar noch auf dem Betriebssystem aufbaut, aber sehr allgemein angelegt ist, da sie viele Benutzer und/oder unterschiedliche Benutzungsformen unterstützen muß. Beispiele sind Dienstprogramme, große Teile von Übersetzern, größere Anwendersysteme.

Als *schwierig* gilt eine Komponente, die zahlreiche Interaktionen mit anderen Komponenten hat, Parallelabläufe aufweist, und auf sehr viele, teilweise unvorhersehbare Betriebssituationen fehlerfrei reagieren muß. Beispiele sind Teile von Betriebssystemen, Gerätetreiber, eingebettete Systeme und allgemein alle Hardware-nahen Programmteile.

Als Ergebnis der Abschätzung liegt vor, wie viele Quellzeilen jeweils Komponenten dieser drei Schwierigkeitsstufen zuzuordnen sind.

c) Berechnung des Personalaufwandes aufgrund von Produktivitätszahlen

Eine weit verbreitete Methode der Kostenschätzung ist COCOMO (constructive cost model) von Barry Boehm. Es rührt aus der Analyse von einer Reihe von Software-Projekten her.

Dazu teilt man die Software in folgende Kategorien ein.

einfach (engl. organic)	kleines Team, stabile Aufgabe,
mittel (engl. semi-detached)	gemischtes Team,
schwierig (engl. embedded)	schwierige Anforderung, komplizierte Nebenbedingungen, heterogenes Team.

Zur Berechnung des Entwicklungsaufwands verwendet COCOMO folgende Formel für die Anzahl w der zu erwartenden Personenmonate Aufwand:

$$w = a \times (locs/1000)^b$$

Die Faktoren a und b ergeben sich heuristisch aus folgender Tabelle.

Schwierigkeitsgrad	a	b
einfach	2,4	1,05
mittel	3,0	1,12
schwierig	3,6	1,20

Tabelle 5.1: Faktoren nach COCOMO

Die Formel w = a × (locs/1000)^b zeigt insbesondere an, wie die Kosten skalieren. Gilt $b < 1$, was für bestimmte Projekte vorstellbar ist, so wirkt sich die „Economy of Scale" aus: Systemteile und Ergebnisse können wiederverwendet werden, der Aufwand sinkt. Gilt $b > 1$, so wirkt sich der Overhead bei der Koordination und die steigende Komplexität großer Projekte aus. Die Tabelle zeigt Erfahrungswerte. Sie sind auf Projekte geeignet anzupassen.

Als Ausgangspunkt für Kostenschätzungen nach COCOMO können eigene Produktivitätszahlen oder Erfahrungswerte benutzt werden. Werden in einem Unternehmen systematisch über einen längeren Zeitraum Kostenschätzungen durchgeführt und mit den tatsächlichen Aufwänden verglichen, so können die Faktoren justiert werden. Es entstehen realistischere Kostenschätzungen.

Im folgenden wird alternativ zu COCOMO von den Produktivitätszahlen nach Aron ausgegangen:

Produktivitätszahlen p in Quellzeilen je Personenjahr.

Diese sind in groben Angaben in Tabelle 5.2 angegeben. Allerdings schwanken diese Größen erfahrungsgemäß von Person zu Person und von Organisation zu Organisation stark.

Tabelle 5.2: Kennzahlen für die Produktivität in Zeilen Programmtext je Personenjahr

Projektdauer Schwierigkeit	6 bis 12 Monate	12 bis 24 Monate	Mehr als 24 Monate
einfach, p_e =	4000	6000	10000
normal, p_n =	2000	3000	5000
schwierig, p_s =	1000	1500	1500

Die Produktivitätszahlen p geben die Aufwendungen für die reine Entwicklungsarbeit an und für alle Phasen zwischen Abschluß des Systementwurfs und Beginn des Systemtests.

Das Personenjahr ist diejenige Arbeitsleistung, die eine Person in einem Jahr erbringt (Bruttopersonenjahr). Entsprechend ergeben sich folgende Umrechnungsfaktoren:

1 PJ = 10 PM Arbeitsaufwand
1 PJ = 200 PT Arbeitsaufwand
1 PM = 20 PT Arbeitsaufwand

Bei diesen Ansätzen sind Urlaub, Feiertage und Krankheit berücksichtigt. „Unproduktive" Anteile der Arbeitszeit, wie der Besuch von Kursen, Vorträgen oder allgemeine Besprechungen usw., sind nicht erfaßt.

Die ursprüngliche Tabelle war für Maschinenbefehle je Personenjahr ausgelegt. Die Zahlenwerte gelten aber in guter Näherung generell für Quellzeilen je Personenjahr. Die Zunahme der Produktivität mit der Dauer des Projektes spiegelt Lerneffekte wider.

Wir betrachten folgendes Szenario für die Berechnung des Gesamtaufwands: Es seien die folgenden Entwicklungsleistungen zu erbringen:

- Q_l die Anzahl der Quellzeilen bei einfachen Komponenten,
- Q_n die Anzahl der Quellzeilen bei normalen Komponenten,
- Q_s die Anzahl der Quellzeilen bei schwierigen Komponenten,

und seien p_l, p_n, p_s die entsprechenden Produktivitätszahlen, so ergibt sich für den reinen Entwicklungsaufwand P'_E Personenjahre:

$$P'_E = \frac{Q_l}{p_l} + \frac{Q_n}{p_n} + \frac{Q_s}{p_s},$$

für die nachstehend aufgeschlüsselten Phasen 2–7 einschließlich.

d) Abschätzung des phasenbezogenen Projektaufwandes und der Termine (Zeitaufwand)

Nach Aron führen wir folgende, nicht ganz mit unseren Projektphasen übereinstimmende Projektphasen ein:

1 Systementwurf,
2 Komponentenentwurf oberste Ebene,
3 Komponentenentwurf restliche Ebenen,
4 Modularisierung,
5 Modultest,
6 Komponentenintegrationstest,
7 Systemintegrationstest,
8 Systemabnahmetest.

In der Abschätzung der Aufwände gemäß der obigen Formel ist der Aufwand für die Phase 1 und der Aufwand für die Phase 8 einschließlich nicht enthalten. Außerdem ist der Aufwand für Projektführung und Projektunterstützung nicht enthalten, wie beispielsweise Aufwendungen für:

- Projektleitung,
- Sekretariate,
- Projektverwaltung, Projektführung,
- Projektkontrolle,
- Einarbeitung (neue Aufgaben, neue Mitarbeiter),
- Dokumentation,
- Testpakete für Abnahmetest/Integrationstest/Modultest,
- Kontakte nach außen,
- Hilfsmittel (im normalen Umfang), Produktionshilfen.

Dieser Aufwand muß nach Zahl der erforderlichen Personen und Dauer abgeschätzt werden. Auch nicht berücksichtigt ist der Aufwand für Reservekapazität, um bei Fluktuation keine wesentlichen Projektverzögerungen zu erleiden.

Die Personalaufwendungen für die genannten Punkte sind als etwa gleich groß anzusetzen wie die reinen Entwicklungsaufwendungen gemäß der obigen Formel.

Der Aufwand für die nicht erfaßten Anteile der Phase 1, wie für Systemstudie, Systemanforderung und Systementwurf, ist oft vernachlässigbar, obwohl die einzuplanende Zeitspanne für den Ablauf dieser Phasen erheblich ist. Hier sei der Anteil mit 20% angenommen.

Aufgrund von Erfahrungswerten ergibt sich die in Tabelle 5.3 angegebene Aufteilung des Projektaufwandes und der Projektdauer auf die einzelnen Phasen.

Tabelle 5.3: Verteilung des Projektaufwands

Projektphasen	Projektaufwand	Projektdauer
1, 2, 3	45%	55%
4, 5	15%	10%
6, 7	40%	35%

Hierbei sind die Phasen 6 und 7 vom Aufwand und der Zeitdauer etwa als gleich anzusetzen. Wir erhalten somit:

$$P_E = 2 \times 1{,}2 \times \left(\frac{Q_l}{p_l} + \frac{Q_n}{p_n} + \frac{Q_s}{p_s} \right) \text{ [PJ]}$$

wobei P_E der gesamte Projektaufwand für die Entwicklungszeit ist, d.h. bis zum Beginn der Abnahmetests nach Phase 7.

Beispiel: Berechnung des erwarteten Aufwands

Wir betrachten als Beispiel ein Projekt mit folgenden Annahmen: 35000 Quellzeilen, 50% des Codes wird als normal, der Rest als schwierig eingestuft. Daraus ergibt sich:

a) Aufwand für Entwicklung:

$$P_E = 2{,}4 \times \left(\frac{17500}{5000} + \frac{17500}{1500} \right) = 36{,}4 \text{ PJ}$$

b) Aufwand im Entwicklungsteam im engeren Sinn, bei Annahme von ca. 70% des Gesamtaufwandes hierfür: 30 PJ

c) Projektdauer: Die Tabelle 5.4 gibt unterschiedliche Varianten für die Dauer des Projekts, abhängig von der Zahl der verfügbaren Mitarbeiter.

Projektvariante	mittlere Anzahl Mitarbeiter im Team	Dauer des Projekts
α	5	6 Jahre = 72 Monate
β	8	3,75 Jahre = 45 Monate
γ	15	2 Jahre = 24 Monate

Tabelle 5.4: Projektdauer relativ zur Anzahl der Mitarbeiter

d) Dauer der einzelnen Phasen: Tabelle 5.5 gibt für die Projektvarianten die Zeitspannen für die einzelnen Phasen.

Phase	Zeitanteil	Zeitdauer [Monate] bei Projektvariante		
		α	β	γ
Entwurfsphase	≈55%	39,6	24,7	13,2
Codierungsphase ohne Test	≈5%	3,6	2,3	1,2
Testphase	≈40%	28,8	18,0	9,6
Σ	100%	72,0	45,0	24,0

Tabelle 5.5: Projektdauer relativ zu Phasen

e) Fiktive Entscheidungssituation: Wir nehmen an, daß aus Zeitgründen nur die Varianten β oder γ gewählt werden können. Wobei γ vermutlich personell zu stark ausgestattet ist. Die ganze Codierung soll dann ja nach Plan in einem Monat erfolgen. Dies erfordert eine schnelle und reibungsfreie Koordination zwischen den Beteiligten, was vermutlich schwierig zu erreichen sein wird. Es ist günstig, wohl etwa 10 Personen an dieses Projekt zu setzen.

Der Vergleich der Variante β mit dem tatsächlichen Verlauf wird in Tabelle 5.6 angegeben.

	Istwerte		Variante β	
	Dauer [Monate]	Aufwand [PJ]	Dauer [Monate]	Aufwand [PJ]
Entwurfsphase	22	13	24,7	13,5
Codierungsphase		2	2,3	2,3
Testphase	11	13	18,0	14,2
Σ	33	28	45,0	30,0

Tabelle 5.6: Vergleich der Variante β mit dem tatsächlichen Verlauf

Die mittlere Zahl Personen bei der Variante β ist mit 7,8–8 angegeben.

Hinzu kam beim wirklichen Projekt noch eine intensive „Erstmaintenance“ mit einer Dauer von 18 Monaten und etwa 10 PJ Aufwand.

5.4 Vergleich mit Einzelangaben aus der Literatur

Aufwandsabschätzungen und Aufwandsberechnungen nach pauschalen Formeln liefern nur sehr grobe Anhaltspunkte für den tatsächlich benötigten Aufwand. Dies wird deutlich, wenn man unterschiedliche Berechnungsverfahren auf ein spezielles, hypothetisches Software-Produkt anwendet (Ergebnisse von Mohanti):

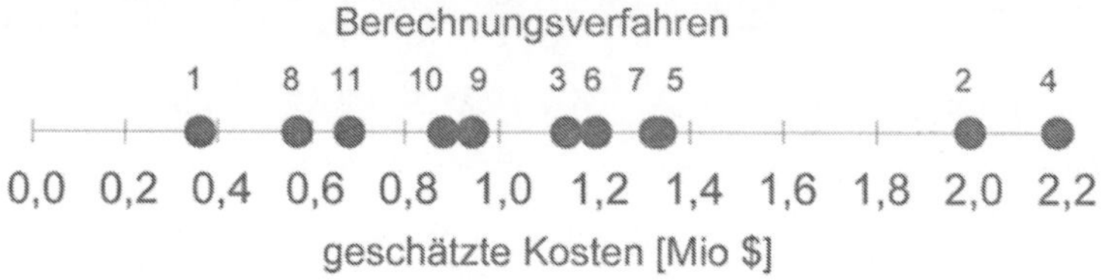

Rang	Berechnungsverfahren		Schätzung	
	Nr.	Name	Zeit [PM]	Kosten [Mio $]
1	1	Furr und Zagorski-Modell	87	0,36
10	2	Noval Air Development Center	480	2,00
6	3	Wolverton-Modell (Mittel)	275	1,14
11	4	Kustanowitz-Modell (Mittel)	524	2,19
9	5	Aerospace-Modell	322	1,34
7	6	SDC-Modell	288	1,20
8	7	Price-S	320	1,33
2	8	Walston-Felix-Modell	136	0,57
5	9	Aron-Modell	187	0,94
4	10	Schneider-Modell	211	0,88
3	11	Doty-Modell	163	0,68

Für neuartige Software-Systeme, für die keine Vergleichserfahrungen vorliegen, sind halbwegs brauchbare und zuverlässige Aufwandsabschätzungen nahezu unmöglich. Hier bieten sich inkrementelle Vorgehensweisen unter starker Betonung der Begrenzung von Risiken an.

Gute Verfahren der Kostenschätzung erhält man am ehesten, wenn man eine Methode systematisch über eine längeren Zeitraum anwendet, und die Formel bzw. ihre Parameter immer wieder den Erfahrungswerten anpaßt (Stichwort: lernende Organisation).

5.5 Function Points

Als Alternative zur Abschätzung des Umfangs in LOCs wurde die Function-Point-Methode entwickelt. Bei dieser Methode wird der Aufwand der Software-Erstellung über die geforderte Funktionalität abgeschätzt. Bewertet werden folgende Aspekte:

- Eingabe von außen als Datei (external inputs),
- Ausgabe nach außen als Datei (external outputs),
- Dialoge,
- Schnittstellen zu anderen Systemen,
- Interne Datenhaltung (Dateien, Datenbanken).

Dabei wird eine Gewichtung nach Umfang und Schwierigkeitsgrad vorgenommen. Durch eine Formel wird ein Wert ermittelt, der in eine Aufwandsschätzung umgerechnet werden kann.

Die Durchführung einer Kostenschätzung nach der Function-Point-Methode erfordert eine sehr viel differenziertere Erfassung der Eigenschaften der Software als beispielsweise COCOMO, führt aber auch auf weniger pauschale und deshalb differenziertere Ergebnisse.

5.6 Aktivitätsorientierte Aufwandsschätzung

In diesem Abschnitt besprechen wir exemplarisch eine Variante der Aufwandsschätzung nach Aktivitäten. Nach [Brös2000] empfiehlt sich folgendes Vorgehen:

Man führt eine Abschätzung des Aufwands für die frühe Phase (Spezifikationsphase) durch. Dazu erstellt man einen Aufgabenplan, der etwa wie folgt aussehen kann:

- Durchführung von Interviews (Zahl, Aufwand),
- Ermittlung der Nutzungsfälle,
- Erarbeitung des Datenmodells,
- Analyse des Altsystems,
- Erarbeitung des Anforderungsdokuments.

Man schätzt den Aufwand für jede dieser Aufgaben für sich ab. Auf die errechneten Aufwände (Nettoaufwand) legt man folgende Aufschläge (Erfahrungswerte) drauf:

+ Projektleitung: Mitarbeiterzahl	Prozentsatzzuschlag
< 5	10 %
6–15	15 %
> 15	20–25 %

+ Chef-Design 10–20 % und mehr
+ Infrastruktur / Systemverwaltung / Werkzeuge 5 %
+ Einarbeitungszeit ca. 4 Wochen pro Mitarbeiter
+ Leerzeiten (Reisen etc.)

Daraus ergibt sich ein Bruttoaufwand für die frühe Phase. Dieser Aufwand ist erfahrungsgemäß 30 % des Gesamtprojektaufwands. Die restlichen 70% verteilen sich wie folgt:

Konstruktion 15 %
Realisierung 40 %
Systemintegration 15 %

Die Aufwandsverteilung auf die verschiedenen Phasen schwankt auch sehr in den Erfahrungswerten der Projekte. Dies zeigt folgende Tabelle mit Erfahrungswerten

	Max	Min
Design	28 %	7 %
Implementierung	74 %	32 %
Test	47 %	6 %

Wichtige Erfahrungen für die Abschätzung des Aufwands sind:

- Bei pessimistischen und zu wenig ambitionierten Vorgaben wächst der Aufwand unnötig,
- Aufwand steigt überproportional zur Teamgröße.

Die erste Erfahrung ist einfach zu erklären. Projektteams tendieren dazu, zumindest die ihnen ohnehin zugestandenen Aufwände auch tatsächlich zu verbrauchen. Die zweite Erfahrung spiegelt sich schon im Cocomo-Modell wider.

5.7 Fazit

Zeit- und Kostenschätzungen sind immer schwierig und fehleranfällig, aber unerläßlich für die Projektplanung. Wichtig hierbei ist ein pragmatisches Vorgehen. Dabei lohnt es sich, eher unterschiedliche Methoden der Zeit- und Kostenschätzung zu verwenden, die Ergebnisse zu vergleichen und eine Synergie daraus zu erzielen. Zuverlässig werden Verfahren zur Zeit- und Kostenschätzung erst, wenn man sie immer wieder in ähnlich gelagerten Projekten einsetzt und allmählich durch die Rückkopplung aus den Erfahrungen die Methoden justiert. Dies zeigt eine weitere wichtige Aufgabe auf. Nach der Durchführung eines Projektes sollte immer überprüft werden, inwieweit das Projekt den Planungsvorgaben insbesondere auf Zeit- und Kostenschätzungen entsprochen hat und im Zweifelsfalle herausgefunden werden, auf welche Gründe Fehleinschätzungen zurückzuführen sind und inwieweit die Planungs- und Schätzmaßnahmen entsprechend zu modifizieren sind.

6 Architekturfaktoren, Prozedur zur Entscheidungsfindung

Bei Architektur, Design und Entwurf von Software-Systemen ergeben sich im allgemeinen bei der Betrachtung aus unterschiedlichen Sichtweisen Zielkonflikte. Die Lösung dieser Zielkonflikte ist ein **Optimierungsproblem**. Das Ergebnis der Optimierung muß eine möglichst wirtschaftliche Lösung sein, die einen möglichst schnellen Return on Investment liefert.

Ein Beispiel ist die generelle Frage, welche Komponenten eines Systems selbst entwickelt werden sollen und welche Komponenten zugekauft werden sollen. Aus der Time-to-Market-Anforderung kann sich ergeben, daß Software im zur Verfügung stehenden Zeitrahmen nicht selbst entwickelt werden kann. Ein weiterer Hinderungsgrund für eine Eigenentwicklung kann sein, daß die Fertigkeiten der vorhandenen Entwickler für das Fachgebiet einer neuen Komponente nicht gut genug sind, so daß die Eigenentwicklung teuer und zeitaufwendig wird. Auf der anderen Seite können hohe Lizenzgebühren den Gewinn schmälern.

Alle beteiligten Faktoren müssen hinsichtlich ihres prinzipiellen Einflusses bewertet werden (analog zu Schulzeugnis-Zensuren) und zusätzlich hinsichtlich ihrer Relevanz gewichtet werden (Leistungsfach wichtiger als Nebenfach im Schulzeugnis).

Die Bewertung wird aus rein fachspezifischen Aspekten vorgenommen und führt wegen des geringen Interpretationsspielraums meist zu eindeutigen Ergebnissen. Zum Beispiel bekommt der Zukauf von Software eine hohe Bewertung für den Faktor Time to Market. Eine entscheidende Rolle spielt jedoch die richtige Gewichtung der unterschiedlichen Faktoren. Diese Gewichtungen werden naturgemäß von unterschiedlichen Experten, die einen unterschiedlichen fachlichen Hintergrund besitzen, verschieden vorgenommen. Zum Beispiel ist die Relevanz des Faktors Time to Market im Vergleich zur Relevanz der Kosten für Lizenzen für Fremdsoftware meist schwerer zu entscheiden.

Ausgangspunkt der Betrachtungen müssen aber in jedem Fall die Applikationen sein, die Ablaufumgebung ist daraufhin zu optimieren und darf keine Eigenzweck-Austriebe entwickeln.

Die Gewichtungen können sich auch von Version zu Version verschieben z.B. aufgrund einer geänderten Marktsituation oder technischer Voraussetzungen, d.h., das Ergebnis der Optimierung kann variabel über die Zeit sein.

6.1 Checkliste

Im folgenden werden zu bewertende **Faktoren** in Form einer Checkliste aufgeführt. Die Faktoren sind zum Teil aus dem Buch „Applied Software Architecture" [Hofm2000] auf unsere Betrachtungen übertragen.

- **Build versus Buy:**
  Welche Komponenten sollen selber entwickelt werden und welche werden zugekauft. Beispiele für solche Komponenten sind Datenbanken oder Echtzeitbetriebssysteme.

  Dabei können sich die Zukäufe auf erste Versionen beziehen und später durch Eigenentwicklungen ersetzt werden.

  Entscheidungsgrundlagen sind neben langfristigen strategischen Aspekten auch Time to Market aufgrund von Zeit- und Kostenschätzungen (siehe Kap. 5), jeweilige vorhandene oder nicht verfügbare Fachkenntnisse der Entwickler für eine spezielle Komponente, Beschränkung auf Kernkompetenzen, Produktkosten unter Berücksichtigung der Lizenzgebühren.

  Fehlende Fachkenntnisse der Entwickler lassen sich durch Schulungen oder durch Beratung von Consultants bei einem Training on the Job ergänzen, so daß z.B. anfängliche Zukäufe später durch Eigenentwicklungen ersetzt werden können.

- **Time to Market:**
  Ein rechtzeitiger Markteintritt kann eine Beschränkung in der Funktionalität erfordern, Optimierungen z.B. der Performance werden noch nicht vorgenommen, einzelne Komponenten werden noch nicht selbst entwickelt, sondern zugekauft.

  Optimierungen bei Performance und Speicher können dann vorgenommen werden, wenn bei Folgeversionen die Ressourcen mit zusätzlicher Funktionalität geteilt werden müssen.

  Diese Optimierungsmöglichkeiten sind aber bereits bei der Gestaltung der Architektur vorzuleisten.

  Nicht vernachlässigt werden darf auch eine sorgfältige Dokumentation, auf die die Folgeversionen aufsetzen können.

Viele Start-Up-Firmen schaffen zwar einen kostengünstigen Markteintritt, indem sie an der Dokumentation sparen, scheitern dann aber in der späteren Wartungsphase.

- **Standards:**
Welche Standards müssen aufgrund externer Schnittstellen eingehalten werden, welche Standards erleichtern spätere Änderungen und Weiterentwicklungen, welche Standards erleichtern die Vermarktung des Produkts z.B. dadurch, daß der Auftraggeber eigene Weiterentwicklungen aufgrund offen gelegter Schnittstellen vornehmen kann.
Die Standards können das Betriebssystem, die Datenbank, Protokolle, APIs etc. betreffen, z.B. POSIX als Betriebssystem Interface Standard.
Auch für die Entwicklung selbst sollten State of the Art Standards wie UML eingehalten werden.

- **Auswahl der Hardware, Plattform:**
Ausgehend von den Leistungsanforderungen der Applikationen ist der Prozessortyp, die Anzahl der Prozessoren, der Speicherausbau mit darüberliegender Betriebssystem-Funktionalität und die Anzahl der Plattformen selbst festzulegen.
Aspekte sind die Skalierbarkeit, Konsistenz der Produktlinien, Fehlertoleranz der Hardware, und natürlich die Hardware-Kosten.

- **Resource Budgeting für Speicher und Dynamik:**
Zeitkritische Komponenten sind zu ermitteln und hierfür Zeitbudgets festzulegen. Zudem ist für jede Komponente ein Speicherbudget festzulegen. Dabei ist dynamische Speichervergabe, Skalierbarkeit, Einschränkungen durch Produktions-Tools etc. zu berücksichtigen. Das Budgeting hat a priori zu erfolgen, da nur dann jeder Entwickler seinen Anteil richtig einordnen kann. Dieses Budgeting kann zum gleichen Zeitpunkt festgelegt werden wie die Abschätzung des Entwicklungsaufwandes und damit des Budgets an Human Resources.
Die Ergebnisse des Resource Budgetings müssen mit dem Faktor „Auswahl der Hardware, Plattform“ abgeglichen werden.

- **Erweiterbarkeit, Wartbarkeit:**
Die Software muß in einfacher Weise um neue Applikationen erweiterbar sein, wobei möglichst viele vorhandene Komponenten wiederverwendet werden können.
Die Kapselung von externen Schnittstellen erleichtert den Austausch konkreter Realisierungen.
Schnittstellen sind entweder intern oder extern offenzulegen, z.B. über APIs, soweit dieses erforderlich ist.

- **Skalierbarkeit:**
  In der Architektur muß hinsichtlich unterschiedlicher Leistungsanforderungen sowohl der Fall betrachtet werden, daß die Software auf unterschiedlich leistungsfähigen Plattformen zum Ablauf kommen kann, als auch der Fall, daß die Software nicht nur auf einer Plattform abläuft, sondern auf mehrere Plattformen verteilt wird. Letzterer Fall ist mittels location transparency zu unterstützen, d.h., ein Client muß nicht wissen, ob der aufgerufene Service auf der gleichen oder auf einer anderen Plattform liegt. Aus Gründen der Performance-Optimierung sollte allerdings das Betriebssystem über ein Tabellenverzeichnis erkennen, ob ein Aufruf innerhalb der gleichen Plattform erfolgt.

- **Kommunikationsmechanismen:**
  Die Datenübertragung zwischen Plattformen und innerhalb einer Plattform ist hinsichtlich Performance und Sicherheit zu entwerfen.

- **Schichteneinteilung:**
  Durch eine partielle geordnete Hierarchie von Schichten können die Schnittstellenrelationen eingeschränkt und geordnet werden.

  Ohne Strukturierung würde sich bei N Komponenten die Anzahl der Schnittstellen proportional zu N^2 mit wachsendem N verhalten!

- **Kommerzielle Komponenten:**
  Bei Off-the-Shelf-Komponenten sind einerseits die Lizenzgebühren im Verhältnis zum erzielbaren Endproduktpreis zu berücksichtigen. Andererseits sind Vorleistungen zu treffen für die notwendigen Anpassungen an Technologiehübe, die in unterschiedlichen Zeitabständen stattfinden. Die Software ist so zu strukturieren, daß die Upgrades mit geringem Aufwand möglich sind.

- **Verfügbarkeit:**
  In Abhängigkeit von der geforderten Software-Zuverlässigkeit sind die Konzepte für Upgrade, Recovery, Redundanz etc. zu entwerfen.

  Während im einfachsten Fall bei einem schwerwiegenden Fehler ein Restart vorgenommen wird wie etwa bei einem PC, sind bei hohen Verfügbarkeitsanforderungen je nach Fehlerklasse gestaffelte Recovery-Stufen durchzuführen und gedoppelte Systeme oder 1:n Redundanzen zu verwenden.

- **Fertigkeiten der Entwickler:**
  Bei welchen Komponenten und Technologien werden neue Fertigkeiten benötigt, z.B. Umstieg auf objektorientiertes Paradig-

ma bei bisherigen Assembler-Entwicklern. Hier ist zu prüfen, ob Schulungen ausreichen oder ob das Projekt unter Zuhilfenahme externer Consultants gestartet wird, die gleichzeitig die Entwickler ausbilden.

- **Organisationsstruktur:**
  Die Software-Architektur sollte nicht im Hinblick auf eine Korrelation zu vorhandenen Organisationsstrukturen entworfen werden. Andererseits ist zur Wartung langlebiger Produkte und damit zur Erhaltung von Zuständigkeiten eine gewisse Organisationsstruktur über einen längeren Zeitraum aufrechtzuerhalten.

- **Flexibilität der Faktoren:**
  Welche der aufgeführten Faktoren können sich ändern, entweder während oder nach der Entwicklung.

- **Software-Technologie:**
  Der Entwurf der Software ist einheitlich mit vorhandenen Standards für Spezifikationssprachen, z.B. UML, und Programmiersprachen, z.B. CHILL, durchzuführen, damit alle beteiligten Entwickler das gleiche Verständnis für die Problemstellung und den Lösungsweg bekommen.

- **Software-Qualität:**
  Die Anforderungen an die Software-Qualität hängen von den speziellen Marktgegebenheiten und der Akzeptanz der Benutzer ab. Es besteht z.B. ein hoher Anspruch an die Verfügbarkeit einer Telefonvermittlungsanlage, um etwa Notrufnummern zu erreichen. Dagegen wird bei Mobiltelefonen bis jetzt klaglos die etwas schlechtere Sprachqualität hingenommen.

  Eine höhere Qualität kostet natürlich Entwicklungs- und Herstellungsaufwand und muß vom Markt auch bezahlt werden.

  Bei der Frage, ob Software-Komponenten zugekauft werden sollen, spielt nicht nur die Qualität der zukaufbaren Komponente für sich betrachtet eine Rolle, sondern auch deren Schnittstellen für die erzielbare Gesamtqualität des Gesamtsystems. So ist z.B. für ein kommerzielles Echtzeitbetriebssystem zu prüfen, ob dieses mit seinen zur Verfügung stehenden Schnittstellen die erforderlichen Software-Maintenance-Funktionen hinreichend unterstützen kann.

6.2 Bewertungsmatrix

Auf Basis dieser Faktoren können zur **Entscheidungsfindung** für bestimmte Fragestellungen Bewertungen und Gewichtungen für die einzelnen Faktoren vorgenommen werden. Das Ergebnis kann in einer **Bewertungsmatrix** zusammengefaßt werden.

Exemplarisch soll für das PINT-Gateway aus dem Kap. 4 „Beispiel einer Software-Architektonik" die Frage entschieden werden, ob eine Datenbank selbst entwickelt oder eine kommerzielle Datenbank eingesetzt werden soll. Es werden nur die für die Fragestellung relevanten Faktoren betrachtet.

Zur Einfachheit wird die Bewertung mit ++ (4), + (3), O (2), – (1), – – (0) und die Gewichtung mit hoch (3), mittel (2), gering (1), nicht relevant (0) vorgenommen. Für jeden Faktor wird die Gewichtung mit der Bewertung multipliziert und dann die Summenbildung für die einzelnen Faktoren vorgenommen.

Tabelle 6.1: Bewertungsmatrix

	Kommerzielle Datenbank *Bewertung*	Eigen-entwicklung *Bewertung*	*Gewichtung*	Einfluß, Strategie, Begründung
Time to Market	++ (4)	– (1)	3	Marktfenster zwingend
Standards	++ (4)	O (2)	2	Aktualität der Interfaces
Plattform	++ (4)	O (2)	2	Portierbarkeit
Lizenzgebühren vs. Entwicklungskosten	– (1)	++ (4)	3	Hohe Anzahl an Lizenzen
Fertigkeiten der Entwickler	++ (4)	O (2)	1	Datenbanken keine Kernkompetenz
Flexibilität	O (2)	++ (4)	3	Änderbarkeit der Lizenzen
Summe:	41	37		

Aufgrund der Summe ergibt sich ein Vorteil für den Kauf einer Datenbank. Die wesentliche Entscheidungsgewichtung ergibt sich aus der Abwägung Marktfenster vs. Kosten.

6.3 Fazit

Checklisten mit einer Bewertungsmatrix ermöglichen eine objektivierbare Entscheidungsfindung, bei der die fachlichen Vorprägungen der beteiligten Personen nicht zu Verzerrungen führen.

7 Wechselwirkung zwischen Architekturelementen und Implementierung

Die Begriffe Komponente und Service wurden in Kap. 4 intuitiv als Bausteine zur Konstruktion von Software-Systemen dargestellt. Im folgenden wollen wir ihre Bedeutung für die Strukturierung präzisieren.

7.1 Strukturierungssichten für ein Software-System

Die Struktur eines Software-Systems orientiert sich an den folgenden Sichtweisen: Anwendungssicht, Entwicklungssicht, Installationssicht und Wartungssicht.

Anwendungssicht

Die Anwendungssicht ist von der Funktionalität des Systems geprägt. Die Funktion eines Systems (z.B. Verbindungsservice: Verbinden zweier Telefonteilnehmer) kann sowohl direkt durch einen der Teilnehmer ausgelöst werden oder als Teilfunktion einer komplexeren Funktion, wie z.B. E-Commerce. In beiden Fällen können wir die Funktion als Service ansehen, der durch eine Aktion aktiviert wird, gegebenenfalls andere Services benutzt und dabei Daten manipuliert. Der Service ist also eng verbunden mit Daten, mit denen er eine Einheit bildet (die exakte Definition ist in Kap. 11.4.5 angegeben). Es lassen sich zwei Typen von Schnittstellen zwischen Services unterscheiden: synchrone und asynchrone. Synchrone Services sind dadurch gekennzeichnet, daß der Verwender auf das Ergebnis des aufgerufenen Service wartet, bevor er weitere Aktionen durchführen kann (analog zu Prozeduren oder Methoden in höheren Programmiersprachen). Asynchrone Services entsprechen unabhängigen Berechnungen, deren Ergebnis dem Aufrufer irgendwann vorliegen muß, ohne daß das unmittelbar auf den Aufruf folgende

Verhalten beeinflußt wird (typische Anwendung für „Threads" in Unix [Stev1992]). Die Realisierung eines asynchronen Service stützt sich üblicherweise sehr eng auf das Betriebssystem des verwendeten Computers.

Entwicklungssicht

Die Entwicklungssicht ist im ersten Schritt auf die Strukturierung der Aufgabe fokussiert: Eine komplexe Aufgabe wird in Teilaufgaben aufgeteilt („teile und herrsche"), zwischen denen Schnittstellen als Verbindung eingeführt werden. Die Teilaufgaben können parallel entwickelt und zum Schluß zusammengefügt (integriert) werden. Um die Abstimmung der Schnittstellen nicht zu kompliziert zu machen, dürfen die Teile nicht zu klein sein. Teilaufgaben können große Services wie Click-to-Dial oder Gruppierungen von thematisch ähnlichen Services wie z.B. Speichermanagement mit den Schnittstellen GetHeap, ReleaseHeap, Push und Pop sein. Eine solche Gruppierung, die wir Komponente nennen, ist ein Baustein, der zum Aufbau komplexerer Funktionen verwendet und im Verlauf einer Versionsentwicklung ausgetauscht werden kann. Dabei entsprechen die Schnittstellen zwischen Komponenten im wesentlichen den unter der Anwendungssicht identifizierten Serviceschnittstellen.

Installationssicht

Die Installationssicht betrachtet die Aufteilung eines Software-Systems auf einen oder mehrere Computer. Dabei muß den einzelnen Teilen (Komponenten) Speicher und Rechenzeit zugeordnet werden. Solche Betriebssystemeinheiten mit Bedarf an Speicher und Rechenzeit werden als Betriebssystemprozesse (z.B. bei Unix) bezeichnet. Es ist also naheliegend, eine Komponente aus der Entwicklungssicht einem Betriebssystemprozeß zuzuordnen. Der Betriebsmittelbedarf einer Komponente ergibt sich aus dem Betriebsmittelbedarf der Betriebssystemprozesse, auf die sie aufgeteilt wird.

Wartungssicht

Die Wartungssicht gliedert das System nach den Anforderungen des Software-Tauschs in Upgrade-Einheiten und gleichermaßen nach den Prinzipien von Fehlerwahrscheinlichkeit und Ausfallsicherheit in Recovery-Einheiten. Diese Einheiten können mit Unterstützung des Betriebssystems relativ einfach, d.h. ohne Auswirkungen auf andere Einheiten, ausgetauscht bzw. nachgeladen werden. Am schnellsten funktioniert dies bei den selbständigen Betriebssystemprozessen. Aus der Installationssicht ergibt sich, daß die Komponenten der Entwicklungssicht die kleinsten Einheiten sind, die im laufenden Betrieb ausgetauscht werden können.

Die einzelnen Sichten können in ihrer Bedeutung von Projekt zu Projekt variieren. Bei hochverfügbaren Systemen mit langer Lebensdauer wird die Wartungssicht eine wichtigere Rolle spielen als beispielsweise bei schnellebigen PC-Applikationen, die jährlich komplett ersetzt werden.

Bei der Strukturierung eines Software-Systems sind alle Sichten in Abhängigkeit der Systemanforderungen so zu berücksichtigen, daß eine optimale Struktur entsteht.

Da die Leistungsfähigkeit von Kommunikationssystemen in hohem Maße von ihrem Laufzeitverhalten abhängt, muß dieses angemessen in der optimalen Struktur berücksichtigt sein. Zur Erläuterung stellen wir im folgenden Abschnitt die Wechselwirkung zwischen den Architekturelementen, die den Strukturierungssichten entsprechen, und dem Laufzeitverhalten der Implementierung dar. Dazu müssen wir wieder die unterste Ebene unserer Architektur unter die Lupe nehmen, nämlich die Hardware-Ebene.

7.2 Auswirkung der Struktur auf das Laufzeitverhalten

Der Zusammenhang zwischen den Architekturelementen eines Software-Systems und seinem Laufzeitverhalten wollen wir anhand von Abb. 7.1 betrachten. Die Details sind in Kap. 10 beschrieben.

Die Diskussion von Laufzeitverhalten eines Software-Systems ist nur sinnvoll unter Einbeziehung von Hardware und Betriebssystem, da heute durchaus für bestimmte Applikationen optimierte Kombinationen angeboten werden, die nicht für jede Applikation geeignet sind.

Dementsprechend ist das Software-System während seiner Laufzeit in Betriebssystemprozesse eingebettet, die unter der Verwaltung des Betriebssystems auf der Hardware ablaufen. Die Software-Komponenten sind in Services unterteilt, die mit ihrer Umgebung über Signale oder Methodenaufrufe kommunizieren.

Unser Beispiel zeigt zwei Maschinen mit Betriebssystemen und Betriebssystemprozessen. Die Software-Komponenten sind auf beide Maschinen verteilt; Kommunikation erfolgt innerhalb von Betriebssystemprozessen, zwischen Betriebssystemprozessen, aber innerhalb desselben Betriebssystems, und sogar über Hardware-Grenzen hinweg.

Abb. 7.1: Schnittstellen zwischen Komponenten

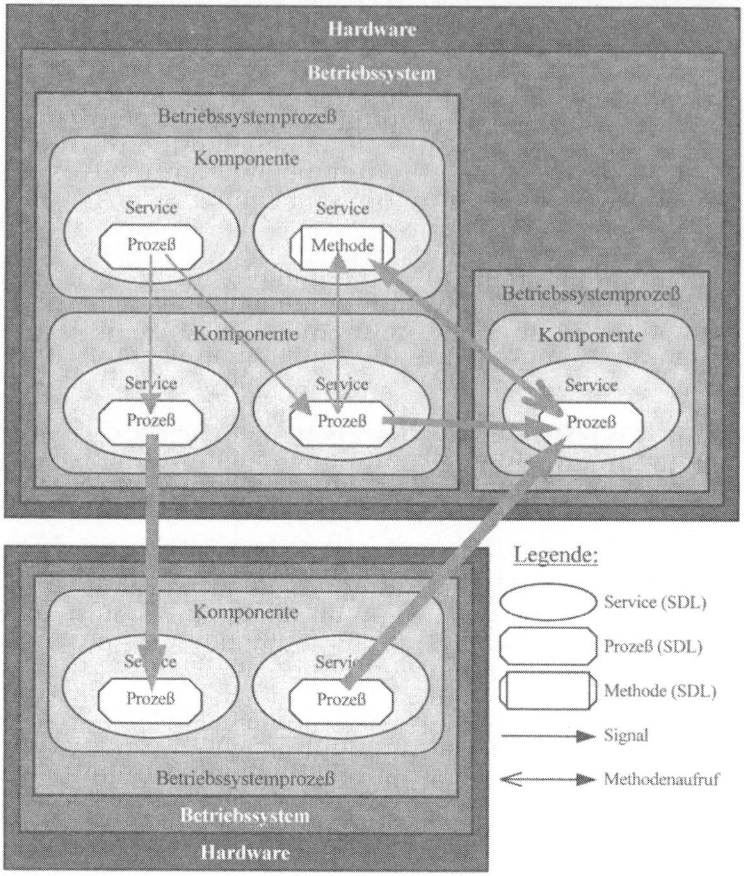

Aus dieser Konstellation wird deutlich, wodurch das Laufzeitverhalten des Systems maßgeblich bestimmt wird, nämlich durch das Laufzeitverhalten der Transportmechanismen zur Kommunikation zwischen den Services. Die Grundlage der Kommunikation ist ein Austausch von Daten, wobei der Transport dieser Daten aufwendiger wird, wenn Grenzen der Betriebssystemprozesse oder der Hardware überwunden werden müssen. In Abb. 7.1 ist dies durch unterschiedlich dicke Pfeile als Darstellung der Serviceschnittstelle ausgedrückt.

Es gilt:

- Die Verwendung einer Serviceschnittstelle innerhalb desselben Prozesses wird durch Maschinenbefehle implementiert, die im selben Adreßbereich direkt ausgeführt werden können und maximale Geschwindigkeit garantieren.

- Die Verwendung einer Serviceschnittstelle aus einem anderen Prozeß innerhalb desselben Betriebssystems erfordert ein zusätzliches Transportprotokoll, um Parameter und Ergebnis zwischen den Prozessen zu übertragen, da die üblichen Maschinenbefehle nicht auf Daten eines anderen Adreßbereiches zugreifen können. Entsprechend höher ist die Ausführungszeit.
- Die Verwendung einer Serviceschnittstelle auf einem anderen Computer erfordert ein gegenüber dem letzten Punkt erweitertes Transportprotokoll (z.B. DCOM, RMI, CORBA oder RPC), um Parameter und Ergebnis zwischen den Computern zu übertragen, woraus sich eine maximale Verzögerung ergibt.

Komponenten stellen also einerseits Architekturelemente dar, aus denen Software-Systeme konstruiert werden; andererseits repräsentieren sie Recovery- und Upgrade-Einheiten, die für Unterhalt und Weiterentwicklung des Systems unentbehrlich sind.

7.3 Durchstich zur Betriebsmittelabschätzung

Als Architekturelemente werden Komponenten charakterisiert durch ihre Schnittstellen (Services, Signale usw.), als Recovery- und Upgrade-Einheiten durch die Betriebssystemmittel, die sie belegen (Prozesse, Threads, Sockets, Speicher, Rechenzeit usw.). Die Schnittstellen und Hauptabläufe von Komponenten lassen sich in der Notation von COSPEL beschreiben. Zum Erkennen der benötigten Betriebsmittel muß allerdings bis auf die Ebenen von Betriebssystem und Hardware hinabgestiegen werden. Es muß also ein rudimentäres Programm in einer Computersprache auf dem Target-Computer gefunden werden, das die gewünschte Semantik der Komponenten simuliert. Dieser Schritt verlangt in der Praxis mindestens das Ausprogrammieren der Schnittstellen und Hauptabläufe der Komponenten in einer Programmiersprache mit anschließender Übersetzung des Programms für den Target-Computer (zur Semantik des Begriffs Übersetzung siehe Kap. 11.2). Anhand des Übersetzungsergebnisses können dann die Betriebssystemmittel abgeschätzt werden. Der Zusammenhang zwischen dem Architekturelement Komponente und den Betriebsmitteln eines Computers wird über ein Maschinenprogramm hergestellt, gemäß folgendem Formalismus:

Die Applikation soll auf einem Target-Server mit dem Betriebssystem Unix ablaufen.

Sei *component* eine Komponente in COSPEL.

Sei weiter *program* ein Maschinenprogramm für die Maschine (Server, Unix), das eine Implementierung von *component* ist.

Dann sind die Betriebsmittel von *component* in dieser Implementierung durch die Betriebsmittel von *program* bestimmt.

In der Regel wird es mehrere Implementierungen dieser Komponente component geben, die auch unterschiedliche Anforderungen an Betriebsmittel haben.

In der Praxis werden nicht so viele Betriebsmittel vorhanden sein, daß die Komponenten frei darüber verfügen können. Vielmehr müssen die endlichen Betriebsmittel auf einem Computer hinsichtlich optimaler Leistungsfähigkeit der Applikation zugeteilt werden. Aus diesem Gesamtbudget läßt sich ableiten, wieviel Budget eine spezielle Komponente als Baustein der Applikation verbrauchen kann. Die Aufgabe der Architektur besteht dann darin, die Applikation derart in Komponenten aufzuteilen, daß sich Implementierungen für den Computer finden lassen, die den Budgetrestriktionen und -anforderungen genügen. Diese Aufteilung läßt sich erfahrungsgemäß nicht berechnen (und deshalb nicht automatisieren), sondern erfordert mehrere Ansätze nach dem Prinzip „Versuch und Irrtum“.

7.4 Fazit

Die Identifikation der Software-Komponenten zu einer Applikation ist eine Hauptaufgabe der Architektur. Software-Komponenten müssen hinsichtlich Laufzeitverhalten und Betriebsmittelbedarf optimal geschnitten werden.

Nach dem Prinzip „teile und herrsche“ muß das Software-System in unabhängig entwickelbare Komponenten unterteilt werden, wobei die Anzahl der äußeren Schnittstellen einer Komponente klein sein sollte im Vergleich zur Anzahl ihrer internen Schnittstellen.

8 Von den Komponenten zur Schicht

Wie bereits in Kap. 4.2 dargestellt, werden die Komponenten eines Software-Systems Schichten zugeordnet, die sich aus semantischen Aspekten ergeben.

Im folgenden geben wir Regeln für diese Zuordnung an. Hierzu wird eine Halbordnung im mathematischen Sinne auf Komponenten definiert, die es erlaubt, diese gemäß ihrer Schnittstellenbeziehungen aufzuschichten.

Die Vorgehensweise wird anhand zweier Beispiele erläutert.

8.1 Ordnung auf Komponenten

Es stellt sich nun die Frage, unter welchen Bedingungen Komponenten zu Schichten zusammengefaßt werden können. Abbildung 8.1 zeigt einen Teil des Komponentenmodells des PINT-Gateways aus Abb. 4.11.

Dargestellt sind die Komponenten SIP/PINT-Stack, CORBA/-PINT-API, Verbindungsservice und Mediation. Jeder dieser Komponenten ist ein COSPEL-Programm zugeordnet. Fokussieren wir uns nun auf die Komponente Verbindungsservice und das entsprechende COSPEL-Programm. Wir können festhalten:

1. Der Verbindungsservice stellt dem SIP/PINT-Stack einen Service ClickToDialService mit der Serviceschnittstelle MakeCall zur Verfügung.
2. Der Verbindungsservice verwendet den Service ParlayCallService mit der Serviceschnittstelle MergeLegs der Mediation.
3. Darüberhinaus werden nur Services aus der eigenen Komponente verwendet.

Es läßt sich aus dieser Tatsache eine klare Richtung der Verwendung von Schnittstellen zwischen den drei Komponenten erkennen, und zwar verwendet im dynamischen Ablauf eine Komponente primär jeweils Schnittstellen der darunter liegenden Komponenten oder eigene; Aufrufe von unten nach oben erfolgen nur als Antwort auf Aufrufe von oben nach unten. Die Antworten (z.B. erfolgreicher Serviceaufruf) sind der Schnittstelle implizit zugeordnet und werden daher im folgenden nicht explizit aufgeführt.

Abb. 8.1: Architektonik des PINT-Gateways

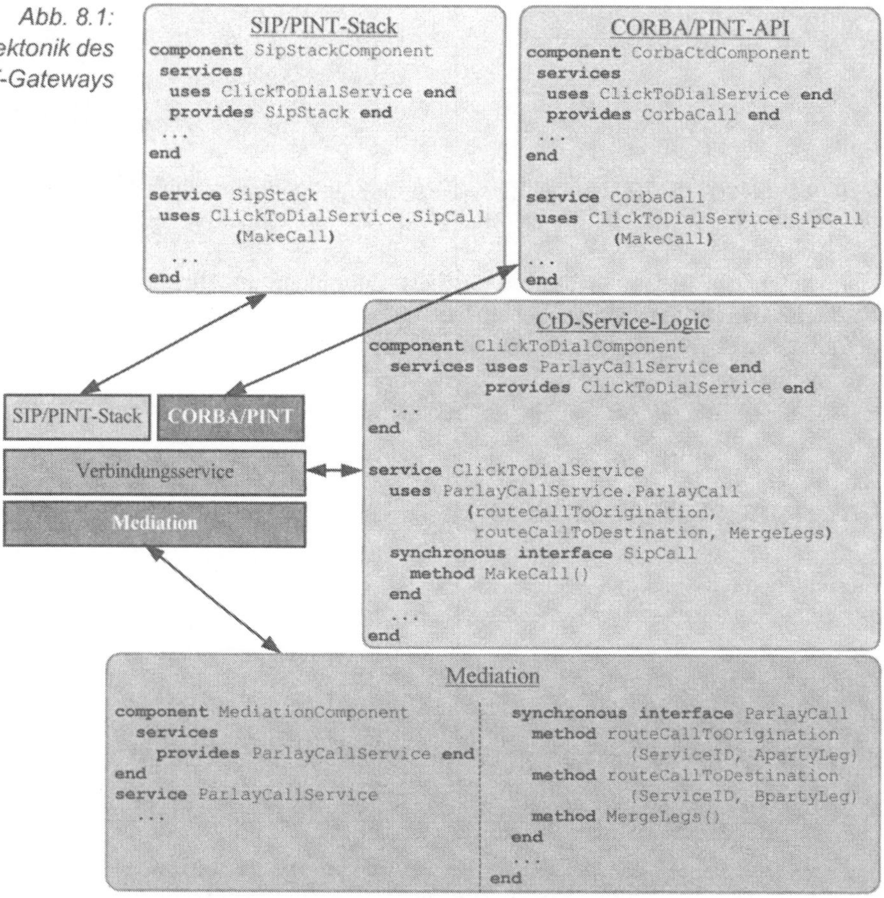

Diese Eigenschaft wollen wir nun präzisieren und Beziehungen zwischen Komponenten definieren.

Zunächst werden zwei Eigenschaften von Komponenten beschrieben, nämlich die Menge der Services, die die Komponente verwendet und die in anderen Komponenten definiert sind (*use*) und die Menge der Services, die die Komponente definiert und ihrer

Umgebung zur Verfügung stellt (*define*). Eine formale Definition ist für die weiteren Überlegungen nützlich:

Definition:

Sei k eine Komponente mit dem zugehörigen COSPEL-Programm *cospel (k)*, dann sind *use* und *define* für k folgendermaßen definiert: *use / define*

use (k) = { Service s | s wird in *cospel (k)* verwendet, ist aber nicht in *cospel (k)* definiert }

define (k) = { Service s | s ist in *cospel (k)* definiert }

Beispiel:

use (ClickToDialComponent) = { MergeLegs aus ParlayCall-Service }

define (ClickToDialComponent) = { MakeCall aus ClickToDial-Service }

use (SipStackComponent) = { MakeCall aus ClickToDial-Service }

define (SipStackComponent) = ∅

define (MediationComponent) = { MergeLegs aus ParlayCall-Service }

use (MediationComponent) = ∅

Mit diesen Eigenschaften läßt sich eine Beziehung zwischen Komponenten definieren, die einen direkten Zusammenhang ausdrückt, nämlich „Kopplung" (bzw. „gekoppelt sein"). Zwei Komponenten sind gekoppelt, wenn eine von beiden einen Service der anderen verwendet. Nicht gekoppelte Komponenten können unabhängig im System verteilt werden.

Definition:

Zwei Komponenten k und k' mit entsprechenden COSPEL-Programmen heißen gekoppelt, wenn gilt: *gekoppelt*

$$(\textit{define}\,(k) \cap \textit{use}\,(k')) \cup (\textit{use}\,(k) \cap \textit{define}\,(k')) \neq \emptyset$$

Im obigen Beispiel (Abb. 8.1) gilt nach einfachem Nachrechnen:

1. SipStackComponent und ClickToDialComponent sind gekoppelt.
2. ClickToDialComponent und MediationComponent sind gekoppelt.
3. SipStackComponent und MediationComponent sind nicht gekoppelt.

Damit ist klar, daß die Komponenten SipStackComponent und MediationComponent deutlich voneinander separiert sind und damit die Darstellung im Schichtenmodell sinnvoll ist. Es bleibt nun die Frage, ob die Komponente ClickToDialComponent mit einer der anderen Komponenten in einer wechselseitigen define/use-Beziehung „verzahnt" ist oder nicht. Der letztere Fall ist eine notwendige Voraussetzung, damit das gesamte Schichtenmodell sinnvoll ist. Zum Ausschluß der Verzahnung betrachten wir eine weitere Beziehung, die man als „aufsteigend gekoppelt", symbolisch „→", bezeichnen kann.

Definition:

aufsteigend gekoppelt

Seien k und k' zwei Komponenten mit zugehörigen COSPEL-Programmen. k und k' heißen aufsteigend gekoppelt ($k \rightarrow k'$), wenn gilt:

1. k und k' sind gekoppelt.
2. $use\ (k') \cap define\ (k) \neq \emptyset$, $define\ (k') \cap use\ (k) = \emptyset$ (d.h., k verwendet keine Services von k').

Die Halbordnungsrelation zur Zuordnung von Komponenten zu Schichten ergibt sich als transitive Hülle der aufsteigenden Kopplung wie folgt:

Definition:

kleiner als

Seien k und k' zwei Komponenten mit zugehörigen COSPEL-Programmen. k heißt kleiner als (<) k', wenn gilt:

$(k \rightarrow k')$ oder

$\exists$ Komponenten $k_1, k_2, \ldots k_n, n \geq 1$:
$(k \rightarrow k_1), (k_1 \rightarrow k_2), \ldots (k_{n-1} \rightarrow k_n), (k_n \rightarrow k')$

Die Relation „<" definiert eine lokale paarweise Ordnung auf den Komponenten. Wir fordern, daß „<" eine strikte Halbordnung ist, d.h., die Relation ist irreflexiv, transitiv und asymmetrisch. Aus dieser Forderung folgt die Zyklenfreiheit der Komponenten, was eine hinreichende Bedingung für die globale Schichtung ist. Zyklenfreiheit ist ein Charakteristikum einer guten Architektur, da nur dann eine saubere Schichtung möglich ist.

Die Relation „<" impliziert nicht, daß die Komponenten in verschiedenen Schichten liegen müssen. Es kann durchaus sinnvoll sein, innerhalb einer Schicht Untergruppierungen im Sinne der Modularisierung vorzunehmen.

Eine einfache Überprüfung zeigt, daß die Komponenten in unserem Beispiel die Relation „<“ paarweise erfüllen, so daß das Aufeinandertürmen einen Sinn hat.

Für das PINT-Gateway läßt sich „<“ folgendermaßen darstellen (Abb. 8.2):

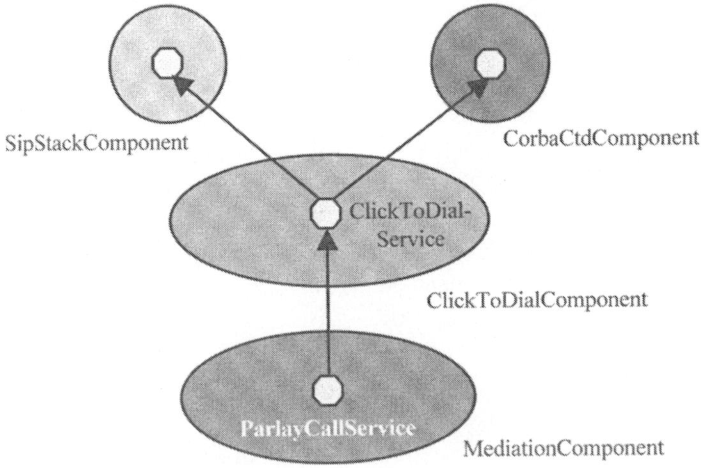

Abb. 8.2: Komponentenstruktur des PINT-Gateways

Für eine Komponentenstruktur, die gemäß Relation „<“ einen baumartigen Graphen bildet, kann eine Komponente relativ einfach ausgetauscht werden. Es müssen lediglich die Beziehungen zu den gekoppelten Komponenten berücksichtigt werden. In der Praxis werden sich allerdings selten solche reinen baumartigen Strukturen finden. Es muß also eine allgemeinere Form gebildet werden, deren Struktur man als hinreichend geordnet bezeichnen kann.

8.2 Konstruktion von Schichten

Es gibt mehrere Möglichkeiten, eine baumartige Komponentenstruktur in einer Ebene anzuordnen. Dazu betrachten wir ein Gitter paralleler Linien mit identischem Abstand, normiert zu 1. Wir numerieren die horizontalen Linien von unten nach oben mit natürlichen Zahlen (1, 2, 3, ...) durch. Die Schnittpunkte der Linien im Gitter repräsentieren mögliche Positionen von Komponenten in der Struktur. Zwei gekoppelte Komponenten liegen entweder auf derselben horizontalen Gitterlinie oder auf zwei horizontalen Gitterlinien im Abstand 1 (siehe Abb. 8.3), wobei die kleinere (<) auf der Gitterlinie mit der kleineren Ordnungszahl liegt.

Abb. 8.3: Gitter mit Komponente

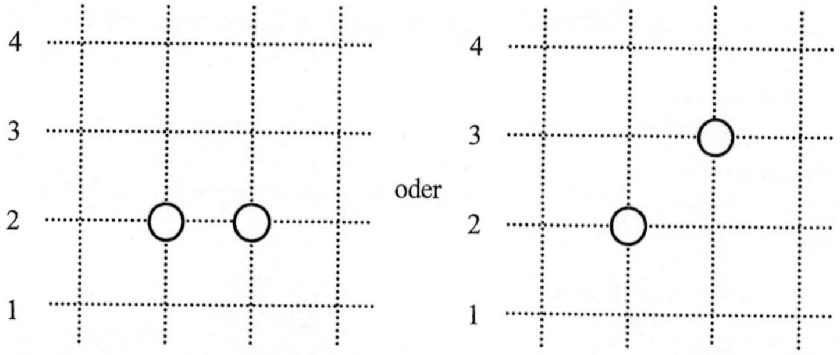

Diese Festlegung minimiert den „Abstand" zwischen gekoppelten Komponenten mit dem Ziel, Abhängigkeiten aufgrund von Serviceaufrufen lokal zu halten und damit besser beherrschen zu können.

Die Komponenten des PINT-Gateways lassen sich im Gitter auf verschiedene Weise anordnen (siehe Abb. 8.4).

Abb. 8.4: Komponenten des PINT-Gateways im Gitter

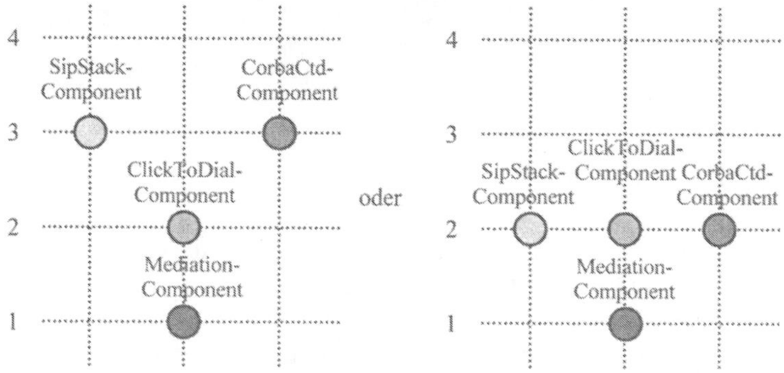

Welche Anordnung zu wählen ist, kann nur anhand von Architekturregeln entschieden werden, die Schichtung, Performance, Speicher, usw. berücksichtigen. Diese Architekturregeln müssen applikationsspezifisch festgelegt werden. Ein Beispiel für Architekturregeln für die Schichtung bei Kommunikationssystemen findet sich in Kap. 8.4.

Interpretieren wir die horizontalen Gitterlinien als Schichten, so erhalten wir das Schichtenmodell aus Abb. 8.5. Die Schichten entsprechen also im Prinzip lediglich Abstraktionsebenen, die durchnumeriert werden, wobei die unterste Schicht sinnvollerweise auf der Computer-Hardware aufsetzt.

8.3 Schichtenmodell für Internet Supplementary Services

Eine wichtige Aufgabe der Architektur ist die Festlegung der Abstraktionsebenen oder Schichten, da damit eine semantische Klassifizierung für die Komponenten gegeben wird. Es gibt sicherlich keine Festlegung, die für alle Applikationstypen geeignet ist. Für Systeme vom Typ PINT-Gateway scheint das Schichtenmodell aus Abb. 8.5 geeignet zu sein:

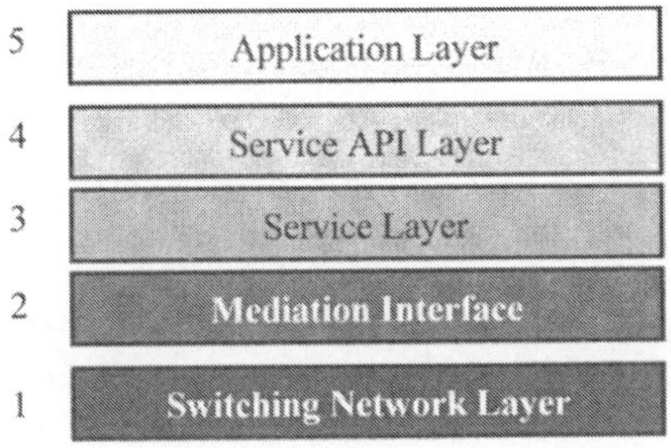

Abb. 8.5: Schichtenmodell für Internet Supplementary Services

Von oben gesehen verwendet der Application Layer die Application Programming Interfaces (API) zum Ansteuern der Services des Service Layers. Die vermittlungsspezifischen Services sind im Mediation Layer gekapselt und verwenden Schnittstellen der Vermittlungs-Software über das EWSD-Interface.

Eine typische Anordnung in einem Schichtenmodell ist folgende:

Schicht 1: Abstraktion von der Hardware
Schicht n: Anwendungsoberfläche
dazwischen: Abstraktionsebenen mit spezieller semantischer Bedeutung:

- Teilfunktionen (Mediation, Betriebssystem)
- Trennung zwischen logischen Kontrollfunktionen und physikalischem Abbild
- Verwendung von Standardbausteinen

Durch diese lineare Ordnung der Schichten wird erreicht, daß die Anzahl der Schnittstellen zwischen N Komponenten nicht wie N^2 zunimmt, sondern von deutlich kleinerer Ordnung ist. Im Idealfall wächst sie linear.

Die Konstruktion von Komponenten und deren Zuordnung zu Schichten ist unzweifelhaft eine kreative Tätigkeit. Die Definitionen aus Kap. 8.1 liefern lediglich eine Methode, eine Struktur von Komponenten formal zu bewerten. Sie liefern keinen Automatismus zur

Konstruktion der Struktur. Allerdings kann die Architektur Unterstützung in Form von Architekturregeln bieten. Diese Regeln müssen natürlich ein Ziel verfolgen, z.B. das Ziel einer funktional optimalen Struktur oder das Ziel der effizienten Produzierbarkeit. Eine funktional orientierte Aufteilung erleichtert die Überschaubarkeit, die für die Unterhaltung und Erweiterbarkeit des Systems wichtig ist. Eine effiziente Produktion setzt minimale Schnittstellen zwischen den Schichten voraus, was auch die Austauschbarkeit von Komponenten oder ganzen Schichten erleichtert.

Erfahrungsgemäß ist ein Kompromiß zwischen beiden Zielen ein brauchbarer Ansatz.

8.4 Architekturregeln

Die Architekturregeln dienen zur Kontrolle der Systemstruktur.

1. Die Aufteilung von Services auf Komponenten wird so getroffen, daß eine Zuordnung der Komponenten zu Schichten sinnvoll möglich ist.
2. Zyklische Verbindungen von Komponenten (d.h. gegenseitiges Verwenden von Services) sind strikt zu vermeiden.
3. Komponenten mit kleiner (<) Relation werden in „aufeinanderfolgenden" Schichten angeordnet (formal: in i und $i + 1$, wobei i eine natürliche Zahl größer oder gleich 1 ist).
4. Paßt eine Komponente in zwei Schichten (Beispiel in Abb. 8.3), dann wird sie in derselben Schicht angeordnet wie die Komponenten, deren Services sie verwendet, es sei denn, funktionale Überlegungen sprechen dagegen.

Zum Abschluß betrachten wir noch einmal die strenge Ordnung aufgrund der Relation „<". In der Praxis gibt es keine Regel ohne Ausnahme. Die Regel, daß eine Komponente nur Services von Komponenten aus derselben oder einer unmittelbar darunterliegenden verwendet, wird z.B. aus Dynamikgründen für Services des Betriebssystems ausgesetzt. Diese können aus allen darüberliegenden Schichten verwendet werden. Wichtig ist, daß die Ausnahmen in den Architekturregeln aufgeführt sind.

8.5 EWSD-Serviceschichtung

Wird die **serviceorientierte Schichtung** des PINT-Gateways analog auf EWSD übertragen, ergibt sich für die Architektur eine **Outside-In-strukturierte Sichtweise**: Services einer höheren Schicht stützen sich auf Services darunterliegender Schichten ab.

Im Vergleich dazu ist das **EWSD-Schichtenmodell** nach Aspekten einer optimalen Produktions- und Testreihenfolge auf Basis der zugrundeliegenden Hardware-Konfiguration und der Support-Tools strukturiert: Schicht n kann unabhängig von Schicht n + 1 produziert werden, wodurch das Software-System in sukzessiven Schritten erstellt und getestet werden kann.

Bei der Serviceschichtung nach Architekturaspekten steht das grundlegende Verständnis des Software-Systems im Vordergrund. Diese Schichtung unterscheidet sich dabei etwas von dem Schichtenmodell nach den speziellen Produktionsaspekten, ist aber leicht darauf abbildbar. Bei der Outside-In-Sichtweise befinden sich in der äußeren Schicht sowohl die Call-Processing-User-Software als auch die O&M-Zugriffsfunktionen.

Wegen der zur Zeit wesentlich höheren Komplexität von EWSD im Vergleich zum PINT-Gateway sind **mehrere Schritte zur Verfeinerung** des Schichtenmodells erforderlich, bis das Komponentenmodell vorliegt.

Eine funktionelle Einteilung führt zu folgenden 7 Schichten:

Tabelle 8.1: EWSD-Schichtung

<table>
<tr><td>7.</td><td>Switching Functionality, Q3 Interface</td><td rowspan="4">Data Base Service Access Routines</td></tr>
<tr><td>6.</td><td>Switching basic Services, O&M Platform Services</td></tr>
<tr><td>5.</td><td>Maintenance</td></tr>
<tr><td>4.</td><td>Utilities, Loading, File Transfer, Transport Protocol</td></tr>
<tr><td>3.</td><td>OS Processes</td><td></td></tr>
<tr><td>2.</td><td>OS Kernel</td><td></td></tr>
<tr><td>1.</td><td>BIOS, Micro Core Software</td><td></td></tr>
</table>

Der OS Kernel entspricht dabei dem im CHILL-Standard (ITU-T Z.200) definierten „imaginary outermost process“.

Die Datenbasis enthält Daten aus mehreren Schichten, die Servicezugriffsroutinen sind aber jeweils den einzelnen Schichten zugeordnet.

Die einzelnen Schichten bestehen aus zahlreichen Services. Diese sind durch das Programmkonstrukt „Service Provision Unit (SPU)“ realisiert. Zur Strukturierung werden innerhalb einer Schicht thematisch zusammenhängende SPUs jeweils zu einer Komponente und diese wiederum zu Functional Areas zusammengefaßt.

Im folgenden wird als Verfeinerung die Schichtung der Functional Areas aufgeführt:

Abb. 8.6: EWSD Functional Areas

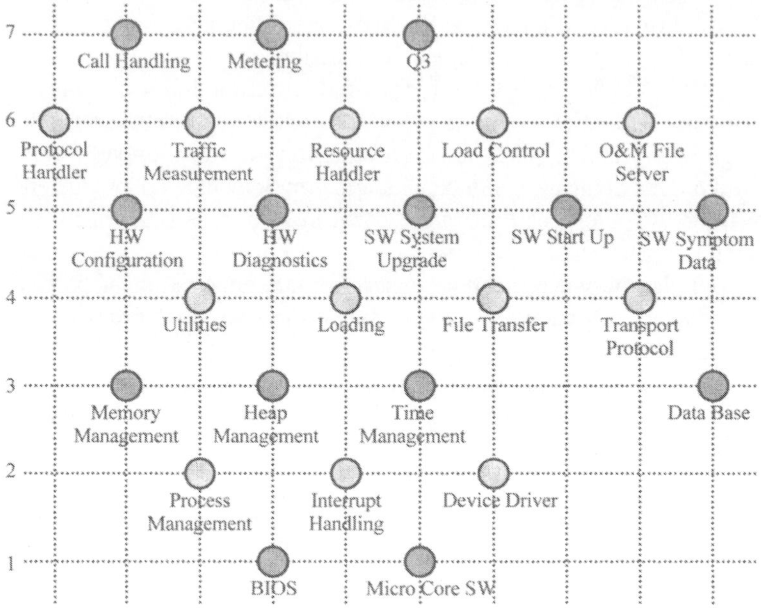

Exemplarisch soll die Serviceschichtung an der Schicht 3 erläutert werden:

Durch „OS Processes“ (Schicht 3 in Tabelle 8.1) wird die Schicht des OS bezeichnet, die unter Prozeßsteuerung abläuft. Beispiele hierfür sind die Speicherverwaltung und die Zeitverwaltung. In der darunterliegenden Schicht des OS Kernel befindet sich die Prozeßverwaltung und die Unterbrechungsbehandlung. Die Prozeßverwaltung steuert den Ablauf von Prozessen wie z.B. die Prozesse Speicherverwaltung und Zeitverwaltung. Die Unterbrechungsbehandlung sorgt u.a. bei einem Prozeßwechsel für die Sicherstellung der Daten des unterbrochenen Prozesses, die für dessen Fortsetzung erforderlich sind.

Die Schicht mit der Speicherverwaltung und der Zeitverwaltung stützt sich also auf Services der Prozeßverwaltung und der Unterbrechungsbehandlung aus der darunterliegenden Schicht ab.

Die Speicherverwaltung bietet ihrerseits für höhere Schichten z.B. die Services GET_HEAP, RELEASE_HEAP zum Anfordern und Rückgeben von Speicher und EXPAND_ARRAY, SHRINK_-ARRAY zum Erweitern und Verkleinern von Arrays an.

Die Zeitverwaltung bietet für höhere Schichten z.B. die Services START_TIMEOUT, STOP_TIMEOUT zum Setzen und Löschen relativer, absoluter und periodischer Timer und READ_CALENDAR zum Auslesen von Datum und Uhrzeit an.

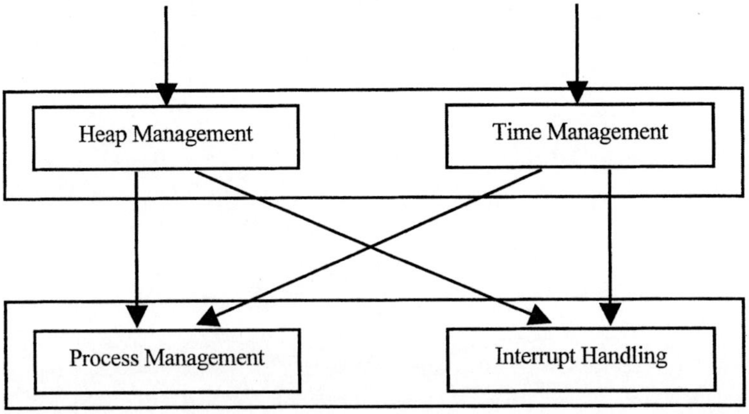

Abb. 8.7: Beispiel zur Serviceschichtung: Schicht 3

Die Schichten bringen nur die wesentlichen Halbordnungsaspekte zwischen den Services aus Architektursicht zum Ausdruck. Selbstverständlich gibt es im allgemeinen auch innerhalb einer einzelnen Schicht Querbeziehungen zwischen Services, die ihrerseits wieder eine Halbordnung bilden.

8.6 Fazit

Eine Strukturierung der Software in einem Schichtenmodell als Verallgemeinerung des Konzepts der Protokollschichten verhindert das unkontrollierte Wachstum von Schnittstellen.

9 Aufteilung des Software-Systems auf ein verteiltes Computersystem

Überschreitet der Bedarf eines Software-Systems an Betriebsmitteln die Kapazität des Target-Computers, ergibt sich die Notwendigkeit der Aufteilung des Systems auf einen Verbund mehr oder weniger eng gekoppelter Computer. Hauptziel ist dabei die Minimierung der Hardware-Kosten.

9.1 Betriebsmittelzuordnung

Die Thematik der Betriebsmitteloptimierung wurde bereits vor mehr als zwanzig Jahren mit der Einführung kommerzieller Rechnernetze (Beispiel: IBM‘s SNA [Schr1993]) unter dem Stichwort „Load Balancing in distributed Systems“ in der Betriebssystementwicklung aufgegriffen (siehe Chou and Abraham [Chou1982]). In diesem Zusammenhang wurde der Begriff des „verteilten Programms“ eingeführt, das aus mehreren „Modulen“ oder „Tasks“ bestand, die unabhängig auf den verschiedenen Prozessoren des verteilten Computersystems existieren konnten. Ziel der Verteilung war, die Ausführungszeit des gesamten Programms zu minimieren, wobei die Ausführungszeit wesentlich mitbestimmt war durch die Kommunikation von Programmteilen, die auf verschiedenen Prozessoren ausgeführt wurden.

In unserem Falle stellt das Software-System ebenfalls ein verteiltes Programm dar, das sich aus Komponenten (Definition siehe Kap. 7) zusammensetzt. Komponenten stellen Services bereit, auf die über wohldefinierte synchrone oder asynchrone Schnittstellen zugegriffen werden kann. Der Aufruf synchroner Schnittstellen erfolgt mittels Remote-Procedure-Call, während asynchrone Schnittstellen über Nachrichten und die entsprechenden Operationen „Send" und „Receive" simuliert werden.

In zwei wesentlichen Punkten unterscheidet sich das Problem, Komponenten auf mehrere Computer zu verteilen, von dem oben erwähnten Problem des Load Balancing. Zum einen ist der Grad der Vernetzung der Komponenten durch die Granularität der Schnittstellen, die Datentypen in Programmiersprachen entsprechen, deutlich höher als der Grad der Vernetzung von Modulen und Tasks, wodurch die Berechnung des Zeitaufwands für die computerübergreifende Kommunikation erschwert wird. Andererseits erfolgt die Aufteilung eines komponentenbasierten Systems einmal vor Auslieferung an Kunden, d.h. statisch und nicht dynamisch im laufenden Betrieb wie im Falle von Load Balancing, das vom Betriebssystem ausgeführt werden muß. Die vom Programm benötigten Betriebsmittel müssen also vor Ausführung bereits bekannt sein. Trotz dieser Unterschiede lassen sich die in der Vergangenheit bei der Implementierung von Betriebssystemen entwickelten Algorithmen verwenden.

Das Problem besteht also darin, daß das vorliegende, aus Komponenten aufgebaute Software-System mehr Betriebsmittel benötigt, als der Target-Computer zur Verfügung stellt. Im Detail kann es zu folgenden Engpässen kommen:

- Der benötigte Rechen- oder Plattenspeicher ist nicht verfügbar.
- Das System benötigt mehr Rechenzeit (d.h. CPU-Zeit) als verfügbar.

Die Verlagerung von einer oder mehrerer Komponenten auf einen zusätzlichen Rechner im Verbund löst voraussichtlich die genannten Engpässe. Es stellt sich dann allerdings die Frage, ob die Leistungsfähigkeit des Gesamtsystems noch sichergestellt wird. Durch die Verlagerung von Komponenten werden prozessorinterne Schnittstellen plötzlich zu prozessorübergreifenden Schnittstellen, deren Verwendung dazu führt, daß die Kontrolle des Programms von einem Prozessor zum anderen transferiert werden muß. Dieser Transfer fällt dynamisch und im Aufwand deutlich ins Gewicht (siehe Einfluß von CORBA). Der Verlust an Dynamik bei der Verschiebung von Komponenten muß also rechtzeitig ins Kalkül gezogen werden.

In der Praxis können allerdings nicht alle Komponenten beliebig im Computerverbund verteilt werden. Einige sind fest zugeordnet, weil sie von speziellen Einrichtungen eines Computers abhängen. Solche Einrichtungen können eine Hochgeschwindigkeitsarithmetik, der Zugriff auf spezifische Datenbanken, der Zugriff auf schnelle Datenspeicher oder zu speziellen peripheren Geräten sein.

9.2 Graphentheoretischer Lösungsansatz

Ein Lösungsansatz basiert auf graphentheoretischen Betrachtungen aus dem Gebiet der Transportnetze.

Die Zusammenhänge sollen anhand des folgenden Beispiels in Abb. 9.1 erläutert werden. Es zeigt die Komponentenstruktur eines Systems, das einen gegenüber Abb. 4.13 unterschiedlichen Satz von Internet Supplementary Services umfaßt.

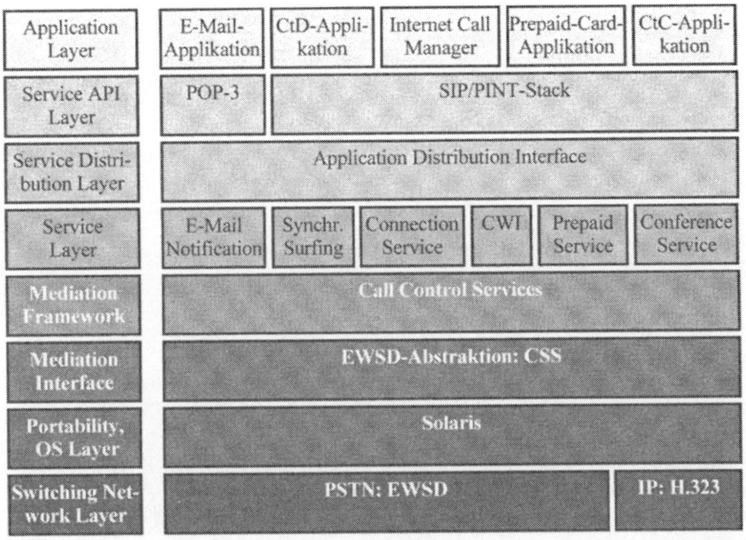

Abb. 9.1: Komponentenstruktur eines erweiterten Systems von ISS

Diese Struktur hat bisher keinen Bezug zu der Anzahl von Computern, auf denen das System zum Ablauf kommen soll. Wie wir oben gesehen haben, spielen die Schnittstellen zwischen den Komponenten bei der Verteilung der Komponenten auf Computer eine wichtige Rolle. Zur weiteren Veranschaulichung der Problematik der Verteilung und ihrer Lösung verwenden wir eine zur Komponentenstruktur „äquivalente" gängige Darstellung mittels Graphen (Abb. 9.2).

Der Graph enthält für jede Komponente die von der Hardware abhängigen Variablen Speicher, CPU-Zeit und Zeitbedarf für Kommunikation. Zu Beginn wird der Graph unter der Annahme aufgebaut, daß der Target-Computer genügend Betriebsmittel für die oben genannten Variablen zur Verfügung hat. Sollte das nicht der Fall sein, werden anschließend mögliche Konstellationen der Verteilung der Komponenten auf mehrere Computer berechnet. Diese Konstellationen müssen anschließend überprüft werden, mit dem Ziel, die kostengünstigste Hardware-Konfiguration zu finden, die die Anforderungen erfüllt.

Ein praktikables Verfahren zur Ermittlung einer optimalen Verteilung wird im Rest des Kapitels skizziert.

Abb. 9.2: Darstellung der Komponentenstruktur als Graph

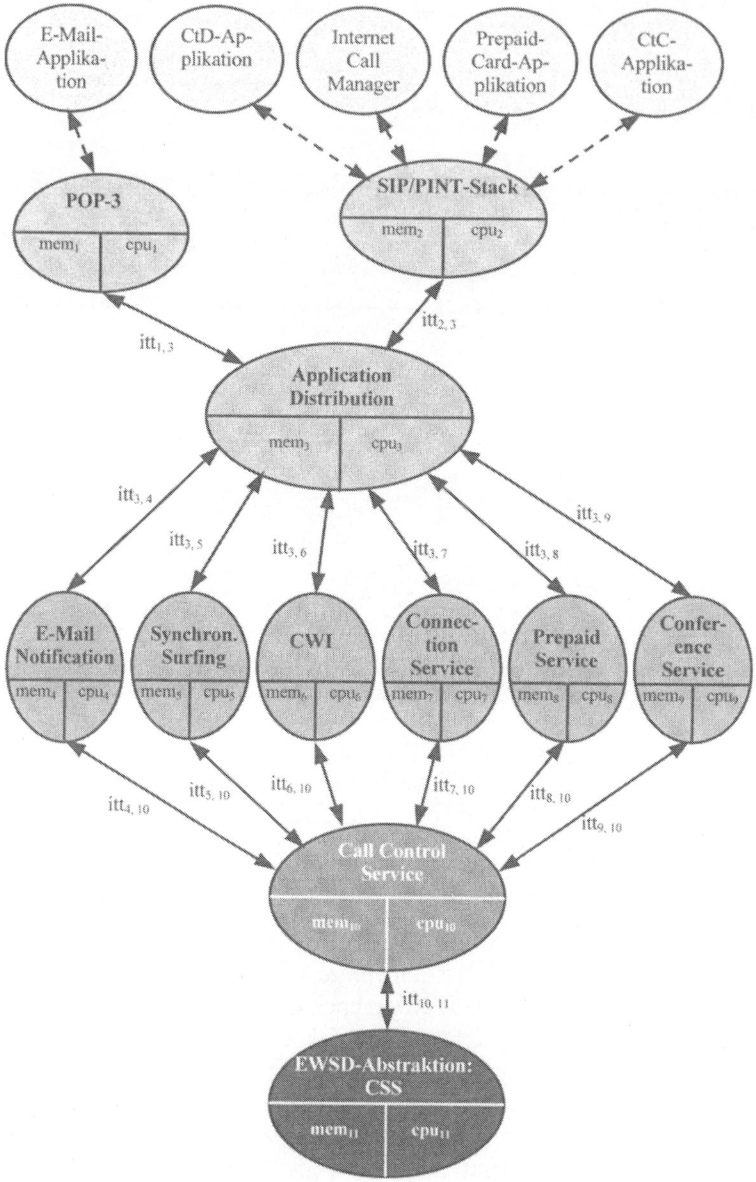

Der Graph der Komponenten ist folgendermaßen aufgebaut:

1. Jeder Komponente der Komponentenstruktur wird ein Knoten zugeordnet (die Applikationen sind nur der Vollständigkeit halber erwähnt und mit gestrichelten Pfeilen angebunden).

   Jeder Knoten trägt als Bezeichner den Namen der Komponenten. Zwei Attribute, mem und cpu, geben an, wieviel Speicher (in Byte) und Ausführungszeit (in msec) die Komponente auf dem Target-Computer belegt. Diese Werte werden aufgrund von Anforderungen, Verkehrsmodellen und Absprachen mit Kunden so festgelegt, daß die zugesagte Leistung des Systems („Quality of Service") erfüllt werden kann. Dabei wird der Einfachheit halber angenommen, daß sich die Komponenten auf allen Computern im Verbund hinsichtlich Ausführungszeit identisch verhalten.

2. Zwischen zwei Knoten i und j existiert eine Kante (dargestellt als Pfeil), wenn Komponente i einen Service von Komponente j verwendet. Die Kante ist als Doppelpfeil dargestellt, wenn der verwendete Service ein Ergebnis zurückliefert. Dies symbolisiert die Situation, daß die Kontrolle von i zu j und anschließend nach Vorlage des Ergebnisses wieder zurücktransferiert wird. Die für den Transfer der Kontrolle benötigte Rechenzeit wird als Attribut der Kante dargestellt (itt: „Interface Transfer Time").

Der Komponentengraph enthält alle Informationen in Form von Attributen zur Verteilung der Komponenten auf zwei oder mehr Rechner. Es stellt sich nun die Frage, wie die Attributwerte bestimmt werden. Der Speicherbedarf einer Komponente kann relativ einfach durch theoretische Überlegungen ermittelt werden. Es ist aber sicher bedeutend schwieriger, die Ausführungszeiten für die Komponenten und die Kommunikation, die durch die Schnittstellen erzeugt wird, präzise zu erfassen. Man wird sich damit begnügen müssen, obere Schranken für die Ausführungszeit zu ermitteln. Im ersten Schritt kann dies anhand von Prototypimplementierungen geschehen, die versuchen, die zeitkritischen Algorithmen zu simulieren. Sollten bereits Erfahrungen mit ähnlichen Services vorliegen, können deren Werte für Hochrechnungen herangezogen werden.

Gehen wir also davon aus, daß aufgrund von Überlegungen und Prototypimplementierungen der Komponentengraph vollständig vorliegt. Wird anhand der vorliegenden Attributwerte klar, daß das System zur Ausführung mehr Betriebsmittel benötigt, als ein Target-Computer an Kapazität aufweist, muß das System zur Ausführung auf zwei oder mehrere Computer verteilt werden. Es ist offensichtlich, daß zur Berechnung einer ausgewogenen Verteilung der Komponenten mit dem Ziel minimaler Hardware-Kosten und ausreichender Systemleistung eine Vielzahl von Variationen durchgerechnet und bewertet werden müßten. In dieser Situation wäre ein effizienter Algorithmus sehr hilfreich. Wie eingangs erwähnt, gibt es eine ganze Reihe von Verfahren, die derartige Probleme behandeln (siehe [Tane1995]). Wir wollen hier nur auf ein Verfahren hinweisen, das für die gängigen Fälle gute Ergebnisse liefert.

Das Verfahren [Ston1977] verwendet Ergebnisse aus der Theorie von Transportnetzen. Die Grundlage bilden die Verfahren zur Bestimmung des maximalen Durchflusses durch ein gegebenes Transportnetz. Eng gekoppelt mit dieser Größe ist die minimale Schnittmenge des entsprechenden Graphen, d.h. die Menge von Kanten, durch deren Wegnahme das Netz in zwei unabhängige Teile zerfällt („Maximum flow and minimum cutset"). Das Problem der Verteilung von Komponenten wird zurückgeführt auf die Aufgabe, die minimale Schnittmenge des entsprechenden Komponentengraphen zu finden, da jeder möglichen Verteilung von Komponenten eine Schnittmenge des Graphen entspricht. In [Chen1990] ist dargestellt, wie das Problem der minimalen Schnittmenge gelöst werden kann durch die Bestimmung des maximalen Durchflusses. Ein geeigneter Algorithmus zur Lösung dieser Aufgabe wurde von Ford und Fulkerson formuliert (Ford-Fulkerson-Algorithmus) der in [Chen1990] ausführlich beschrieben ist.

9.3 Fazit

Bei verteilten Computersystemen entsteht eine weitere Komplexitätsdimension gegenüber dem eindimensionalen Schichtenmodell aus den vorherigen Kapiteln.

Zur Optimierung der Hardware-Kosten bei derartigen Systemen ist eine geeignete Verteilung der Komponenten auf die verfügbaren Rechner zu finden. Diese Aufteilung kann Rückwirkungen auf den Schnitt der Komponenten haben.

10 Ausführen von Programmen

Software besteht aus Instruktionen, die von einer Computer-Hardware ausgeführt werden können. Schon sehr früh in der Entwicklung der Computer wurde erkannt, daß die Formulierung größerer Anwendungen in Maschineninstruktionen mühsam und fehleranfällig ist. Als Konsequenz wurden seit Ende der fünfziger Jahre sogenannte höhere Programmiersprachen erfunden (z.B. Plankalkül von Zuse, FORTRAN, ALGOL 60), die das Ziel hatten, lästige Eigenschaften der Computer-Hardware wie Register, Speicherzellen und Adressierungsmechanismen vor dem Anwendungsprogrammierer zu verbergen und damit die Konzentration auf die Anwendungsprobleme zu erhöhen. Mit diesem Schritt war auch eine Produktivitätssteigerung um den Faktor 5 in der Programmentwicklung verbunden. Später in diesem Kapitel wird das Thema Produktivität noch weiter betrachtet. Daß mit diesem Schritt Nachteile hinsichtlich Reaktionszeit und Speicherbedarf in Kauf zu nehmen waren, wird im folgenden klar.

10.1 Programme und ihre Realisierung durch Programmiersprachen

Der Übergang von Ebene 2 (formale Darstellung) zu Ebene 3 (Computerprogramm) in Kap. 3.2 soll im folgenden erläutert werden. Dazu ist es nötig, die Begriffe Algorithmus und Programm in Beziehung zu setzen.

Den Begriff Algorithmus verstehen wir folgendermaßen:

Algorithmus

> **Algorithmus** ist ein allgemeines Verfahren zur Lösung einer Klasse von Problemen. Er ist abgefaßt in einer präzisen – d.h. in einer eindeutigen Sprache formulierten – endlichen Beschreibung unter Verwendung effektiver (im Sinne von tatsächlich ausführbarer) Verarbeitungsschritte.

Beispiele sind das Divisionsverfahren für natürliche Zahlen und der euklidische Algorithmus zur Bestimmung des größten gemeinsamen Teilers zweier Zahlen.

Ein **allgemeines Verfahren** bedeutet, daß die Ausführung bis in die letzten Einzelheiten hinein eindeutig vorgeschrieben ist. Dazu gehört insbesondere, daß die Vorschrift in einem endlichen Text niedergelegt werden kann.

Turing-Maschine

Diese intuitive Erklärung des Begriffs Algorithmus ist im Zusammenhang mit einer ingenieursmäßigen Entwicklung von Software-Systemen mit einem exakt definierten Begriff gleichzusetzen. Unter den bekannten, im mathematischen Sinne äquivalenten Präzisierungen des Begriffs Algorithmus verweisen wir hier auf den Begriff der Turing-Maschine [Herm1971], da die Turing-Maschine als (starke) Abstraktion von Rechenmaschinen und heutigen Computern dienen kann.

Programmiersprache

Im Grunde besitzen Programmiersprachen dieselbe Mächtigkeit wie Turing-Maschinen. Deshalb ist es zulässig, Programme (als Elemente einer Programmiersprache) als Präzisierung eines Algorithmus anzusehen. Beispiele von Programmiersprachen sind die Maschinensprachen, deren Programme aus Folgen von Befehlen einer konkreten Computer-Hardware bestehen, Assembler, C, Pascal, ADA, CHILL, C++ und Java.

Abstraktion von Hardware

Programmiersprachen werden bei der Programmierung von Computern dazu verwendet, von speziellen Hardware-Eigenschaften zu abstrahieren. Diese Abstraktion hat natürlich ihren Preis: Die Abbildung eines Programms einer höheren Programmiersprache in ein ausführbares Maschinenprogramm (nur das versteht ein Computer) muß realisiert werden. Ein großer Teil dieser Realisierung muß in der Programmiersprache selbst geleistet werden, nämlich bei der Definition der Bedeutung (Semantik) eines Programms. Das Programm ist die Spezifikation einer Funktion (oder Applikation), wobei die Funktionalität durch die Semantik des Programms beschrieben wird.

Semantik von Programmen

Wie wird Semantik für Programme definiert? Die Semantik eines Maschinenprogramms ergibt sich sehr einfach als Summe der Auswirkungen der einzelnen Maschineninstruktionen, aus denen das Programm besteht, auf den Zustand des Rechners. Die Bedeutung der Maschineninstruktionen ist auf der mathematischen Abstraktionsebene der Zustandsmaschinen exakt definiert, wenn man die Ebene der Schaltkreise der Hardware-Logik einbezieht, die die Instruktionen ausführt (siehe dazu auch Schaltkreistheorie [Hotz1974]). Eine höhere Programmiersprache hat diesen direkten Bezug auf Logikbausteine verloren und muß deshalb entsprechende Grundlagen zur Definition von Semantik schaffen [Kopp1975]. Auf dieser Basis kann dann die Semantik jedes einzelnen Sprachelementes (oder Anweisung) der Programmiersprache exakt beschrieben werden. Die Semantik eines Programms ergibt sich dann wieder analog zum Maschinenprogramm als Summe der Auswirkungen der einzelnen Anweisungen.

Der Preis für die Abstraktion von der Hardware-Ebene ist also der Aufwand für die Beschreibung der Semantik der Anweisungen der Programmiersprache und zusätzlich für die Realisierung der Abbildung, die ein Programm der Programmiersprache in ein Maschinenprogramm umsetzt. Der Gewinn ist der reduzierte Aufwand, um ein zuverlässiges Programm zu einer gestellten Aufgabe zu konstruieren. In diesem Sinne gibt es Programmiersprachen, die für die Anwendungsentwicklung spezifiziert wurden, wie ADA [Taft1995], CHILL [ITUZ2000], Smalltalk und Java, und solche, die für systemnahe Programmierung entwickelt wurden, wie C [Kern1988] und C++ [Stro1987].

Worin besteht nun die Bedeutung der Semantik von Programmiersprachen für die Software-Entwicklung? Sie muß nicht nur von den Programmierern beherrscht werden, sondern sie hat auch Einflüsse auf die Architektonik, wofür die Java Virtual Machines ein Beispiel sind.

Während der Entwicklung der Architektonik wird die Semantik der Programmiersprache relevant bei der Umsetzung der formalen Darstellung in das Programm (siehe „Logische Stufen" in Kap. 3.2); die Qualität der semantischen Ausdrucksmöglichkeiten bestimmt mit, wie gut dieser Schritt durchgeführt werden kann. Durch diesen Schritt beeinflußt die Programmiersprache die Systemstruktur aus Software und Hardware. Der Grund liegt ganz einfach darin, daß die Beschreibung der Semantik der höheren Programmiersprache, die die Lücke zwischen Programm und Hardware schließen muß, im realen System aus Computer-Hardware und Maschinenprogramm irgendwie in zusätzlicher Software oder Hardware implementiert werden muß.

10.2 Prozesse als konkurrierende Ausführungseinheiten

Echtzeitverhalten und hoher Durchsatz sind wichtige Merkmale von Kommunikationssystemen. Ein Telefonteilnehmer beispielsweise erwartet nach der Wahl einer Telefonnummer eine unmittelbare Reaktion des Systems in Form eines Frei- oder eines Besetztzeichens, und zwar unabhängig von der Tageszeit oder dem Verkehrsaufkommen in seiner Umgebung.

Diese Systemmerkmale sind Eigenschaften des Laufzeitverhaltens der Computerprogramme, die das System realisieren. Anhand des Beispiels der Systemfunktion Verbindungsaufbau zwischen zwei Gesprächsteilnehmern wollen wir untersuchen, wie das Laufzeitverhalten eines Computerprogramms für diese Systemfunktion optimiert werden kann. Wäre der gesamte, für einen Verbindungsaufbau notwendige Programmablauf in sequentieller Form implementiert, so würden sich die Laufzeiten der einzelnen Teilschritte in diesem Ablauf zu einer Gesamtlaufzeit addieren, die zwangsläufig an der Benutzungsschnittstelle beträchtliche Wartezeiten verursachen würde. Die gängige Methode zur Verringerung der Gesamtlaufzeit besteht darin, die zu den Teilschritten gehörenden Programme auf dem Computer nebeneinander, d.h. konkurrierend, auszuführen.

Reduktion der Gesamtlaufzeit

Eine Reduktion der Gesamtlaufzeit kann dann auf drei Wegen erreicht werden:

1. Im Computer stehen mehrere Prozessoren zur Verfügung, die Programme gleichzeitig ausführen.
2. Die Teilschritte werden hinsichtlich ihres Einflusses auf das Echtzeitverhalten gewichtet, so daß die weniger wichtigen zu einem späteren Zeitpunkt durchgeführt werden können. Ein Beispiel für einen sehr wichtigen Teilschritt bei einem Verbindungsaufbau ist die Erfassung der Gesprächszeiten, während die Berechnung der Gebühren mit zeitlich aufwendigen Zugriffen auf die Teilnehmerdatenbank im Sinne des Reaktionsverhaltens weniger wichtig ist.
3. Wartezeiten des Prozessors, die bei der Ausführung der echtzeitkritischen Teilschritte in Punkt 2 auftreten, werden genutzt, um andere Verbindungsversuche zu bearbeiten.

Die Gewichtung der Teilschritte (Punkt 2) optimiert die Reaktionszeit, während die Verzahnung von Teilschritten von unabhängigen Systemfunktionen, wie z.B. ein weiterer Verbindungsaufbau (Punkt 3), den Durchsatz erhöht. Der Einsatz von Multiprozessorsystemen verbessert beide Merkmale.

Echtzeit

Das Ziel bei der Implementierung des Systems besteht also darin, die Betriebsmittel des ausführenden Computers so zu verwalten, daß die Reaktionszeit gegenüber dem Benutzer optimiert wird und als Echtzeit wahrgenommen wird. Dies wiederum setzt voraus, daß die Software so strukturiert wird, daß ihre Ablaufeinheiten im Sinne dieses Ziels geeignet auf Programme abbildbar sind, die konkurrierend ausgeführt werden können.

Prozesse

Programme, die unter der Verwaltung eines Betriebssystems ausgeführt werden und um Betriebsmittel konkurrieren, werden als Prozesse (genauer: Betriebssystemprozesse [Seeg1974]) bezeichnet.

Fassen wir die bisherigen Überlegungen zusammen. Um Echtzeitverhalten zu erreichen, werden Teilschritte oder Teilfunktionen im Systemablauf auf Prozesse abgebildet, die unter Kontrolle des Betriebssystems konkurrierend ablaufen. Des weiteren ist das System so zu strukturieren, daß diese Abbildung zu einem optimalen Laufzeitverhalten führt. Daraus leiten wir ab, daß Prozesse als Strukturierungsmittel wichtige Architekturelemente darstellen.

Die Formulierung der Semantik der Prozesse zur Vervollständigung unseres Architekturkonzeptes ist ausgesprochen schwierig, da Prozesse eng mit realen Betriebssystemen verknüpft sind und dort unterschiedlich implementiert sind. Ein Blick in die Betriebssystembeschreibungen von Großrechnern, Unix-Maschinen oder PCs macht dies deutlich. Die Verwendung von Interpretersprachen wie Java macht die Situation noch komplizierter, da sie analoge Konstrukte mit eigener, implementierungsabhängiger Bedeutung anbieten. Für unsere Zwecke genügt ein vereinfachter Ansatz, der sich auf die Begriffe Programm (siehe Kap. 10.1) und Betriebssystem (siehe z.B. [Seeg1974], [Madn1974]) bezieht. In Ermangelung einer neueren Definition orientieren wir uns an [Seeg1974].

> Ein Prozeß bezüglich eines bestimmten Betriebssystems ist die Ausführung eines oder mehrerer Programme in einem bestimmten Adreßraum, wenn diese Ausführung eine Verwaltungseinheit in dem betreffenden Betriebssystem ist.

Durch diese Sichtweise wird einem Prozeß als Ausführungseinheit eines Computers Laufzeit und Speicher zugeordnet. Durch die Zuordnungen Programm zu Prozeß und Service zu Programm ist die Verbindung zu den Architekturelementen von COSPEL hergestellt.

Der Zusammenhang zwischen der statischen Struktur der Software (Applikation, Schicht, Komponente), ihren funktionalen Einheiten (Services, Programme) und den computerspezifischen Ausführungseinheiten, den Prozessen, ist in der Abb. 10.1 dargestellt.

In der Abbildung werden die Prozesse beispielhaft auf drei Computer verteilt, die für unterschiedliche Funktionen optimiert sind, nämlich Verbindungsaufbau, Teilnehmerdatenbank und Gebührenrechnung.

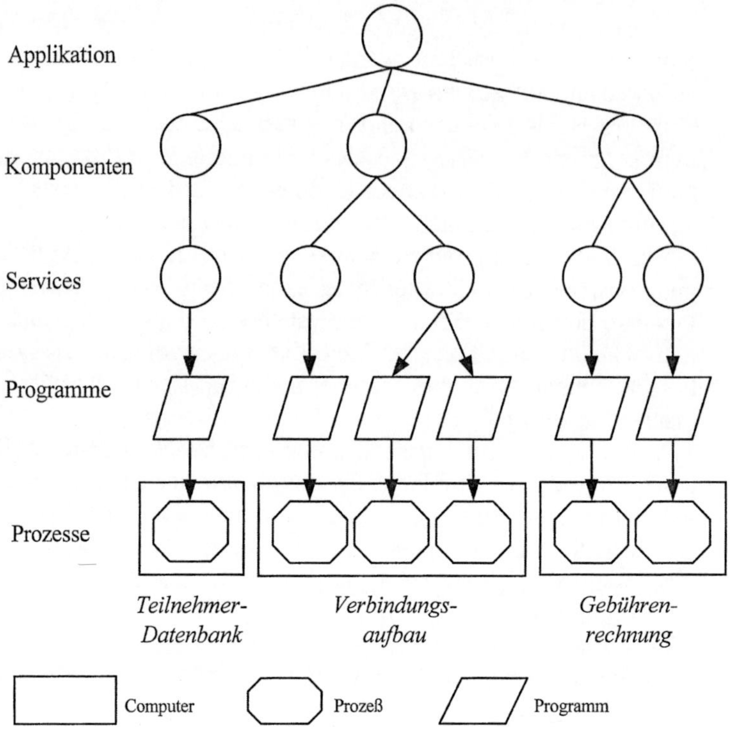

Abb. 10.1: Zusammenhang zwischen Software-Struktur und Prozessen

Als Konsequenz aus den vorangegangenen Überlegungen sind also die für die Systemausführung notwendigen Prozesse frühzeitig bei der Strukturierung der Software des Systems festzulegen. Anschließend ist die Zuordnung zu den zur Implementierung der Services spezifizierten Programmen herzustellen. Die Liste der Prozesse und die Zuordnung zu den Programmen ist in der COSPEL-Spezifikation zu dokumentieren.

10.3 Synchronität, Asynchronität und ihr Zusammenwirken

Eine in Software realisierte Applikation besteht in der Regel aus Programmen, die zur Laufzeit in Prozessen ablaufen und miteinander Daten austauschen. Synchronisationsmechanismen und Datenaustausch bezeichnen wir als Kommunikation.

In Analogie zur Kommunikation im täglichen Leben lassen sich bei Programmen zwei Mechanismen unterscheiden, die synchrone und die asynchrone Kommunikation.

synchrone Kommunikation

Synchrone Kommunikation bedeutet, daß ein Programm Teile eines anderen Programms (ein Unterprogramm) aufruft und auf seine Beendigung wartet. Das Unterprogramm seinerseits kann Ergebnisse von Berechnungen zurückliefern. Beispiele von synchroner Kommunikation finden sich in Programmiersprachen als Prozeduren oder Methoden. Die Zusammenhänge sind umfassend erforscht und die Realisierungen in den Programmiersprachen erprobt. Aus Sicht der Architektur ist die synchrone Kommunikation harmlos.

asynchrone Kommunikation

Anders sieht es bei der asynchronen Kommunikation aus. In diesem Fall aktiviert ein Programm ein Unterprogramm eines anderen und fährt anschließend mit der eigenen Ausführung fort. Dabei kann auch ein Datenaustausch stattfinden. Geeignete Kommunikationsmechanismen erlauben es, bei der Aktivierung des Unterprogramms Daten zum Unterprogramm zu übertragen. Umgekehrt kann das Unterprogramm vor Beendigung Quittungen zurückgeben. Programm und Unterprogramm werden konkurrierend ausgeführt (siehe Prozeß in Kap. 10.2). Die Zusammenhänge bei asynchroner Kommunikation werden oft durch Automaten [Herte1994] beschrieben. Einige Programmiersprachen unterstützen asynchrone Kommunikation explizit, wie zum Beispiel CHILL (Signale, Buffer, Send, Receive usw.) und ADA (Task, Accept usw.). Obwohl asynchrone Kommunikation aus Sicht der Architektur eine wichtige Rolle spielt, wird sie bei weitem nicht so konsequent in der Architektur behandelt.

Kopplung synchron/asynchron

Insbesondere ist die Situation, daß synchrone und asynchrone Kommunikation in einem Programm gekoppelt werden müssen, unserer Ansicht nach bisher nicht adäquat gelöst.

Die Problematik besteht darin, daß der synchrone Aufruf im gerufenen Programm asynchron, d.h. durch einen Automaten gesteuert, bearbeitet wird. Es findet also ein synchroner Datenaustausch mit einem Automaten statt.

Ein derartiges Zusammenwirken zwischen synchroner und asynchroner Kommunikation findet sich nicht nur in Kommunikationssystemen, sondern auch in komplexen Systemen der Regelungstechnik und Prozeßautomatisierung.

Ein einfaches Beispiel zur Erläuterung dieser Situation ist die EC-Kasse, die in Kap. 11.5 detailliert ausgeführt ist. An dieser Stelle wollen wir lediglich die grundsätzliche Situation darstellen:

- Der Kunde an der EC-Kasse wartet, bis sein Bezahlvorgang komplett durchgeführt worden ist und er einen Beleg erhalten hat (synchrone Kommunikation).
- Die betroffene Bank, an der viele EC-Kassen angeschlossen sind, wird die einzelnen Bezahlvorgänge konkurrierend ausfüh-

ren müssen, um die Wartezeiten der einzelnen Kunden zu optimieren (asynchrone Kommunikation).

- In einigen Fällen wird sie noch die Bonität des Kunden bei einer zentralen Kreditauskunft überprüfen (asynchrone Kommunikation).

Der Zusammenhang läßt sich durch einen Automaten beschreiben, wobei die Zustände des Automaten durch Kreise (mit Zustandsnamen) und die Übergänge zwischen Zuständen durch Pfeile (mit Transitionsnamen) dargestellt werden. Diese Beschreibung entspricht den sogenannten State-Overview-Diagrammen.

Abb. 10.2: Kopplung von synchroner und asynchroner Kommunikation

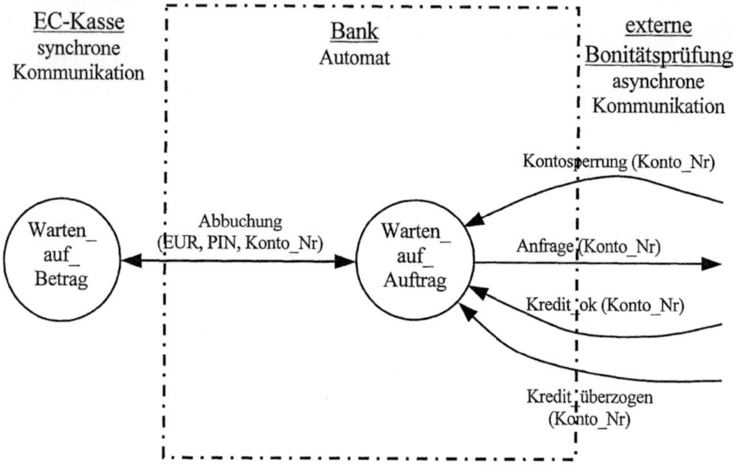

EC-Kassen funktionieren, wie wir aus dem täglichen Leben wissen. Die Frage ist aber, wie werden sie spezifiziert? Im folgenden wird eine Lösung in COSPEL aufgezeigt.

In der geschilderten Konstellation treffen zwei inkompatible Welten aufeinander, nämlich die objekt- beziehungsweise prozedurorientierte auf die automatengesteuerte Welt. Unsere Lösung zur Beseitigung der Inkompatibilität besteht darin, die synchrone Prozedur (mit Namen *Procedure*), die im definierenden Programm (der Bank) in einem Automaten eingebunden ist, in drei Teilen zu realisieren und entsprechend zu spezifizieren:

- Der erste Teil der Prozedur stellt den Aufruf der Prozedur mit Übergabe der Parameter dar, ausgedrückt durch *IN* (Beispiel: *IN (Procedure)*).
- Der zweite Teil der Prozedur umfaßt die eigentlichen Aktionen, die im Automaten mittels *TASK* (Beispiel: *TASK (Procedure)*) angesprochen werden können.

- Der dritte Teil enthält Aktionen zur Übertragung von Quittungen an den Aufrufer (die EC-Kasse), dargestellt durch *OUT* (Beispiel: *OUT (Procedure)*).

Bei der Spezifikation des Automaten im definierenden Programm werden diese drei Prozedurteile zur Darstellung der asynchronen Kommunikation verwendet, während im Entwurf des aufrufenden Programms lediglich ein synchroner Prozeduraufruf steht.

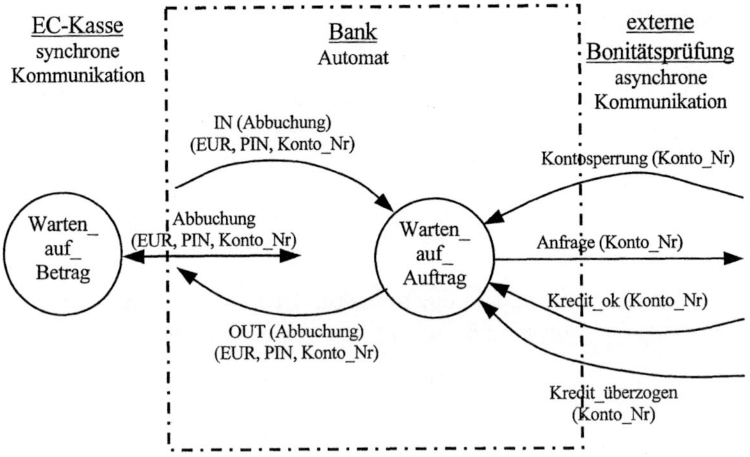

Abb. 10.3: Bankautomat mit asynchroner Kommunikation

Damit haben wir in COSPEL eine Lösungsmöglichkeit für derartige Konstellationen geschaffen (Details siehe Kap. 11.3). Es stellt sich allerdings für uns die Frage, ob es elegantere Lösungen gibt.

10.4 Prozeßkonzept in CHILL

Die Programmiersprache CHILL ist als Spezialsprache für Telekommunikationssysteme von der International Telecommunication Union (ITU, [ITUZ2000]) entwickelt und standardisiert worden. Sie wird von verschiedenen Herstellern (Siemens, Alcatel) zur Entwicklung ihrer Telefonvermittlungssysteme eingesetzt. Zur Unterstützung der hohen Parallelität in Vermittlungssystemen stellt CHILL ein Prozeßkonzept mit asynchronen Kommunikationsmitteln zur Verfügung. Dieses Konzept wollen wir im folgenden kurz erläutern. Weitere Details finden sich in der Beschreibung von CHILL, der ITU-T Recommendation Z.200.

Zur Konstruktion *Prozeß* (engl. *Process*) formuliert Z.200 folgendermaßen:

Syntax

<process definition statement> ::=
<process name> **: PROCESS** ([*<formal parameter list>*])
<process body> **END**

Semantik

Ein *process definition statement* definiert eine möglicherweise parametrisierte Folge von Aktionen, die für eine konkurrierende Ausführung an verschiedenen Plätzen im Programm gestartet werden kann.

Erläuterungen zur Syntax: Die Klammern „<" und „>" markieren nichtterminale Symbole im Sinne der Programmiersprache, während „[" und „]" optionale Symbole kennzeichnen. Ein Prozeß hat einen Namen *process name* (analog zu Prozeduren in Programmiersprachen); **PROCESS** und **END** sind Schlüsselwörter zur Begrenzung der Prozeßdefinition; *process body* faßt die Aktionen zusammen.

Für die weitere Betrachtung ist die Semantik der Begriffe *konkurrierende Ausführung*, *Starten* und *Platz im Programm* wichtig.

- *Starten* eines Prozesses erfolgt durch die Ausführung der CHILL-Anweisung START. Sie verursacht die Aktivierung eines Prozesses und übergibt die Programmausführung an seine erste Aktion.
- *Konkurrierende Ausführung* bedeutet, daß ein Prozeß, der durch Ausführung einer START-Aktion aktiviert wurde, konkurrierend mit dem startenden Prozeß und anderen aktiven Prozessen ausgeführt wird.
- *Platz im Programm* bedeutet jede Stelle im Programm, an der eine CHILL-Aktion stehen kann.

Das Prozeßkonzept von CHILL ist vollständig beschrieben, wenn der Begriff *Programm* eingeführt ist.

Syntax

<program> ::= {*<module>*}$^{+}$

Semantik

Ein *program* besteht aus einer Liste von Modulen, umgeben von einem *imaginary outermost process*.

Erläuterungen zur Syntax: Die Schreibweise „$\{\ldots\}^{+}$" gibt an, daß der Inhalt der geschweiften Klammer beliebig oft wiederholt sein kann, aber mindestens einmal auftreten muß. Ein *module* ist diejenige syntaktische Einheit in CHILL, die alle für sie erforderlichen Datendefinitionen, Prozeduren, Prozesse und andere Anweisungen umfaßt. Für unsere Betrachtung sind die Details nicht relevant.

Jede formale Definition einer Programmiersprache muß die Einbettung der durch sie definierten Programme in eine sogenannte Ablaufumgebung als Übergang zu einem realen Computer vornehmen. Dies erfolgt in der Definition von CHILL mit Hilfe des *imaginären äußersten Prozesses*. Er stellt eine virtuelle Ablaufumgebung des Programms dar, mit dessen Hilfe die notwendigen Betriebsmittel bereitgestellt werden.

Einbettung in Ablaufumgebung

Die Semantik eines Prozesses innerhalb eines CHILL-Programms ist vollständig beschrieben durch den „imaginären äußersten Prozeß", eine START-Anweisung, die entweder im „imaginären äußersten Prozeß" oder an einer anderen Stelle im Programm ausgeführt wird, und die Folge der Aktionen innerhalb der Prozeßdefinition.

Um den Bezug zur Realität eines Computers herzustellen, muß diese virtuelle Laufzeitkonstruktion „imaginärer äußerster Prozeß" implementiert werden, und zwar entweder als Software oder als Hardware.

Für das Siemens-System EWSD wurde folgende Lösung gewählt. Das „kontrollierende System" ist zum einen der sogenannte Boot-Vorgang der Computer-Hardware nach Einschalten des Stroms, durch den die START-Anweisungen für alle zur Grundausstattung des Systems gehörenden Prozesse ausgeführt werden. Zum anderen ist es das Bedienpersonal, das mittels Bedienkonsole START-Anweisungen für Prozesse, die noch nicht in Ausführung sind, bei Bedarf ausführen kann.

Der „imaginäre äußerste Prozeß" ist bei EWSD das sogenannte CHILL-Betriebssystem, das alle Aufgaben eines klassischen Betriebssystems zur Verwaltung von Betriebsmitteln wahrnimmt und darüber hinaus Spezialfunktionen zur Realisierung von CHILL-Anweisungen bereitstellt. Es gibt also unter anderem eine Funktion, die die START-Anweisung von CHILL exakt realisiert, d.h. den Speicherbereich des Prozesses bereitstellt und die Startadresse des Prozesses an die Instruktionseinheit der Computer-Hardware übergibt. Im Falle von EWSD handelt es sich um ein Spezialbetriebssystem zur Unterstützung der speziellen Computer-Hardware für Telefonvermittlungssysteme.

Um die Semantik des Prozesses vollständig zu beschreiben, sind schließlich noch die Aktionen zu betrachten, die in der Prozeßdefinition aufgeführt sind. Bei ihnen handelt es sich um Anweisungen der Programmiersprache, deren Semantik durch geeignete Methoden definiert werden. In der Regel werden sie in Sequenzen von Maschinenbefehlen der Computer-Hardware abgebildet, die direkt ausgeführt werden können.

10.5 Abhängigkeit zwischen Programmiersprache und Betriebssystem

Es ist natürlich möglich, anstelle eines Spezialbetriebssystems kommerzielle Betriebssysteme wie Unix, DOS oder Windows zu verwenden. Dann ist allerdings die nicht immer ganz einfache Aufgabe zu lösen, die Semantik der Sprachelemente der Programmiersprache auf die Semantik der elementaren Funktionen des Betriebssystems und die Maschinenbefehle des verwendeten Prozessors abzubilden, denen unter Umständen andere Konzepte zur Realisierung von parallelen Abläufen zugrunde liegen. Beispielswiese sind solche Abläufe in den Betriebssystemen Unix und Windows mit unterschiedlicher Semantik implementiert.

Eine weitere Möglichkeit, die Semantik einer Programmiersprache ohne direkte Zuhilfenahme eines Betriebssystems zu realisieren, ist der Einsatz eines Interpreters. Darunter ist ein Programm zu verstehen, das auf einem Computer abläuft und die Anweisungen einer Programmiersprache interpretiert: Der Interpreter liest das Programm der Programmiersprache, analysiert die Anweisungen und führt auf dem Computer Aktionen aus, die der Semantik der jeweiligen Programmanweisung entsprechen. Das heute bekannteste Beispiel dieser Lösung ist die Programmiersprache Java mit der Java Virtual Machine (Java-VM) als Interpreter.

Als letzte Möglichkeit sei noch die Lösung erwähnt, die Anweisungen der Programmiersprache als Instruktionen in Hardware zu realisieren. Man erhält also eine Computer-Hardware mit sehr mächtigen Maschinenbefehlen. Aus Gründen der Kosten und der fehlenden Flexibilität hat diese Lösung wenig Bedeutung.

Abb. 10.4 zeigt zusammenfassend die drei Möglichkeiten der Realisierung einer höheren Programmiersprache. Dazu betrachten wir die Programmiersprache P und ein Programm $p \in P$, das aus den Anweisungen anw_1 bis anw_n besteht, d.h., $p = \{anw_1, anw_2, \ldots, anw_n\}$:

- Das Programm wird in die Maschinenbefehle mi_1 bis mi_k übersetzt und auf dem Computer ausgeführt.
- Das Programm wird in die maschinenunabhängigen Instruktionen int_1 bis int_m übersetzt, die vom Interpreter auf dem Computer simuliert werden.
- Das Programm wird identisch auf der Hardware ausgeführt.

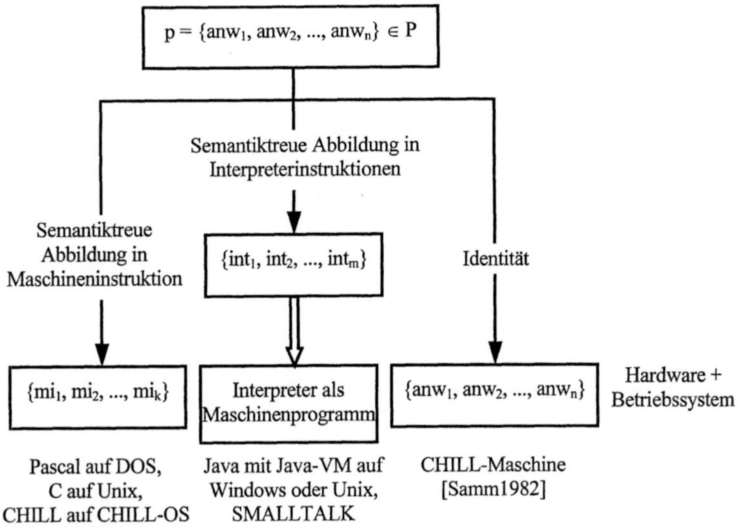

Abb. 10.4: Realisierung höherer Programmiersprachen

10.6 Auswahlkriterien für eine Programmiersprache

Die Auswahl der Programmiersprache für ein Projekt hat also auch wesentliche Auswirkungen auf das Produkt, da dadurch die Architektonik von Software und Hardware und der Aufwand für die Implementierung maßgeblich beeinflußt wird. Die Wahl der Programmiersprache kann natürlich insbesondere durch spezielle Anforderungen der Applikation wie Reaktionszeit und verfügbarer Speicher eingeschränkt werden.

Produktivität

Wie eingangs erwähnt, bedeutet der Einsatz einer höheren Programmiersprache eine Produktivitätssteigerung in der Software-Entwicklung gegenüber der Verwendung von Assembler- oder Maschinensprachen. Dabei spielen zwei Aspekte eine Rolle. Die Abstraktion von der Hardware entlastet von maschinenspezifischen Details; diese Arbeit wird von Compilern durchgeführt. Der zweite Aspekt ist die Verfügbarkeit von Funktions- und Klassenbibliotheken, die eine Vielzahl von verifizierten „Programmbausteinen" enthalten, die relativ einfach in neuen Programmen verwendet werden können (z.B. gibt es im Bereich der Entwicklung grafischer Oberflächen umfangreiche Klassenbibliotheken für C++ und Java). Der erste Aspekt, die Abstraktion von der Hardware, wirkt weniger direkt produktivitätssteigernd auf ein Projekt, da für die meisten großen Software-Projekte gilt, daß das Programmieren nur höchstens 30%

des Gesamtaufwands beträgt. Wählt man eine Programmiersprache mit doppelter Produktivität, wird der Gesamtaufwand lediglich um 15% reduziert. Das Thema wird z.B. von Capers Jones (Software Productivity Research [Jone2000]) bearbeitet.

Laufzeit

Produktivität ist nicht das einzige Kriterium zur Auswahl einer Programmiersprache, wie in Kap. 4 anhand der Applikation Click-to-Dial gezeigt wurde, bei dem die Reaktionszeit des Systems eine wichtige Rolle spielt. Die Realisierung der Semantik durch Hardware und Software verlangsamt sozusagen das aus einem Programm einer höheren Programmiersprache generierte Maschinenprogramm (siehe Abb. 10.4) gegenüber einem von Hand erstellten Maschinenprogramm, das dieselbe Applikation implementiert. Die dynamische Leistungsfähigkeit (kurz: Dynamik) einer Programmiersprache kann man anhand der Laufzeitdifferenz zwischen einem „optimalen" Programm zu einem „optimalen", von Hand entwickelten Maschinenprogramm definieren. Je kleiner der Abstand, desto leistungsfähiger ist die Programmiersprache. Die Programmiersprache C ist sicher ein Beispiel für eine im Sinne der Dynamik gute Programmiersprache.

Zuverlässigkeit

Ein weiteres Kriterium ist die Unterstützung der Zuverlässigkeit durch eine Programmiersprache, d.h. die Fähigkeit der Programmiersprache, aufgrund ihrer Konzepte Fehler bei der Programmierung zu vermeiden, insbesondere bei der verteilten Entwicklung großer Systeme. Dieser Aspekt ist z.B. im Flugzeugbau und bei der Verkehrstechnik von großer Bedeutung. Die Zuverlässigkeit (Beispiele für solche Programmiersprachen sind Pascal, CHILL und ADA) kann allerdings zu Einbußen bei der Dynamik führen.

Applikationstypen

Die verschiedenen höheren Programmiersprachen, die derzeit im Einsatz sind, wurden in der Regel mit dem Ziel entwickelt, bestimmte Applikationstypen zu unterstützen: FORTRAN für die schnelle Ausführung numerischer Berechnungen, C für die Entwicklung von Betriebssystemen, CHILL für die Entwicklung von Kommunikationssystemen und ADA für militärische Systeme. Aus diesem Grund unterscheiden sich die Programmiersprachen hinsichtlich der verschiedenen Kriterien.

Aus Sicht der industriellen Produktentwicklung hat das Kriterium Produktivität generell eine große Bedeutung. Für den in dieser Arbeit betrachteten Applikationstyp Kommunikationsnetze spielt neben der Zuverlässigkeit die Dynamik eine große Rolle. Die folgende Abb. 10.5 gibt einen groben Überblick über die Einordnung bekannter Programmiersprachen hinsichtlich der Kriterien Dynamik und Produktivität. Dabei liegt auf der Hand, daß eine Maschinensprache die höchste Dynamik und niedrigste Produktivität aufweist.

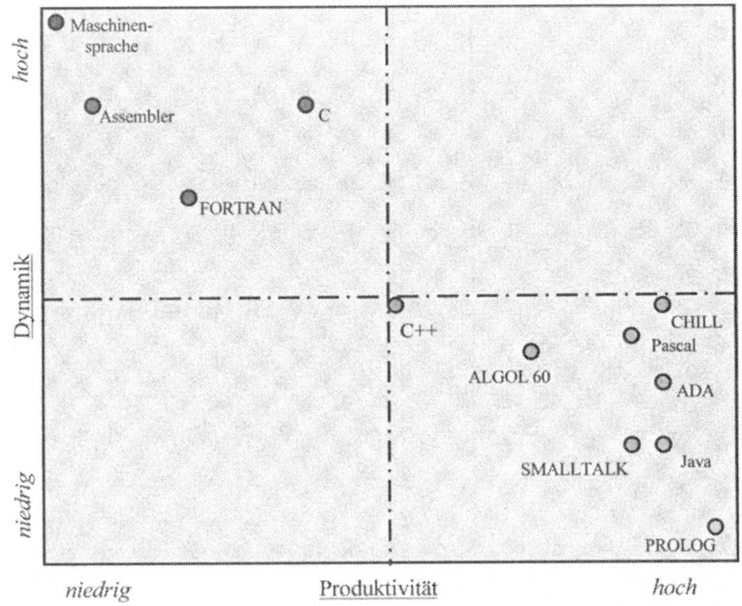

Abb. 10.5: Einordnung der Programmiersprachen

Programmiersprachen mit hoher Produktivität wie Java, SMALLTALK und PROLOG eignen sich besonders für Prototyping (kurze Entwicklungszeit!).

Die Produktivität ergibt sich teilweise durch einfache Sprachkonstrukte sowie die Verwendung von mächtigen Bibliotheken, die die Wiederverwendung von ausgetesteten Programmteilen ermöglichen.

Weil der Markt der Echtzeit-Software deutlich kleiner ist als der Markt der transaktionsorientierten Datenverarbeitung, bestimmt letzterer den Standard der Programmiersprachen [Zöbe1995].

10.7 Fazit

Die Programmiersprache ist eine Abstraktionsschicht zwischen Applikation und Computer. Die Sprachmittel sollten die Spezifikation der Applikation in natürlicher Weise ermöglichen.

Die Programmiersprache kann nicht unabhängig vom Betriebssystem gesehen werden.

Nur wenige Programmiersprachen sind zur Entwicklung von Echtzeitsystemen geeignet. Die Auswahl einer Programmiersprache anhand ihrer Marktgängigkeit erfordert Kompromisse.

11 Formale Grundlage der Architekturelemente

In den vorherigen Kapiteln wurden zur Darstellung der Architektonik eines Software-Systems verschiedene Modelle verwendet. Das Schichtenmodell auf der Basis von Komponenten diente der Darstellung statischer Zusammenhänge, während die dynamischen Eigenschaften mittels Signal- und Komponentenmodell aufgezeigt wurden. Dabei wurde auf eine präzise Definition der Modelle aus Gründen der Anschaulichkeit und Übersichtlichkeit verzichtet. Allerdings ist das Thema Software-Architektur grundsätzlich mit einer gewissen inhärenten Unschärfe behaftet, die durch unklare Begriffe nicht verstärkt werden sollte. Aus diesem Grund versuchen wir im folgenden, die aus unserer Sicht wichtigen Architekturelemente soweit formal zu definieren, daß keine Mißverständnisse hinsichtlich ihrer Semantik und Verwendung bestehen sollten. Dabei werden zur wieteren Vertiefung die uns zugänglichen Verweise auf theoretische Grundlagen angegeben.

11.1 Semantik der Signalmodelle

Die Definition erfolgt in Anlehnung an Z.120 [ITUZ1999]. Es wird eine Beschränkung auf einen Basis-MSC (Message Sequence Chart) Subset vorgenommen, der die Sprachelemente der MSC-Beispiele aus dem Kap. 4 „Beispiel einer Software-Architektonik" abdeckt: *instance*, *message*, *method*, *reply*.

Das wesentliche Anwendungsgebiet von MSCs ist eine Übersichts-Spezifikation für das Kommunikationsverhalten von Echtzeitsystemen. Mittels MSCs werden ausgewählte Systemabläufe, in erster Linie Standardfälle, spezifiziert. Nichtstandardfälle, die Ausnahmefälle behandeln, können darauf aufsetzen.

MSCs können eingesetzt werden zur Requirement-Spezifikation, Schnittstellenspezifikation, Simulation und Validation und Testfallspezifikation von Echtzeitsystemen. Im allgemeinen werden MSCs in Verbindung mit anderen Spezifikationssprachen eingesetzt, z.B. UML-Klassendiagrammen oder SDL-Diagrammen.

Ein MSC beschreibt einen Nachrichtenfluß zwischen Instanzen von Prozessen, zwischen erzeugten Objekten und zwischen Komponenten.

Das folgende **Beispiel** beschreibt den Nachrichtenfluß in Form von *messages* bei einer öffentlichen **Telefonvermittlung** (Public Switched Telephone Network) zwischen beteiligten Prozeßinstanzen.

Abb. 11.1: MSC 'PSTN-Vermittlung'

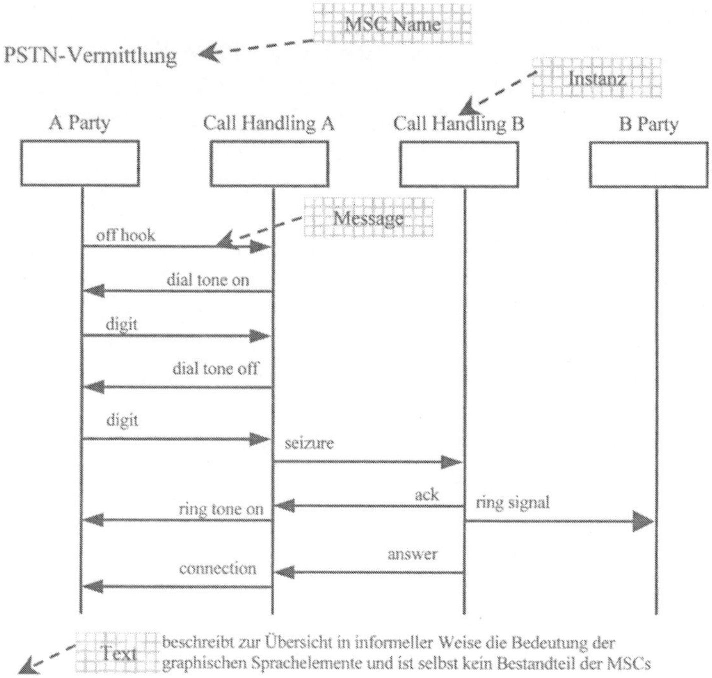

Konkrete graphische Grammatik:

Message Sequence Chart

<msc diagram> ::= <msc name> <msc body>

<msc body> ::= <instance layer> <event layer>

<instance layer> ::= {<instance>*} ***set***

Das Metasprachelement ***set*** ist ein Postfix-Operator, der direkt auf die vorhergehenden syntaktischen Elemente in den geschweiften Klammern angewendet wird und eine (ungeordnete) Menge von Items anzeigt.

<event layer> ::= <instance event> | <instance event> ***above*** <event layer>

Das Metasprachelement ***above*** bezeichnet die logische Abfolge. Dieses wird geometrisch durch eine vertikale Abfolge zum Ausdruck gebracht.

<instance event> ::= <message>
|<method call>

Semantik

Ein MSC beschreibt die Kommunikation zwischen einer Anzahl von Prozeßinstanzen, zwischen Objekten oder zwischen Komponenten, im folgenden kurz Instanzen genannt. Für jede Instanz, die im MSC vorkommt, gibt es eine Instanzachse, die eine „lifeline" repräsentiert. Die Kommunikation zwischen Instanzen erfolgt mittels *messages* oder *method calls*. Das Senden und Empfangen von *messages* sind zwei asynchrone Ereignisse. Ein *method call* ist asynchron oder synchron, je nachdem, ob auf einen *reply* des *method calls* gewartet wird.

Es wird keine globale Zeitachse für ein MSC angenommen. Entlang jeder Instanzachse läuft die Zeit von oben nach unten, jedoch ohne eine genaue Zeitskala. Entlang jeder Instanzachse wird eine kausale Zeitordnung der Ereignisse angenommen. Ereignisse zwischen verschiedenen Instanzen werden durch *messages* oder *method calls* geordnet: Eine *message* bzw. ein *method call* muß zuerst gesendet bzw. aufgerufen werden, bevor der Empfang konsumiert werden kann.

Instance

<instance> :: = <instance head> ***is followed by*** <instance axis symbol>

Das Metasprachelement ***is followed by*** bezeichnet sowohl die logische als auch die geometrische Abfolgerelation.

<instance head> :: = <instance head symbol> ***is associated with*** <instance name>

Das Metasprachelement ***is associated with*** bedeutet, daß ein Symbol um einen Textstring erweitert wird. Geometrisch muß die Zuordnung ersichtlich sein.

<instance head symbol> :: = 

<instance axis symbol> :: = |

Semantik

Im *msc body* werden die Instanzen definiert. Das *instance head symbol* bezeichnet den Start der Beschreibung einer Instanz innerhalb des MSCs. Eine Instanz kann je nach Kontext einen Prozeß, ein Objekt oder eine Komponente repräsentieren.

Message

<message> ::= <message symbol>
is associated with <msg identification>
is attached to {<message output> <message input>}

Das Metasprachelement ***is attached to*** bedeutet eine logische und geometrische symmetrische Relation.

<msg identification> ::= <message name> [(<parameter list>)]

<message output> ::= <message output symbol>
is attached to <instance axis symbol>
is attached to <message symbol>

<message output symbol> :: = <void symbol>

<void symbol> ::= .

<void symbol> ist ein geometrischer Punkt ohne räumliche Ausdehnung.

message output symbol ist nur ein Punkt auf der Instanzachse. Das Ende des *message symbols*, das keinen Pfeil hat, liegt ebenfalls auf diesem Punkt auf der Instanzachse.

<message input> ::= <message input symbol>
is attached to <instance axis symbol>
is attached to <message symbol>

<message input symbol> :: = <void symbol>

message input symbol ist nur ein Punkt auf der Instanzachse. Das Ende des *message symbols*, das der Pfeil ist, zeigt ebenfalls auf diesen Punkt der Instanzachse.

<message symbol> ::= ⟶

Semantik

Für ein MSC bedeutet der *message output* das Senden einer *message* und der *message input* das Konsumieren einer *message*. Es gibt kein spezielles Konstrukt für den *message*-Empfang (Input in einen Buffer).

Das folgende **Beispiel** beschreibt den Nachrichtenfluß in Form von Methodenaufrufen zwischen beteiligten Objekten des **PSTN Internet Interworking Service „Click-to-Dial"**.

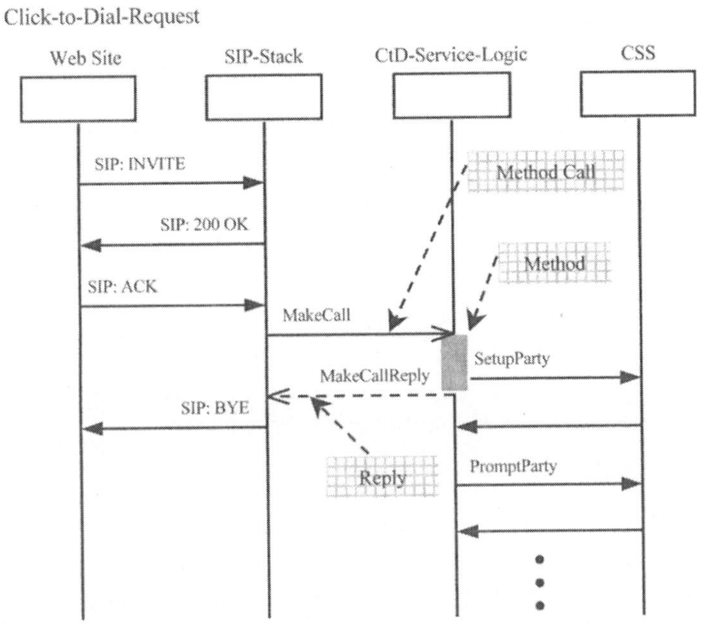

Abb. 11.2: MSC 'Click-to-Dial-Request'

Method

<method call> ::= <method call symbol>
is associated with <method identification>
is attached to {<method start> <method end>}

<method call symbol> ::= ⟶

<method identification> ::= <method name> [(<parameter list>)]

<method start> ::= <call out symbol>
is attached to <instance axis symbol>
is attached to <method call symbol>

<call out symbol> ::= <void symbol>

<method end> ::= <call in symbol>
is attached to <instance axis symbol>
is attached to <method call symbol>
is attached to {<method area>}

<call in symbol> ::= <void symbol>

<method area> ::= <method symbol>
is attached to <instance axis symbol>

<method symbol> ::= 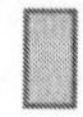

<reply> :: = <reply symbol>
is associated with <method name>
is attached to {<reply start> <reply end>}

<reply start> ::= <reply out symbol>
is attached to <instance axis symbol>
is attached to <reply symbol>
is attached to {<method area>}

<reply out symbol> ::= <void symbol>

<reply end> ::= <reply in symbol>
is attached to <instance axis symbol>
is attached to <reply symbol>

<reply in symbol> ::= <void symbol>

<reply symbol> ::= ----->

Semantik

Ein MSC kann Kontrollflüsse nicht nur durch asynchrone *messages*, sondern auch durch *method calls* und *replies* beschreiben.

Ein *method call* kann entweder asynchron oder synchron sein. Ein asynchroner *method call* impliziert, daß der Caller fortfahren kann ohne auf einen *reply* des *method calls* zu warten. Auf der anderen Seite impliziert ein synchroner *method call*, daß der Caller eine „suspension region" betritt, in der keine Events auftreten bis der *reply* des *method calls* zurückkommt.

Static Conditions

Ein *method symbol* beginnt mit dem eingehenden *method call.*

Wenn es einen *reply* gibt, geht dieser vom Ende des *method symbols* aus.

Im dynamischen Ablauf müssen *method call* und *reply* (sofern dieser auftritt) paarweise auftreten, d.h., ein *reply* ist genau einem *method call* zugeordnet.

11.2 Semantik der Komponentenmodelle

Die Notation zur Beschreibung der Komponentenmodelle entspricht der einer höheren Programmiersprache. Die Einführung einer eigenen Notation ist aus folgendem Grund sinnvoll: Das Komponentenmodell als Architekturelement sollte einerseits nach Möglichkeit von spezifischen Details realer (d.h. auf Computern ausführbaren) Programmiersprachen (Computersprache) unberührt bleiben, andererseits aber leicht zur Realisierung in eine Computersprache transformiert werden können. In diesem Sinne stellt die Notation zwar eine Abstraktion von Computersprachen, aber trotzdem ein Programmiersystem dar, wobei wir unter Programmiersystem eine mathematische Maschine als Abstraktion eines Computers verstehen.

Es stellt sich die Aufgabe, ein Programmiersystem zu definieren, das zwei Bedingungen erfüllt:

- Es erlaubt in adäquater Weise die Beschreibung der Komponentenmodelle als Bestandteil der Architektonik eines Software-Systems.
- Die Abbildung des Komponentenmodells in ein Computerprogramm (z.B. C++, CHILL, Java) ist in „natürlicher" Weise möglich.

Unser Vorgehen orientiert sich an einer Theorie der Programmiersprachen [Kopp1975], die die Semantik einer Programmiersprache mit Hilfe der Automatentheorie über mathematische Maschinen definiert: Die Bedeutung eines Programms wird mit Hilfe einer mathematischen Maschine repräsentiert.

Es ist nicht unser Ziel, hier die Theorie darzustellen (Interessierte können sich über obigen Literaturhinweis weiter informieren), sondern vielmehr das Komponentenmodell intuitiv in Anlehnung an diese Theorie zu definieren. Zur Erläuterung des Prinzips benötigen wir lediglich einen kleinen Einblick in die Theorie.

mathematische Maschine

Eine mathematische Maschine kann in Anlehnung an die Automatentheorie als Abbildung

$$\sigma : K \rightarrow K$$

aufgefaßt werden, wobei K als Konfigurationenmenge und σ als Überführungsfunktion der Maschine $<\sigma, K>$ bezeichnet wird. Konfigurationenmenge wird oft auch als Zustandsmenge bezeichnet.

Die Konfigurationenmenge kann als der gesamte Rechenspeicher einer abstrakten Rechenmaschine angesehen werden, der sowohl das Programm als auch die Daten enthält. Die Abbildung σ ist dann eine Interpretation der Anweisungen eines Programms mit den entsprechenden Auswirkungen auf den Speicher, d.h. die Konfigurationenmenge. Berücksichtigt man, daß während der Interpretation eines Programms auch das Programm selbst verändert werden kann (siehe ALGOL-Beispiel im folgenden Text), so muß der Programmspeicher in die Konfigurationenmenge einbezogen werden.

Sei also Π eine Programmiersprache und π ein Programm dieser Programmiersprache ($\pi \in \Pi$), so kann man unter der Semantik von Π für eine Konfigurationenmenge K (K hängt vom speziellen Computer ab) eine mathematische Maschine $<\delta, \Pi \times K>$ verstehen:

$$\delta : \Pi \times K \rightarrow \Pi \times K.$$

Inwieweit hilft dieser Ansatz bei dem Vorhaben, die Semantik des Komponentenmodells zu beschreiben?

Wir erhalten eine einfache Anleitung für das Vorgehen! Betrachten wir zunächst den einfachsten Fall in der Praxis, nämlich eine Maschinensprache. Ein Programm π besteht hier stets aus einer linearen Folge von „Befehlen" ohne Programmodifikationen, die unabhängig voneinander interpretiert werden können. Damit vereinfacht sich die Abbildung δ zu

$$\delta(\pi) : K \rightarrow K$$

und kann wie folgt bestimmt werden.

1. Schritt: Es wird festgelegt, wie die Befehle als Abbildung von K in sich zu interpretieren sind.
2. Schritt: Man gibt an, in welcher Reihenfolge die Befehle von π interpretiert werden sollen, wenn die Abbildung $\delta(\pi)$ iteriert wird (üblicherweise zeilenweise) beginnend mit einem Anfangszustand $(\pi_0, k_0) \in \Pi \times K$.

Durch die beiden Schritte, nämlich die Verankerung der Semantik auf den syntaktischen Grundelementen der Sprache und durch die Programmorganisation wird in diesem Fall die Maschine $<\delta, \Pi \times K>$ vollständig beschrieben.

$<\delta, \Pi \times K>$ stellt ein Programmiersystem dar.

Das geschilderte Verfahren funktioniert auch bei höheren Programmiersprachen, die allerdings im folgenden Sinne komplizierter sind:

1. Die Grundeinheiten, aus denen die Programme aufgebaut sind, sind umfangreicher und von komplizierterer Struktur.
2. Die Interpretation der Grundeinheiten ist nicht mehr unabhängig vom Rest des Programms möglich. Die Kontextbedingungen dafür sind jedoch von sehr einfacher Art.
   ALGOL-Beispiel Laufanweisung:
   <u>for</u> N := 0 <u>step</u> 1 <u>until</u> M <u>do</u> A [N] := B [M-N];
3. Der Aufbau von Programmen aus Elementarbausteinen unterliegt komplizierteren Bedingungen als bei Maschinensprachen.

Damit kann man das obige Verfahren in den meisten Fällen leicht anpassen:

1. Schritt: Man gibt für die Grundeinheiten (meist Programmzeilen) an, wie sie als Abbildung von K in sich interpretiert werden sollen, in Abhängigkeit vom Kontext des Programms, z.B. von Programmvereinbarungen (Variablen).

2. Schritt: Man gibt an, in welcher Reihenfolge die Grundeinheiten von π interpretiert werden sollen, wenn die Abbildung $\delta(\pi)$ iteriert wird, beginnend mit einem Anfangszustand $(\pi_0, k_0) \in \Pi \times K$.

Übersetzung von Programmiersprachen

Mit dieser Definition der Semantik einer höheren Programmiersprache läßt sich die Bedeutung eines speziellen Programms eindeutig beschreiben. Von einem praktischen Standpunkt aus ist dies allerdings nicht ganz befriedigend, da man eigentlich an einem Programm interessiert ist, das auf einem realen Computer „ausgeführt" wird und nützliche Ergebnisse berechnet. Die einzigen unmittelbar ausführbaren Programme sind Maschinenprogramme. Ausgehend von höheren Programmiersprachen muß also ein Übergang zur Maschinensprache eines realen Computers gefunden werden. Diesen Übergang nennt man „Übersetzen" (engl. „Compile"). Wohlbekannt sind Übersetzer (oder Compiler) für C, C++, CHILL, ADA, FORTRAN usw. Wozu benötigen wir den Begriff Übersetzen? Wir benötigen ihn immer dann, wenn Eigenschaften eines Maschinenprogramms wie Speicherbedarf und Rechenzeitverbrauch einem semantisch äquivalenten Programm einer höheren Programmiersprache zugeordnet werden müssen, was bei dem Entwurf eines Software-Systems an vielen Stellen erforderlich ist.

In der oben erwähnten Theorie sind Übersetzungen formal definiert über den Begriff „Simulation" zwischen mathematischen Maschinen. Der Formalismus soll an dieser Stelle nur so weit getrieben werden, bis die für das Verständnis des Komponentenmodells relevanten Begriffe erläutert sind.

Semantik von COSPEL

Kehren wir zurück zum Komponentenmodell. In den folgenden Unterkapiteln wird die zugrundeliegende Komponentenbeschreibungssprache COSPEL (Component Specification Language) als spezielle Spezifikationssprache definiert. Die Semantikbeschreibung mittels Programmiersprachensystem $<\delta, \Pi \times K>$ läßt sich auch auf COSPEL anwenden.

In COSPEL werden die in den vorhergehenden Kapiteln eingeführten Architekturelemente zur Beschreibung eines Software-Systems formalisiert: Komponente, Service, Programm und Prozeß.

Programme repräsentieren die Implementierung von Algorithmen, die in einer beliebigen Programmiersprache vorliegen können. Diese Flexibilität in der Wahl der Programmiersprache ist bei Kommunikationssystemen unbedingt erforderlich, da ihre Hardware-Konfigurationen aus unterschiedlichen Computern mit speziellen Aufgabenstellungen bestehen, für die jeweils optimierte Programmiersprachen zur Verfügung stehen (siehe Kap. 10.6). Somit können wir voraussetzen, daß die Semantik der Programme durch die Semantik der zu ihrer Implementierung verwendeten Programmiersprache in einer zu $<\delta, \Pi \times K>$ äquivalenten Methode definiert ist.

Unter dieser Annahme ist die Semantik von COSPEL hinreichend beschrieben, wenn die Semantik ihrer funktionalen Elemente definiert ist, nämlich die Semantik von

- Protokollautomat,
- asynchrones Interface,
- synchrones Interface und
- Service.

Die Details hinsichtlich der Syntax dieser Elemente sind in Kap. 11.3 beschrieben.

Die Konfigurationenmenge K repräsentiert den gesamten Rechen- und Programmspeicher des Computers, der zur Laufzeit von einem Programm belegt und durch die ausgeführten Programmanweisungen schrittweise modifiziert wird. Da Messages die Grundlage für asynchrone Interfaces bilden, werden sie zur Erleichterung der Definition der Semantik in der Konfigurationenmenge explizit ausgewiesen.

Die Konfigurationenmenge einer COSPEL-Spezifikation repräsentiert in Analogie im wesentlichen die Speicherbereiche der spezifizierten Programme und den Raum der Messages, die zur Verwendung der Interfaces benötigt werden. Unter dieser Annahme wird die Semantik der oben aufgeführten Elemente im folgenden beschrieben.

11.2.1 Semantik des Protokollautomaten

Ein Kommunikationsprotokoll (vereinfacht: Protokoll) ist nach [Jung1998] „ein im ganzen Netz gültiger Satz von Regeln zum Austausch von Nachrichten zwischen zwei oder mehr Kommunikationspartnern.“ „Protokolle sind daher eine wesentliche Grundlage aller Netze. Sie dienen der Signalisierung (z.B. für die Steuerung von Verbindungen), dem Transport von Nutzdaten aller Art, dem Austausch von Meldungen des Netzmanagements und für andere Zwecke.“

Bestehen die Netzknoten aus Computern, so müssen die Protokollmechanismen in geeigneter Weise als Abläufe in der Hardware und Software implementiert werden.

Die Zusammenhänge zwischen den Abläufen nach den Regeln des Protokolls lassen sich gut mit dem Modell des endlichen Automaten [Hert1994] beschreiben, d.h. eines Protokollautomaten mit endlich vielen Zuständen. Damit eignet sich dieses Modell auch für die Beschreibung der **zustandsorientierten Services**, die die Protokollabläufe implementieren. Diese Services akzeptieren in Abhängigkeit ihres aktuellen Zustands gewisse Anreize über parametrisierbare Interfaces, führen Aktionen aus, nehmen einen neuen Zustand an und melden gegebenenfalls Quittungen zurück. Bei den Aktionen können auch Anreize in kaskadierender Weise an weitere Services gesendet werden.

Ein Protokollautomat gemäß Kap. 11.4.7 ist definiert durch

- einen Startzustand *<startstate>*,
- die Liste der Zustände *<state list>* und
- eine Liste der Zustandsübergänge, wobei jeder Übergang spezifiziert ist durch ein Tupel (*<state>* , *<input>* , *<nextstate>* , *<task>* , *<output>*).

  Ein Zustandsübergang ist folgendermaßen zu interpretieren: Ist der Automat im Zustand *<state>* und erhält er die Message *<input>*, so geht er in den Zustand *<nextstate>* über, führt die durch *<task>* spezifizierten Programm-Aktionen aus und sendet die Message *<output>*.

Details zu Messages finden sich in Kap. 11.4.6.2. *<task>* spezifiziert eine Liste von Methodenaufrufen, deren Semantik durch die Implementierungssprache definiert ist.

Die Semantik des Protokollautomaten wird folgendermaßen definiert:

1. Anfangszustand:
   In den Anfangszustand *StartState* wird der Automat beim Start der Applikation versetzt.

2. Folgezustand:
   Sei der Automat im Zustand *State* und erhalte die Message *Input*. Sei weiter (*State, Input, NextState, Task, Output*) ein Zustandsübergang des Automaten. Mit Erhalt der Message *Input* geht der Automat in den Zustand *NextState* über und sendet die Message *Output*.

3. Änderung der Konfigurationenmenge:
   Die der Applikation zugeordnete Konfigurationenmenge wird gemäß der Semantik von *Task* modifiziert. Der Messageraum

wird um die Message *Input* reduziert und um die Message *Output* erweitert.

Als nächstes betrachten wir das asynchrone Interface, das eng mit dem Protokollautomaten verknüpft ist.

11.2.2 Semantik des asynchronen Interfaces

Die Syntax des asynchronen Interfaces (Details siehe Kap. 11.4.6.2) ist beschrieben durch den Interface-Namen, die Eingangs- und Ausgangs-Messages und einen Protokollautomaten (siehe Kap. 11.2.1), der das Verhalten des Interfaces auf eine Eingangs-Message festlegt, indem Aktionen ausgeführt werden und eine Ausgabe-Message gesendet wird.

Die Semantik des asynchronen Interfaces ist durch die Semantik des spezifizierten Protokollautomaten beschrieben.

11.2.3 Semantik des synchronen Interfaces

Ein synchrones Interface repräsentiert eine Menge von Methoden im Sinne der objektorientierten oder prozeduralen Programmiersprachen, deren Semantik durch die Semantik der zur Implementierung verwendeten Sprache festgelegt ist.

11.2.4 Semantik des Service

Ein Service (zu Details der Syntax siehe Kap. 11.4.5) dokumentiert eine Reihe von architekturrelevanten Elementen wie z.B. Warteschlangen, Timer und die Zuordnung von Programmen zu Prozessen.

Die eigentliche Funktionalität des Service wird durch die Implementierungsdetails seiner Programme, deren Details im *implementation*-Teil beschrieben sind, und durch seine Interfaces beschrieben. Die Semantik des Service ist deshalb durch die Verhaltensweise seiner Interfaces (siehe Kap. 11.2.2 und 11.2.3) definiert.

11.3 Einführung in COSPEL

COSPEL ist eine Spezifikationssprache zur Beschreibung von komponentenbasierten Software-Applikationen. Zur Strukturierung stehen die in den vorherigen Kapiteln eingeführten Elemente Komponente und Service mit den entsprechenden Schnittstellen („Interfaces") zur Verfügung. Neben der inneren Struktur werden auch dynamische Eigenschaften des Systems spezifiziert. Dazu gehört die gesamte Kommunikation innerhalb der Applikationen und zwischen Applikationen und ihrer Umwelt.

11.3.1 Begründung und Prinzipien

Eine Grundforderung aus der Software-Architektur an die Entwurfssprache besteht natürlich darin, daß sie alle Konstruktionen zur Beschreibung der relevanten Architekturelemente enthält. Dazu gehört nicht nur die statische Struktur der Systemkomponenten, sondern auch das dynamische Verhalten des Systems. Beispielsweise sollen neben dynamischen Systemteilen wie Warteschlangen, Timern und Endlos-Schleifen auch Betriebsmittel des Rechners wie Speicher, CPU-Zeit und Schnittstellen zu anderen Rechnern dargestellt werden. Üblicherweise werden dise Systemteile in der Notation von Programmier- oder sogar Maschinensprachen formuliert.

Die Entwurfssprache muß also einerseits entsprechende Darstellungsmittel enthalten, andererseits aber von anderen Feinheiten einer Programmiersprache hinreichend abstrahieren.

Nachdem in Kap. 4 die wesentlichen Sprachelemente von COSPEL während der Entwicklung des Beispiels PINT-Gateway erläutert worden sind, möchten wir an dieser Stelle zusammenfassend darstellen:

1. Die Anforderungen von Software-Architektur an eine Entwurfssprache und
2. die Leistungsmerkmale von COSPEL zur Erfüllung dieser Anforderungen.

Aus den vorausgehenden Architekturüberlegungen muß die Entwurfssprache folgende Darstellungen unterstützen:

- eine Beschreibung der Applikation,

- eine Beschreibung der statischen Struktur der Applikation, gegeben durch Komponenten, Services, Interfaces und Programme, und
- eine Beschreibung des dynamischen Verhaltens der Applikation, gegeben durch Interfaces, Warteschlangen und Prozesse.

Zunächst führen wir das zentrale Element zur Darstellung der Funktionalität des Systems ein.

11.3.2 Service

Die Funktionalität des Systems ergibt sich durch das Zusammenspiel von dynamischen Einheiten, die Eingabesignale verarbeiten, Aktionen durchführen und Ausgabesignale produzieren. Diese dynamischen Einheiten bezeichnen wir als Services, die in (statischen) Komponenten eingebettet sind. Sie repräsentieren Datenkapseln, d.h. Datenstrukturen mit darauf zulässigen Operationen (Beispiele sind Objekte in objektorientierten und Modulen in prozedurorientierten Programmiersprachen). Durch diese Definition wird der Übergang vom Architekturelement Service in die Implementierung (objektorientiert oder prozedural) erleichtert.

```
service service name ... end
```

Services führen also Berechnungen durch und kommunizieren mit ihrer Umgebung über Schnittstellen (Interface), wobei die Daten über Kanäle (Channel) zu anderen Komponenten oder anderen Rechnern transportiert werden.

Die Bedeutung der Trennung zwischen Schnittstelle und Kanal wird am Beispiel des SIP/PINT-Protokolls aus Kap. 4.2 deutlich: Es kann sowohl über TCP- als auch UDP-Kanäle übertragen werden. Beide Kanäle zeigen aber in der Applikation sowohl eine unterschiedliche Semantik als auch ein deutlich unterschiedliches Zeitverhalten und sollten deshalb in der Architektur ausgewiesen werden. Im folgenden werden wir die Verwendung dieser Elemente noch erklären.

Protokoll und Transportkanal werden wie folgt beschrieben:

```
protocol protocol name [ standard of standard
protocol description ] end

channel channel name is channel typ
configuration configuration item end
```

Bei Kommunikationssystemen werden zwei Typen von Schnittstellen unterschieden (siehe auch Kap. 11.5): synchrone Schnittstellen im Sinne von Prozedur- oder Methodenaufrufen und asynchrone im

Sinne von Automaten. Letztere können als Sequence-Charts oder als endliche Automaten spezifiziert werden. Ein gutes Beispiel ist das SIP/PINT-Protokoll.

Protokollautomaten spielen eine große Rolle in Kommunikationssystemen. Sie werden oft für die Spezifikation der Abhängigkeiten im Ablauf der Systemteile benutzt (siehe auch das Beispiel in Kap. 4.2) und beschreiben damit die Semantik der Schnittstellen zwischen diesen Teilen. Aus diesem Grund haben wir diese Darstellungsmethode in COSPEL integriert. Zur Beschreibung derartiger Schnittstellen reicht es aus, Eingangs- und Ausgangssignale, die Zustandsmenge des Automaten und die Übergangsfunktionen zu beschreiben (siehe Beispiel in Kap. 11.5). Eingangs- und Ausgangssignale werden in der COSPEL-Darstellung immer aufgelistet, während die Automatenbeschreibung direkt angegeben oder über einen Namen referiert werden kann. Im Falle eines standardisierten Protokolls kann auch direkt der Name des Standards angegeben werden.

Die Beschreibung einer asynchronen Schnittstelle hat die Form:

```
asynchronous interface interface name
  with protocol name
  in   input value, ...
  out  output value, ...
end
```

Ein Service ist natürlich nicht nur durch seine Schnittstelle, sondern besonders durch die Implementierung der Abläufe zur Bereitstellung der Funktionalität bestimmt. Die algorithmischen Teile des Service werden als Programme implementiert, die zur Laufzeit in Prozessen zum Ablauf kommen. Implementierungsdetails können bei Bedarf im Implementierungsteil (*implementation*) spezifiziert werden. Aus Sicht der Architektur können verschiedene Darstellungen der Algorithmen gewählt werden, von graphischen Methoden wie SDL und UML über Pseudo-Code bis zu textuellen Beschreibungen. Günstig ist es, die Implementierung mit Hilfe eines Namens im Implementation-Teil der Servicebeschreibung zu referieren. In unserem Beispiel verweisen wir einfach auf Pseudo-Code im Anhang.

Ein Service muß natürlich die Möglichkeit haben, in seinen Programmen Schnittstellen von anderen Services zu verwenden. Diese Verwendung wird in der Servicespezifikation durch Angabe von Service- und Schnittstellennamen angezeigt.

Damit ist die Servicespezifikation vollständig:

```
service service name
  uses service name . interface name
        (method name) end
  program program name ... runs in process name
  asynchronous interface interface name
```

```
    with protocol name
    in   input value, ...
    out  output value, ...
  end
  implementation Anhang: Pseudo-Code end
end
```

Damit sind die wesentlichen Merkmale von Services beschrieben. Der Service als funktionale Einheit ist eingebettet in das statische Strukturelement Komponente, die wir im nächsten Abschnitt genauer betrachten wollen.

11.3.3 Komponente

Die Komponente hat in COSPEL folgende Darstellung:

```
component component name ....... end
```

Eine Komponente spezifiziert einerseits die von ihr definierten und für externe Verwendung bereitgestellten Services (Schlüsselwort **provides**) und andererseits die Services, die sie von anderen Komponenten verwendet (Schlüsselwort **uses**), durch folgende syntaktische Konstruktion:

```
services
  provides service name, ... end
  uses service name, ...     end
```

In Echtzeitsystemen ist es sehr wichtig, Eigenschaften des Systems wie Durchsatz, Verbrauch an CPU-Zeit und Speicherbedarf zu spezifizieren und unter Betrachtung aller auf einem Rechner laufenden Applikationen zu verifizieren. Dabei kann man CPU-Zeit natürlich nicht unabhängig von der verwendeten Hardware angeben. Aus unserer Sicht ist es sinnvoll, diese Eigenschaften den Serviceschnittstellen als Betriebsmittel (*resources*) zuzuordnen, d.h. jeweils den Methodenaufrufen bei synchronen Schnittstellen und den Signalen bei asynchronen Schnittstellen.

Im Beispiel PINT-Gateway (Kap. 4.2) ist ein wichtiges Kriterium für den Durchsatz der Applikation die Anzahl der pro Sekunde verarbeiteten SIP-Nachrichten vom Typ „Invite“ (*callspersecond*). Die konkreten Betriebsmittel einer Applikation können beliebig definiert werden. Die COSPEL-Darstellung lautet dann beispielsweise:

```
resources
 service name . interface name . message name
   (callspersecond = 100,
    processor cpu_utilization = 0.1,
```

```
        memory_utilization = 200k)
    end
```

Eine wichtige Systemeigenschaft, die unserer Ansicht nach auf der Ebene der Komponenten beschrieben werde sollte, ist die Anzahl der Prozesse, die eine Komponente zum Ablauf benötigt. Diese Prozesse sind bereits in ihren Services spezifiziert und werden zusätzlich in der Komponente aufgelistet:

```
processes process name, ... end
```

Eine Komponentenbeschreibung hat damit folgende Form:

```
component component name
  services
    provides service name, ... end
    uses service name, ...     end
  processes process name, ...  end
  resources
   service name . interface name . message name
       (callspersecond = 100,
        processor cpu_utilization = 0.1,
        memory_utilization = 200k)
  end
end
```

Die Summe aller Komponenten eines Systems bildet die Applikation.

11.3.4 Applikation

Zunächst betrachten wir die Beschreibung der Applikation in COSPEL-Form:

```
application application name ......... end
```

Die statische Struktur der Applikation wird durch eine Kombination von syntaktischen Elementen beschrieben:

1. durch Auflistung der Komponenten in der Beschreibung der Applikation und
2. durch Auflistung der verwendeten und bereitgestellten Services in den Komponenten.

Durch Punkt 2 wird implizit der Zusammenhang der Komponenten als Graph beschrieben.

Als erstes erfolgt eine Auflistung der Komponenten der Applikation mittels:

```
components component name , ... end
```

Die Schnittstellen der Komponenten (beziehungsweise ihrer Services – aus Gründen der Eindeutigkeit wird in COSPEL der Interface-Name mittels Service- und Komponentennamen qualifiziert), die von der Applikation nach außen bereitgestellt werden, erscheinen in einer Liste (Schlüsselwort *published*). Sowohl das der Schnittstelle zugrunde liegende Protokoll als auch der diesem zugeordnete Transportkanal werden angegeben, damit anhand der Applikationsbeschreibung alle dynamischen Aspekte der Schnittstellen erkennbar sind. Die komplette Beschreibung dieser veröffentlichten Schnittstelle lautet dann:

```
published
  component name . service name .
    interface name with protocol name
    offered by channel name
end
```

Analog zur Komponente werden die Prozesse aller darin enthaltenen Komponenten aufgelistet, so daß bereits anhand der Spezifikation der Applikation erkennbar ist, wie viele Prozesse zur Laufzeit erforderlich sind und vom Betriebssystem beherrscht werden müssen:

```
processes process name, ... end
```

Eine weitere Information, die bereits durch die Komponentenstruktur gegeben ist, wird in der Applikation redundant beschrieben: die Verknüpfung der Komponenten über die Serviceschnittstellen. Dies ermöglicht, nur anhand der Applikationsbeschreibung die Vernetzung zwischen den Systemkomponenten zu erkennen.

Die Verknüpfung erfolgt durch das syntaktische Element *assembly* gemäß folgender Regel:

```
assembly component name . service name
  connect by channel type to
    component name . service name .
      interface name
end
```

Diese Information wurde in der Spezifikation des PINT-Gateways in Kap. 4.2 nicht berücksichtigt. Nachfolgend ist die um *assembly* erweiterte Beschreibung der Applikation Click-to-Dial dargestellt.

```
application ClickToDial
  components SipStackComponent,
             CorbaCtdComponent,
             ClickToDialComponent,
             CssApiComponent
  end
  processes RT_Provider,
            RT_Consumer,
            RT_ ElHandler
```

```
  end
  published
    SipStackComponent.SipStack.SipInterface
      with SIPProtocol offered by SIPChannel,
    CorbaCtdComponent.CorbaCall.CorbaIF
      with DIRECT_CALL offered by CORBA
  end
  assembly
    SipStackComponent.SipStack connect by
      DIRECT_CALL to ClickToDialComponent.
        CtdService.SipCall,
    CorbaCtdComponent.CorbaCall connect by
      DIRECT_CALL to ClickToDialComponent.
        CtdService.SipCall,
    ClickToDialComponent.CtdService
      connect by OPCON to
        CssApiComponent.Css.CssApi
  end
end
```

11.4 Sprachbeschreibung COSPEL

11.4.1 Hinweise zur Metasprache

In den Syntaxdiagrammen werden die folgenden Formatierungen und Symbole zur Beschreibung der Syntax benutzt.

<kursiv>	wird ein nichtterminaler Begriff geschrieben. In der Regel sind diese Begriffe in einem der Diagramme definiert.
<unterstrichen kursiv>	steht für eine Spezifizierung des nichtterminalen Begriffs. Beispiel: *<service name>* entspricht *<name>*, der zur Definition eines *<service>* benutzt wird.
fett	sind Schlüsselwörter formatiert, die so wie aufgeführt im Programm stehen müssen.
{ … }	gruppiert die enthaltenen Begriffe.
… | …	erlaubt die Definition von Alternativen.
[…]	kennzeichnet optionale Anteile.

{ … }* bzw. $\{ \ldots \}^{+}$ markiert eine mögliche Wiederholung des Anteils. Mit Pluszeichen + muß der Anteil mindestens einmal vorhanden sein, bei Stern * kann er auch fehlen.

Die folgenden Begriffe werden häufig verwendet und werden deshalb zentral definiert:

<name> ist ein beliebiger Identifier; es gelten die Regeln für Klassen- und Variablennamen in den üblichen Programmiersprachen.

<type> steht für Klassen und vordefinierte Typen der Programmiersprachen (z.B. int, boolean, …).

<value> wird für Objektinstanzen verwendet.

<string> ist eine beliebige Zeichenfolge.

11.4.2 COSPEL-Spezifikation

Eine COSPEL-Spezifikation enthält die Definition einer Applikation mit ihren Bestandteilen (Komponenten, Services, Protokollautomaten und Channels) in beliebiger Reihenfolge:

Syntax

<cospel-specification> ::=
<application> { *<component>* }$^{+}$ { *<service>* }$^{+}$
{ *<protocol automaton>* }* { *<channel>* }*

Semantik

Die COSPEL-Spezifikation enthält eine Applikation mit mindestens einer Komponente und einem Service.

Die Reihenfolge der Elemente ist beliebig.

Kommentare sind an beliebigen Stellen zulässig. Sie sind in „/* … */“ eingeschlossen.

11.4.3 Applikation

Wie in Kap. 7 dargelegt, wird eine Applikation gemäß der vier Sichten Anwendungssicht, Entwicklungssicht, Installationssicht und Wartungssicht in Komponenten aufgeteilt, die parallel spezifiziert und entwickelt werden können. Die Spezifikation der Applikation bildet die Klammer über alle Komponenten mit zusätzlichen komponentenübergreifenden Informationen, die sich aus den unterschiedlichen Sichten ergeben und in zwei Richtungen wirken, und zwar nach außen in Richtung Anwender und nach innen in Richtung Komponentenentwicklung. Diese Informationen werden als syntaktische Einheiten erfaßt:

- Die **Anwendungssicht** wird repräsentiert durch die Liste der durch die Applikation bereitgestellten Interfaces zu den Services als Implementierung der Systemfunktionen (Syntax: **published**).
- Die **Entwicklungssicht** ergibt sich aus der Liste der Komponenten, aus denen die Applikation aufgebaut wurde (Syntax: **components**). Die Komponenten werden kontextunabhängig gebildet, so daß sie in unterschiedlichen Konfigurationen mittels Transportkanälen verbunden werden können.
- Die **Installationssicht** zeigt sich in der Zuordnung von Transportkanälen zwischen Komponenten zur Implementierung der Servicekommunikation (Syntax: **assembly**).
- Die **Wartungssicht** spiegelt sich wider in den Schnittstellen für Maintenance und Alarming als Vorschrift für die Implementierung entsprechender Verfahren in den Komponenten (Syntax: **administration, alarming**).

Eine Applikation gruppiert eine Menge von aus Services bestehenden Komponenten zur Verwendung durch Menschen oder durch andere Applikationen.

Die komplette Syntax der Applikation ist durch folgende Regel beschrieben:

Syntax

<application> ::=
    application *<name>* [*<runtime options>*]
        <component list> *<process list>*
        <published interfaces> *<assembly spec>*
        <administration handler> *<alarm handler>*
    end

<component list> ::=
    components *<component name>* { , *<component name>* }*
    end

<process list> ::=
    processes *<process name>* { , *<process name>* }*
    end

```
<published interfaces> ::=
    published <published interface element>
        { , <published interface element> }*
    end
<published interface element> ::=
    <published application interface>
    | <published component interface>
<published application interface> ::=
    <application name> . <service name> . <interface name>
        with <protocol name>
        offered by <channel definition>
<published component interface> ::=
    <component name> . <service name> . <interface name>
        with <protocol name>
        offered by <channel definition>
<assembly spec> ::=
    assembly <assembly element> { , <assembly element> }*
    end
<assembly element> ::=
    <component name> . <service name>
        connected by <channel definition> to
        <component name> . <service name> . <interface name>
        [ ( <usage list> ) ]
<usage list> ::=
    <usage element> { , <usage element> }*
<usage element> ::=
    <method name> | <in message name> | <out message name>
<channel definition> ::=
    <channel name> | <channel specification>
<administration handler> ::=
    administration <administration service>
        { , <administration service> }*
    end
<administration service> ::=
    <service name> [cascading]
<alarm handler> ::=
    alarming <service name> alarms <alarm> { , <alarm> }*
    end
<alarm> ::=
    <name>
```

<runtime options> ::=
  <string>

Semantik

Applikationen bestehen aus einer Menge von Komponenten, deren Namen in *component list* aufgelistet sind.

Die zum Ablauf nötigen Betriebssystemprozesse sind in *process list* aufgeführt.

Die Komponenten stellen Services mit Schnittstellen zur Verfügung, deren Namen in *published interface* aufgelistet sind; aus Gründen der Eindeutigkeit ist der *interface name* durch den Namen des definierenden Service (*service name*) qualifiziert mittels Terminalzeichen „.“.

channel definition spezifiziert den Transportkanal, über den von außen mit dem Service Interface zu kommunizieren ist.

assembly spec spezifiziert die Verbindungen zwischen Services innerhalb derselben Applikation. Dabei spezifiziert *channel definition* den Transportkanal.

administration handler stellt die Services zur Administrierung der gesamten Applikation bereit (z.B. O&M-Manager). Ist **cascading** vorhanden, so müssen alle in der Applikation definierten Komponenten eine eigene Implementierung dieses Service mit identischem Interface bereitstellen.

alarm handler stellt den Service zum Behandeln von Alarmen, die in *alarms* aufgelistet sind, und zum Senden von entsprechenden Alarmmeldungen zu einem im *administration handler* spezifiziertem Service zur Verfügung.

11.4.4 Komponente

Eine Komponente ist eine Zusammenfassung von thematisch zusammenhängenden Services, die einer bestimmten Anwendungsgruppe zur Verfügung gestellt werden. Eine Komponente enthält systemweit sichtbare Schnittstellen. Sind diese Schnittstellen in einer durch den Kontext bestimmten Weise standardisiert, kann die Komponente als Austauscheinheit für die Upgrade-Funktion angesehen werden.

Syntax

```
<component> ::=
    component <name> <service occurrence> <process list>
        [ <resource declaration> ]
        [ <administration handler> ] [ <alarm handler> ]
    end

<service occurrence> ::=
    services [ <used services> ] <provided services>
        [ <private services> ]

<used services> ::=
    uses <service name> { , <service name> }*
    end

<provided services> ::=
    provides <service name> { , <service name> }*
    end

<private services> ::=
    private <service name> { , <service name> }*
    end

<process list> ::=
    processes <process name> { , <process name> }*
    end

<resource declaration> ::=
    resources
        <resource specification> { , <resource specification> }*
    end

<resource specification> ::=
    <service name> . <interface name> . <usage element>
        ( { <resource element> }+ )

<usage element> ::=
    <method name> | <in message name> | <out message name>

<resource element> ::=
    <metric> | <reference processor>
    <hardware consumption> { , <hardware consumption> }*

<metric> ::=
    <name> = <value>

<reference processor> ::=
    <string>

<hardware consumption> ::=
    <execution time> | <memory space> | <disk space>
```

<execution time> ::=
cpu_utilization = *<value>*

<memory space> ::=
memory_utilization = *<value>*

<disk space> ::=
disk_utilization = *<value>*

<administration handler> ::=
administration *<service name>* { **,** *<service name>* }*
end

<alarm handler> ::=
alarming *<service name>* **end**

Semantik

Komponenten gruppieren eine Menge von Services, deren Namen in *provided services* aufgelistet sind. Diese Services können externe Services (solche, die außerhalb der aktuellen Komponenten definiert sind) verwenden, die in *used services* aufgelistet sind. Services, die nur interne Schnittstellen anbieten, werden in *private services* aufgelistet.

Die zum Ablauf nötigen Betriebssystemprozesse sind in *process list* aufgeführt.

resource declaration spezifiziert Betriebsmittel (z.B. *execution time*, *memory space* und *disk space*) bezüglich eines Referenzprozessors (*reference processor)*, die die spezifizierte Methode benötigt, um die in *metric* spezifizierte Anforderung zu erfüllen. Der Verbrauch von Betriebsmitteln ist eine Eigenschaft der Interfaces – Methoden und Messages. Die Spezifikation der Methoden und Messages erfolgt innerhalb des Service, der das Interface zur Verfügung stellt.

Statische Eigenschaften

name spezifiziert die Komponente in der umgebenden Applikation.

Beispiele für austauschbare Komponenten finden sich in Kap. 4.2:

- Mediation-Funktion nach Parlay-Standard
- Database Query für Teilnehmerdaten

Beispiel für eine Komponente, die Memorymanagement realisiert:

```
component Memorymanagement
  services
    provides
      Heap, Stack
```

```
    end
  resources
    Heap.HeapInterface.GetHeap
      (maxHeapPerCall = 10 KB)
  end
  administration GetUsedMemory
  alarming MemoryOverflow
end

service Heap
  synchronous interface HeapInterface
    method GetHeap (...) throws OutOfMemoryEx;
    void method ReleaseHeap (...)
       throws MemoryCorrupted;
  end
end

service Stack
  synchronous interface StackInterface
    void method Push (...)
       throws OutOfMemoryEx;
    void method Pop (...)
       throws MemoryCorrupted;
  end
end
```

11.4.5 Service

Ein Service ist eine Datenkapsel, bestehend aus Datenstrukturen mit allen darauf zulässigen Operationen. Datenzugriffe zwischen Services sind nur über die Interfaces gestattet. Services bieten synchrone und asynchrone Interfaces an.

Services stellen die funktionalen Einheiten einer COSPEL-Spezifikation dar; sie implementieren die den Systemfunktionen zugrundeliegenden Algorithmen.

Beispiele sind:

- Datenbanken
- Objekte im Sinne der objektorientierten Programmierung
- Heap-Management mit der Datenstruktur Heap und den Operationen GetHeap und ReleaseHeap.

Services können nicht selbständig existieren, sondern sind eingebettet in Komponenten.

Die Spezifikation des Service umfaßt die Schnittstellen der Operationen, die als „Interface“ bezeichnet werden. Die Datenstrukturen des Service und die ausführbaren Teile der Operationen werden im Implementierungsteil („*implementation*“) als Text mehr oder weniger formal beschrieben. Werden diese Teile als Programm (z.B. Java) formuliert, können sie in die Implementierung übernommen werden. Auf jeden Fall sollten alle aus Sicht der Architektur wichtigen Aspekte der späteren Implementierung aufgeführt werden. Ausnahmen sind die Administration-Services und der Alarming-Service, die in allen Komponenten der Applikation verwendet werden können. Dementsprechend werden sie in der Applikation spezifiziert.

Syntax

<service> ::=
  service *<name>*
    [*<used interfaces list>*]
    <program specification> { , *<program specification>* }*
    [*<queue specification>*] { , *<queue specification>* }*
    [*<timer specification>*] { , *<timer specification>* }*
    <interface> {, *<interface>* }*
    [*<protocol automaton >*]{ , *<protocol automaton>* }*
    [*<implementation>*]
  end

<used interfaces list> ::=
  uses *<used interface>* { , *<used interface>* }*

<used interface> ::=
  <service name> **.** *<interface name>* **(** *<usage list>* **)**

<usage list> ::=
  <usage element> { , *<usage element>* }*

<usage element> ::=
  <method name> | *<in message name>* | *<out message name>*

<program specification> ::=
  program *<process assignment>*

<process assignment> ::=
  <name> { , *<name>* }* **runs in** *<process name>*

<queue specification> ::=
  queue *<name>*
    source *<program name>* { , *<program name>* }*
    destination *<program name>* { , *<program name>* }*
  end

<timer specification> ::=
timer *<name>*
set *<program name>*
wait *<program name>*
end

<implementation> ::=
implementation *<uml model>* | { *<class specification>* }$^+$
| *<program code>* **end**

<uml model> ::=
<file name>

<class specification> ::=
class *<name>*
[*<attribute>* { , *<attribute>* }*]
[*<method>* { , *<method>* }*]
[*<exception>* { , *<exception>* }*]
end

<attribute> ::=
<type> *<name>*

<method> ::=
[*<type>*] **method** *<name>* **(** *<formal signature>* **)**
[**throws** *<exceptions list>*]

<exceptions list> ::=
<exception name> { , *<exception name>* }*

<exception> ::=
exception *<name>* *<string>* **end**

<program code> ::=
<file name> | *<code string>*

Semantik

Ein Service spezifiziert die Schnittstellen (*interface*) der von ihm bereitgestellten Operationen. Die Protokollautomaten *protocol automaton* beschreiben das Kommunikationsverhalten der Schnittstellen in Form von endlichen Automaten. Einem ausführbaren Programm wird in *program specification* ein Betriebssystemprozeß der Komponente zugeordnet. Werden von den Programmen des Service Warteschlangen oder Timer genutzt, so werden diese in *queue specification* bzw. *timer specification* beschrieben.

implementation beschreibt die dem Service zugrundeliegenden Datenstrukturen und Algorithmen durch Verweis auf eine Datei, in der ein UML-Modell oder der Programmcode in einer Programmiersprache abgespeichert ist.

Die funktionale Semantik des Service ist in Kap. 11.2.4 beschrieben.

Statische Eigenschaften

name spezifiziert den Service in der umgebenden Komponente, in der auch die Namen der Interfaces (*interface name*) sichtbar und verwendbar sind.

Statische Bedingungen

uml model name bezeichnet eine Sammlung von UML-Objekten.

Jede unter *interface* spezifizierte Methode muß als Methode im Klassendiagramm des durch *uml model name* spezifizierten UML-Modells definiert sein.

11.4.6 Synchrone und asynchrone Interfaces

Ein Interface repräsentiert eine Operation, die vom definierenden Service anderen Services zur Verfügung gestellt wird. Wir unterscheiden synchrone und asynchrone Interfaces.

Syntax

<interface> ::= *<synchronous interface>*
    | *<asynchronous interface>*

11.4.6.1 Synchrone Interfaces

Synchrone Interfaces sind dadurch gekennzeichnet, daß der aufrufende Service mit dem Aufruf in einen Wartezustand übergeht, bis die gerufene Methode beendet ist.

Das Verhalten des Service durch Verwendung einer Methode und die Veränderung seiner Zustände wird durch einen endlichen Automaten beschrieben, der dem Interface als Protokoll zugeordnet ist. Im einfachsten Fall ist der interne Zustand des Service für die Umgebung ohne Bedeutung (z.B. Heap-Management), so daß der zugeordnete endliche Automat die Funktionalität der Methoden als Relation zwischen Eingangs- und Ausgangswerten und die Veränderung des internen Zustands der Methode beschreibt.

Ein komplizierterer Automat wird benötigt, falls das Verhalten des Service durch ein komplexes Protokoll wie z.B. SIP oder H.323 beschrieben wird.

Syntax

<*synchronous interface*> ::=
  synchronous interface <*name*>
    [**with** <*protocol automaton name*>]
    <*method*> { , <*method*> }*
  end

<*method*> ::=
  [<*type*>] **method** <*name*> **(** <*formal signature*> **)**
    [**throws** <*exceptions list*>]

<*exceptions list*> ::=
  <*exception name*> { , <*exception name*> }*

Semantik

Synchrone Interfaces beschreiben die sequentiell auszuführenden Operationen, die ein Service seiner Umgebung zur Verfügung stellt. Die Operationen werden als Methoden bzw. Funktionen gemäß ihrer Semantik in gängigen Programmiersprachen formuliert (*method name* **(** *actual signature* **)**). Die Verwendung des Interface durch einen Service versetzt diesen in einen Wartezustand, bis die Ausführung der entsprechenden Methode beendet ist (dies entspricht dem Call-Modell in Programmiersprachen). Hinweis: Die Spezifikation einer Methode befindet sich im Implementierungsteil des Service in Form von beschreibendem Text, Pseudo-Code oder als Programm einer Programmiersprache.

Das Verhalten des Service durch Verwendung einer Methode und die Veränderung seiner Zustände wird durch den endlichen Automaten (*protocol automaton*) beschrieben, der dem Interface über *protocol automaton name* zugeordnet ist.

formal signature spezifiziert die Eingangsparameter der Methode.

Über Ausnahmesituationen während der Ausführung einer Methode wird die Umgebung mittels Nachrichten (*exception*) informiert.

Statische Eigenschaften

name spezifiziert das Interface im umgebenden Service.

11.4.6.2
Asynchrone Interfaces

Asynchrone Interfaces sind dadurch gekennzeichnet, daß der aufrufende Service nach dem Aufruf in seiner Ausführung fortfährt. Eventuelle Ergebnisse der Methode werden über einen Signalmechanismus übergeben.

Syntax

<asynchronous interface> ::=
  asynchronous interface *<name>*
    with *<protocol automaton name>*
      in *<in message>* { **,** *<in message>* }*
      out *<out message>* { **,** *<out message>* }*
  end

<in message> ::=
  <in message name> **(** *<formal signature>* **)**

<in message name> ::=
  <name> | *IN* **(** *<method name>* **)**

<out message> ::=
  <out message name> **(** *<formal signature>* **)**

<out message name> ::=
  <name> | *OUT* **(** *<method name>* **)**

Semantik

Asynchrone Interfaces beschreiben die Operationen, die ein Service seiner Umgebung über eine Message-Schnittstelle zur Verfügung stellt. Nach Absenden der Message (Aufruf als: *message name* **(** *actual signature* **)**) fährt der Urheber in seiner Ausführung fort.

Das Verhalten des *interface* ist durch einen endlichen Automaten (*protocol automaton)* beschrieben, der über *protocol automaton name* zugeordnet ist.

IN **(** *<method name>* **)** und *OUT* **(** *<method name>* **)** spezifizieren die Eingangs- beziehungsweise Ausgangs-Message, die Bestandteil eines synchronen Methodenaufrufs sind, der ein synchrones Interface mit einem asynchronen koppelt (siehe Kap. 10.3).

Statische Eigenschaften

name spezifiziert das Interface im umgebenden Service.

Die *in message namen* müssen als *transition value* und die *out message namen* als *output* im angegebenen Protokollautomaten vorkommen.

11.4.7 Protokollautomat

Ein Protokollautomat beschreibt das Kommunikationsverhalten einer Schnittstelle in Form von endlichen Automaten. Die Definition erfolgt in der Regel innerhalb von Services; bei mehrfach benutzten Automaten (z.B. durch Vererbung) oder Standardprotokollen ist eine Definition außerhalb von Services möglich.

Syntax

<protocol automaton> ::=
  protocol *<name>* { *<automaton>* | *<standard protocol>* }
  end

<automaton> ::=
  automaton
    startstate *<state name>*
    <transition specification>
    { **,** *<transition specification>* }*
  end

<transition specification>::=
  state *<name>*
    { *<transition>* }+

<transition>::=
    input *<transition value>*
      [**task** *<action>* { **,** *<action>* }*]
      [**output** *<output value>*]
      nextstate *<state name>*

<transition value> ::=
  <in message name> [**(** *<actual signature>* **)**] |
  IN **(** *<method name>* **)** [**(** *<actual signature>* **)**]

<action> ::=
  <method name> [**(** *<actual signature>* **)**] |
  TASK **(** *<method name>* **)** [**(** *<actual signature>* **)**]

<output value> ::=
  <out message name> [**(** *<actual signature>* **)**] |
  OUT **(** *<method name>* **)** [**(** *<actual signature>* **)**]

<standard protocol> ::=
standard of *<string>*

Semantik

Wenn das Protokoll einem Standard entspricht (z.B. SNMP, TCAP, SIP, …), dann kann mit *standard protocol* auf die Publikationen der Standardisierungsorganisation verwiesen werden.

Im anderen Fall wird das Protokoll explizit durch *automaton* beschrieben. Die Beschreibung lehnt sich an die Notation von SDL-PR [ITUZ1996] an.

Der Automat besteht aus Zustandsübergängen (*transition*), die aufgelistet werden.

startstate stellt den Anfangszustand des Automaten dar. **state** bezeichnet den aktuellen Zustand des Automaten.

transition value spezifiziert denjenigen Wert, der den Automaten *protocol automaton* aus einem aktuellen Zustand in einen speziellen Folgezustand überführt. Dieser Wert ergibt sich entweder aus der durch *in message name* bezeichneten Message, oder aus dem *IN*-Teil der durch *method name* bezeichneten Methode, falls die Methode einen synchronen Datenaustausch mit dem Automaten darstellt (siehe Kap. 10.3).

task spezifiziert eine Sequenz von Aktionen, die beim Zustandsübergang ausgeführt werden. Aktionen sind Methodenaufrufe, bezeichnet durch *method name* oder *TASK*-Teil der durch *method name* bezeichneten Methode, falls die Methode einen synchronen Datenaustausch mit dem Automaten darstellt (siehe Kap. 10.3).

output value spezifiziert den Wert, der beim Zustandsübergang vom Automaten ausgesendet wird. Dieser Wert ergibt sich entweder aus der durch *out message name* bezeichneten Message, oder aus dem *OUT*-Teil der durch *method name* bezeichneten Methode, falls die Methode einen synchronen Datenaustausch mit dem Automaten darstellt (siehe Kap. 10.3).

nextstate bezeichnet den Zustand, den der Automat nach Ausführung einer Transition einnimmt.

Die funktionale Semantik ist in Kap. 11.2.1 beschrieben.

Statische Eigenschaften

name spezifiziert den Automaten in der Applikation.

Statische Bedingungen

Die im Automaten *protocol automaton* auftretenden Methoden (*method name*) und Messages (*in message name* und *out message name*) müssen im umgebenden Service sichtbar sein.

Der in **startstate** spezifizierte Zustand muß in der Spezifikation des Automaten *automaton* in einer *transition specification* als **state** vorkommen.

Die in *action* auftretenden Methoden müssen im Interface oder im Implementierungsteil (*implementation*) des umgebenden Service spezifiziert sein.

11.4.8 Channel

Channel spezifiziert den Transportkanal für asynchrone Interfaces. Er beschreibt gängige Mittel der Interprozeßkommunikation, die in der Implementierung von Laufzeitsystemen, z.B. Betriebssystemen, oder von Bibliotheken der Programmiersprachen unterstützt werden. Channel sind zum Beispiel TCP/IP-Sockets, CORBA-Stubs, OpCon-Stubs, Streams oder auch der Direct Call als direkter Methodenaufruf. Anhand dieser Spezifikation erkennt der Anwender eines Service Interface, welche Betriebsmittel zur Kommunikation mit dem Service benötigt werden.

Syntax

<channel> ::=
    channel *<name>* **is** *<channel specification>*
        [**configuration** *<config items>*]
    end

<channel specification> ::=
    CORBA | OPCON | TCP_SOCKET | UDP_SOCKET |
    STREAM | DIRECT_CALL

<config items> ::=
    <string>

Semantik

channel spezifiziert einen Transportkanal zwischen Interfaces zum Übertragen von Methoden oder Messages.

CORBA bezeichnet prozedurale Kommunikation gemäß CORBA-Standard, TCP_SOCKET einen TCP/IP-Transportmechanismus, UDP_SOCKET einen UDP/IP-Transportmechanismus, STREAM einen sequentiellen Datenstrom und DIRECT_CALL einen Prozeduraufruf einer Programmiersprache.

config items beschreibt Anweisungen zur Konfiguration des Transportkanals in textueller Form.

Statische Eigenschaften

name bezeichnet den Transportkanal im umgebenden Service.

Statische Bedingungen

Es können jeweils nur Interfaces vom selben Typ über einen Kanal verbunden werden, d.h. synchrone nur mit synchronen und asynchrone mit asynchronen.

11.4.9
Signaturen (Formale Parameter)

Signaturen entsprechen Parameterlisten in Programmiersprachen. Sie ermöglichen es, Methoden und Nachrichten zu parametrisieren (formale Parameterliste). Bei der Verwendung einer Methode bzw. dem Senden einer Nachricht können aktuelle Werte anstelle der Parameter eingesetzt werden (aktuelle Parameterliste).

Syntax

<formal signature> ::=

<type> [*<name>*] { , *<type>* [*<name>*] }* | *<empty>*

<actual signature> ::=

<value> { , *<value>* }* | *<empty>*

<empty> ::=

Semantik

Die formale Signatur soll auch die Bedeutung der Parameter verdeutlichen. Bei vordefinierten Typen sollte deshalb nicht nur der Typ, sondern auch der Name des Parameters aufgeführt werden.

11.5
Beispiel mit synchronen und asynchronen Schnittstellen

Das folgende Beispiel zeigt das bargeldlose Bezahlen an einem Kassenautomaten mittels EC-Karte und Eingabe der PIN-Nummer. Das folgende Block-Interaktions-Diagramm ist an SDL angelehnt, jedoch aus Gründen der einfachen Erläuterung nicht identisch zu SDL. Zudem ist durch die Form der Pfeile die synchrone von der asynchronen Kommunikation unterschieden. Die Bedeutung der Pfeile ist aus den Message Sequence Charts aus Kap. 11.1 übernommen:

——> synchroner Methodenaufruf
- - - - -> Rückantwort auf Methodenaufruf
——▶ asynchrone Nachricht.

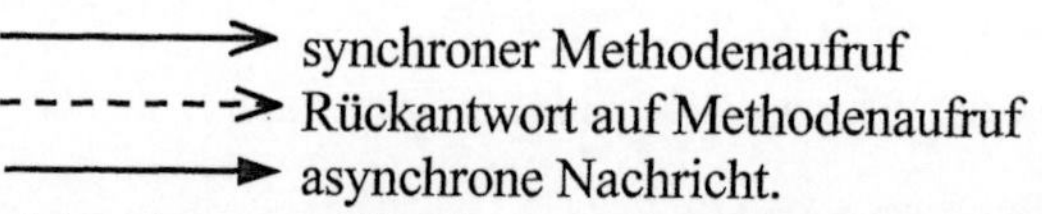

Die Eingaben vom Kassierer und vom Kunden an die EC-Kasse sind synchron, da auf die Antwort gewartet wird und selbstverständlich nicht mehrere Kunden überschneidend während der Wartezeiten auf die EC-Kasse zugreifen. Aus dem gleichen Grund ist auch die Abbuchung bei der Bank des Kunden synchron. Die Kommunikation mit einem zentralen Auskunftssystem wird wegen der großen Anzahl der Abfragen und Auskünfte an dieses System und wegen der längeren Bearbeitungszeit als asynchron angenommen.

Das Zusammenspiel von synchroner und asynchroner Kommunikation für dieses Beispiel ist in Kap. 10.3 ausführlich erläutert.

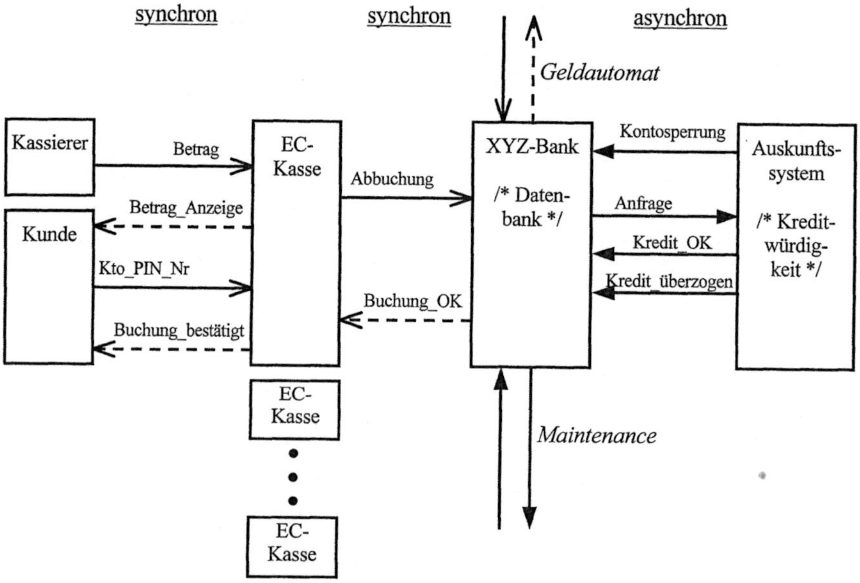

<u>Zustände der EC-Kasse:</u>

- Warten_auf_Betrag
- Warten_auf_PIN

<u>Zustände der XYZ-Bank aus Sicht der EC-Kasse:</u>

- Warten_auf_Auftrag /* Abbuchung von EC-Kasse oder Kontosperrung von Auskunftssystem (asynchron) */

<u>Zustand des Auskunftssystemprozesses zur Bearbeitung der Anfrage</u>

- Warten_auf_Anfrage

Komponentenmodelle für EC-Kasse und XYZ-Bank:

```
service kasse
  uses "XYZ_Bank-Komponente".Buchung (Abbuchung)
  end
  synchronous interface abheben with kasse
    method Betrag (int EUR_Wert)
    method Konto_PIN_Nr (int Konto_Nr, int PIN_Nr)
  end
  protocol kasse automaton
    startstate Warten_auf_Betrag
    state Warten_auf_Betrag
       input Betrag (EUR_Wert)
        nextstate Warten_auf_PIN
    state Warten_auf_PIN
      input Konto_PIN_Nr (Konto_Nr, PIN_Nr)
        task Abbuchung (EUR_Wert, Konto_Nr,
          PIN_Nr, Quittung)
        nextstate Warten_auf_Betrag
  end
end

service XYZ_Bank
  uses "Bonitätsprüfung" (Kredit_ok,
                          Kredit_sperrung) end
  synchronous interface Buchung with Bonität
    method Abbuchung (int EUR_Wert, int Konto_Nr,
                      int PIN_Nr, text Quittung)
  end
  asynchronous interface Auskunft with Bonität
    in  Kontosperrung (int Konto_Nr)
    out Anfrage (int Konto_Nr)
  end

  protocol Bonität automaton
    startstate Warten_auf_Auftrag
    state Warten_auf_Auftrag
      input IN (Abbuchung) (EUR_Wert, Konto_Nr,
                PIN_Nr, Quittung)
        task Anfrage (Konto_Nr)
        nextstate Warten_auf_Auftrag
      input Kontosperrung (Konto_Nr)
        task speicheresperrung (Konto_Nr)
        nextstate Warten_auf_Auftrag
      input Kredit_ok (Konto_Nr)
        task TASK (Abbuchung.actionpart)
          (EUR_Wert, Konto_Nr, PIN_Nr, Quittung)
        output OUT (Abbuchung.returnpart)
          (EUR_Wert, Konto_Nr, PIN_Nr, Quittung)
```

```
        nextstate Warten_auf_Auftrag
      input Kredit_überzogen (Konto_Nr)
        task speicheresperrung (Konto_Nr)
        output OUT (Abbuchung.returnpart)
            (EUR_Wert, Konto_Nr, PIN_Nr, Quittung)
        nextstate Warten_auf_Auftrag
  end
end
```

11.6 Click-to-Dial-Beispiel in COSPEL

In diesem Kapitel wird eine vollständige Beschreibung der Applikation Click-to-Dial gegeben. Es sind dabei folgende Aspekte berücksichtigt:

- offene Schnittstellen ins Internet über SIP und CORBA
- Administration der Applikation und Services
- Zugriff zur LDAP-Datenbank

```
/* ----------------------------------------- */
/*  Applikation: Click-to-Dial               */
/* ----------------------------------------- */
application ClickToDial
  components
    SipStackComponent,
    CorbaCtdComponent,
    ClickToDialComponent,
    MediatComponent,
    CssApiComponent,
    LdapComponent
  end
  processes
    RT_Provider,
    RT_Consumer,
    RT_E1Handler,
    AdminProcess,
    AlarmingProcess
  end
  published
    ClickToDial.StandardAdminService.AdminIF
      offered by SNMPChannel,
    SipStackComponent.SipStack.SipInterface
      offered by SIPChannel,
    CorbaCtdComponent.CorbaCall.CorbaIF
      offered by CorbaLink,
    LdapComponent.SubAdminService.SubAdminIF
```

```
      offered by SNMPChannel,
    CssApiComponent.Tcap.TcapIF offered by E1Link
    CssApiComponent.E1LinkAdmin.SwitchE1Link
      offered by SNMPChannel
  end

  assembly
    SipStackComponent.SipStack
      connect by DirectLink to
        ClickToDialComponent.CtdService.SipCall,
    CorbaCtdComponent.CorbaCall
      connect by DirectLink to
         ClickToDialComponent.CtdService.SipCall,
    ClickToDialComponent.CtdService
      connect by OpConChannel to
      MediatComponent.ParlayCallService.ParlayCall
    MediatComponent.ParlayCallService
      connect by OpConChannel to
        CssApiComponent.Css.CssApi
  end
  administration StandardAdminService cascading
  end
  alarming StandardAlarmingService
    alarms Overflow,
           IllegalCallId
  end
end

protocol SIPProtocol standard of IETF: RFC2543
  (SIP), RFC2327 (SDP), RFC2848 (PINT) end
protocol SNMP standard of IETF: RFCxxxx end
protocol TcapProtocol standard of ITU-T:
  Q.771, Q.772, Q.773, Q.774 end

channel SIPChannel is TCP_SOCKET
  configuration Port 53 end
channel SNMPChannel is UDP_SOCKET
  configuration Port 20 end
channel CorbaLink is CORBA end
channel DirectLink is DIRECT_CALL end
channel OpConChannel is OPCON end
channel E1Link is UDP_SOCKET
  configuration Port 40 end

service StandardAdminService
  program Main runs in AdminProcess
  asynchronous interface AdminIF with SNMP
    in  StartService(),
        KillService
    out ServiceAlive(),
```

```
        ServiceStopped()
  end
  implementation
    class Main() {
      public void main() {
        Queue queue = new PintQueue();
        consumer = new Consumer();
        provider = new Provider();
        consumer.start();
        provider.start();
        while (true) {
          O&M_Cmd.receive();
          switch (O&M_Cmd.type) {
            case "KILL":  consumer.kill();
                   consumer = new newConsumer();
                   newConsumer.start();
          }
        }
      }
    }
  end
end

service StandardAlarmingService
  program main runs in AlarmingProcess
  asynchronous interface StandardAlarming
    with SNMP
    out Alarm (reason)
  end
end

/* ----------------------------------------- */
/*  Komponente: SIP/PINT-Stack               */
/* ----------------------------------------- */
component SipStackComponent
  services
    uses CtdService end
    provides SipStack end
  processes RT_Provider, RT_Consumer end
  resources SipStack.SipInterface.SipInvite
            (callspersecond = 110,
             processor cpu_utilization = 0.15,
             memory_utilization = 250k)
  end
  administration StandardAdminService end
end

service SipStack
  uses CtdService.SipCall (MakeCall),
       StandardAdminService.AdminIF
```

```
      (ServiceAlive, ServiceStopped)
program Provider runs in RT_Provider
program Consumer runs in RT_Consumer
queue PintQueue source Provider
  destination Consumer end
asynchronous interface SipInterface
  with SIPProtocol
  in  SipInvite(SipRAWPacket),
      SipAck(SipRAWPacket)
  out SipOk(SipRAWPacket),
      SipBye(SipRAWPacket)
end
implementation
  class PintQueue extends Queue {
    void push(SipRequest) { … }
    SipRequest pop() { … }
  }
  class Provider extends Thread {
    Provider = new Thread {
     void run() {
      while (true) {
        SipRequest request =
             SIPListener.receive();
        PintQueue.push(request);
      }
    }
  }
  class Consumer extends Thread {
    boolean alive = true;
    ServiceID, Aparty, Bparty;
    void kill() { alive = false; }
    void run() {
      while (alive) {
        SipRequest request = PintQueue.pop();
        (ServiceID, Aparty, Bparty) =
                 parseSIP(request);
        CtD call = new CtD_R2C(ServiceID,
                          Aparty, Bparty);
        call.MakeCall();
      }
    }
  }
 end
end

/* ------------------------------------------- */
/*  Komponente: CORBA API für Click-to-Dial     */
/* ------------------------------------------- */
component CorbaCtdComponent
```

```
  services
    uses CtdService end
    provides CorbaCall end
  resources CorbaCall.CorbaIF.CorbaMakeCall
              (callspersecond = 100,
               processor cpu_utilization = 0.1,
               memory_utilization = 200k)
  end
  administration StandardAdminService end
  alarming StandardAlarmingService end
end

service CorbaCall
  uses CtdService.SipCall (MakeCall),
       StandardAdminService.AdminIF
         (ServiceAlive, ServiceStopped),
       StandardAlarmingService.StandardAlarming
         (Alarm)
  synchronous interface CorbaIF
    method CorbaMakeCall() throws Overflow
  end
  exception Overflow
    callspersecond has received threshold value
  end
  implementation
    void CorbaMakeCall(ServiceID, Aparty, Bparty)
    { orb = findOrb("ORBName");
      FactoryObject = orb.bind("PINT-Service");
      CtDCorbaCall = FactoryObject.construct
               ("R2C", Aparty, Bparty);
      CtDCorbaCall.MakeCall();
    }
  end
end

/* -------------------------------------- */
/*  Komponente: Click-to-Dial             */
/*              (Service Logik)           */
/* -------------------------------------- */
component ClickToDialComponent
  services
    uses ParlayCallService, Database end
    provides CtdService end
  resources CtdService.SipCall.MakeCall
              (callspersecond = 100,
               processor cpu_utilization = 0.2,
               memory_utilization = 4M)
  end
  administration StandardAdminService end
```

```
  alarming StandardAlarmingService end
end

service CtdService
  uses ParlayCallService.ParlayCall
          (routeCallToOrigination,
           routeCallToDestination, MergeLegs),
       Database.Authorisation (IsPinValid),
       StandardAdminService.AdminIF
         (ServiceAlive, ServiceStopped),
       StandardAlarmingService.StandardAlarming
        (Alarm)
  synchronous interface SipCall
    method MakeCall()
      throws Overflow, IllegalCallId
  end
  exception Overflow
    callspersecond has received threshold value
  end
  exception IIlegalCallId
    no authorized user
  end
  implementation
    class CtD_R2C extends CtD {
      ServiceID, Aparty, Bparty;
      CtD_R2C(ServiceID, Aparty, Bparty) { … }
      void MakeCall() {
        ParlayCall Pcall = new ParlayCall
               (ServiceID, Aparty, Bparty);
        Pcall.routeCallToOrigination
               (ServiceID, ApartyLeg);
        Pcall.routeCallToDestination
               (ServiceID, BpartyLeg);
        Pcall.MergeLegs();
      }
    }
  end
end
/* -------------------------------------------- */
/*  Komponente: Mediation (Parlay)              */
/* -------------------------------------------- */
component MediatComponent
  services
    uses Css end
    provides ParlayCallService end
end

service ParlayCallService
  uses Css (SetupParty, PromptParty,
```

```
            MergeParties, OperationSuccessful,
            ReportError)
        StandardAdminService.AdminIF
            (ServiceAlive, ServiceStopped)
  synchronous interface ParlayCall
    method routeCallToOrigination
            (ServiceID, ApartyLeg)
    method routeCallToDestination
            (ServiceID, BpartyLeg)
    method MergeLegs()
  end
  implementation
    class ParlayCall {
      ServiceID, Aparty, Bparty;
      ParlayCall(ServiceID, Aparty, Bparty) { … }
      void routeCallToOrigination
                (ServiceID, Party) {
        ParlayCallLeg aLeg = new ParlayCallLeg
                (ServiceID, Party);
        aLeg.routeCallToAddress();
      }
      void routeCallToDestination
                (ServiceID, Party) {
        ParlayCallLeg bLeg = new ParlayCallLeg
                (ServiceID, Party);
        bLeg.routeCallToAddress();
      }
    }
    class ParlayCallLeg {
      ServiceID, Party;
      ParlayCallLeg(ServiceID, Party) { … }
      void routeCallToAddress() {
        new CSS_ParlayCallLeg
              (ServiceID, Party).SetupParty();
      }
    }
  end
end

/* -------------------------------------------- */
/*  Komponente: Core Switching System           */
/*              (EWSD-Abstraktion)              */
/* -------------------------------------------- */
component CssApiComponent
  services
    provides Css, Tcap end
  processes RT_E1Handler end
  administration StandardAdminService,
                 E1LinkAdmin
```

```
  end
end

service Css
  program InterfaceHandler runs in RT_E1Handler
  uses StandardAdminService.AdminIF
       (ServiceAlive, ServiceStopped)
  asynchronous interface CssApi
    with CssApiProtocol
    in  SetupParty(E164Number),
        MergeParties(callid1, callid2),
        PromptParty(E164Number)
    out OperationSuccessfull(callid),
        ReportError(callid, errNumber)
  end
  protocol CssApiProtocol automaton
    startstate init
    state init
      input SetupParty(E164Number)
        task setupLeg
        output OperationSuccessfull(callid)
        nextstate Leg1Ready
    state Leg1Ready
      input PromptParty(E164Number)
        task playAnnouncement
        output OperationSuccessfull(callid)
        nextstate Leg1Informed
      input SetupParty(E164Number)
        task setupLeg
        output OperationSuccessfull(callid)
        nextstate Leg2Ready
      input MergeParties(callid1, callid2)
        task connectLegs
        output ReportError(callid, errNumber)
        nextstate Leg1Ready
    state Leg1Informed
      input SetupParty(E164Number)
        task setupLeg
        output OperationSuccessfull(callid)
        nextstate Leg2Ready
      input MergeParties(callid1, callid2)
        task connectLegs
        output ReportError(callid, errNumber)
        nextstate Leg1Informed
    state Leg2Ready
      input PromptParty(E164Number)
        task playAnnouncement
        output OperationSuccessfull(callid)
        nextstate Leg2Informed
```

```
        input SetupParty(E164Number)
          task setupLeg
          output ReportError(callid, errNumber)
          nextstate Leg2Ready
        input MergeParties(callid1, callid2)
          task connectLegs
          output OperationSuccessfull(callid)
          nextstate LegsConnected
      state Leg2Informed
        input MergeParties(callid1, callid2)
          task connectLegs
          output OperationSuccessfull(callid)
          nextstate LegsConnected
  end
end

service Tcap
  uses StandardAdminService.AdminIF
        (ServiceAlive, ServiceStopped)
  program TcapHandler runs in RT_E1Handler
  asynchronous interface TcapIF with TcapProtocol
    in  ReceiveAsn1Packet(Asn1Packet)
    out SendAsn1Packet(Asn1Packet)
  end
end

service E1LinkAdmin
  asynchronous interface SwitchE1Link with SNMP
    in  SwitchE1LinkToEWSD(EWSDNumber)
    out OperationSuccessfull()
  end
end

/* ---------------------------------------- */
/*  Komponente: LDAP-Datenbank              */
/* ---------------------------------------- */
component LdapComponent
  services
    provides Database end
  administration StandardMaintenanceService,
                 SubAdminService end
end

service Database
  synchronous interface Authorisation
    boolean method IsPinValid(PIN)
  end
end
```

```
service SubAdminService
  asynchronous interface SubAdminIF with SNMP
    in  AddSubscriber
          (Name, Pin, E.164Number, Address)
        RemoveSubscriber
          (Name, Pin, E.164Number, Address)
    out OperationSuccessfull()
  end
end
```

11.7 Fazit

„Mit Spezifikationen läßt sich trefflich streiten."

Zwischen menschlicher Intuition bei der Interpretation der Aufgabenstellung und der Implementierung im Computer besteht eine beträchtliche Lücke. Zur Schließung dieser Lücke sind formale Darstellungsmittel unabdingbar.

Diese Darstellungen müssen die Abläufe, die statischen Zusammenhänge und die dynamischen Systemeigenschaften der Software erfassen und zueinander in Beziehung setzen. Darüber hinaus ist die Abbildung der Software auf einen Computerverbund zu spezifizieren.

Diese Aspekte lassen sich mit Message Sequence Charts und COSPEL formalisieren und vollständig erfassen.

Insbesondere läßt sich das inhärente Problem des Zusammenspiels von synchronen und asynchronen Abläufen explizit darstellen.

Im Kap. 14 werden andere Notationen bewertet, die nicht alle unsere Anforderungen erfüllen.

12 Ausfallsicherheit: Redundanzarchitektur bei Echtzeitsystemen

12.1 Software-Zuverlässigkeit

Bei der Architektur von Echtzeitsystemen ist deren Ausfallsicherheit zu berücksichtigen. Je nach geforderter Zuverlässigkeit gibt es zu deren Erreichung unterschiedlich aufwendige Redundanzprinzipien, die in der Architektur zu berücksichtigen sind. Im Telekommunikationsbereich ist schon allein wegen der notwendigen Erreichbarkeit von Notrufnummern eine sehr hohe Zuverlässigkeit erforderlich. Redundanz erfordert bei Hardware und Software unterschiedliche Methoden. Bei Hardware wird sie in der Regel durch Dopplung der Systemkomponenten erreicht. Bei Flugzeug-Computern ist sogar eine dreifache Redundanz vorhanden. Bei der Datenübertragung über Router oder bei Server-Auskunftssystemen reicht dagegen besonders bei größeren Clustern häufig eine geringere Redundanz als eine Dopplung aus: Für das Funktionieren eines Systems, das aus N Komponenten besteht, müssen gleichzeitig mindestens K Komponenten mit $K > N/2$ verfügbar sein.

Vervielfältigung führt bei Hardware zu Redundanz, da bei baugleicher Hardware die Fehler zum einen an unterschiedlichen Stellen vorliegen (aufgrund des Herstellprozesses) und zum anderen sporadisch auftreten (z.B. wegen Hochfrequenztechnik).

Anders verhält es sich bei Software. Sie enthält bei Vervielfältigung die identischen Fehler; d.h., Redundanz erfordert andere Maßnahmen, wie z.B. mehrfache, getrennte Entwicklung oder Plausibilitätskontrollen und Fehlerbehebungsmaßnahmen, innerhalb der Software zur Laufzeit (siehe Kap. 12.3).

Die Strategien zur Behebung eines Fehlerfalls hängen von den speziellen Randbedingungen der Applikation ab: Bei einem Eisenbahn-Signalsystem können in einem schwierigen Recovery-Fall zur Sicherheit alle Signale auf Rot gestellt werden, d.h., das System ist für kurze Zeit nicht verfügbar, dagegen ist in einem Flugzeug eine Unterbrechung nicht möglich. Bei einem Telekommunikationssystem sind die Auswirkungen auf Verbindungen und das Erfassen von Gebühren gering zu halten.

Details zum Thema Software Reliability finden sich u.a. in dem umfangreichen Buch der AT&T Bell Laboratories [Musa1990]. In diesem Abschnitt soll nur ein Überblick für die Aspekte gegeben werden, die Concurrent Systeme betreffen.

Fehlverhalten vs. Fehler

Zunächst sollen die Begriffe Fehlverhalten (failure) und Fehler (fault) geklärt und unterschieden werden. Diese Begriffe werden häufig verwechselt, aber die Bedeutung des Unterschieds ist für die Bewertung der Software-Zuverlässigkeit und auch für geeignete Teststrategien sehr wichtig.

Software-Zuverlässigkeit (Reliability) ist die Wahrscheinlichkeit, daß Software für eine festgelegte Zeitperiode in einer festgelegten Umgebung ohne Fehlverhalten arbeitet. Fehlverhalten bedeutet, daß das Programm in seiner Funktion die Anwenderanforderungen in irgendeiner Weise nicht erfüllt hat. In dieser breiten Definition umfaßt der Begriff Zuverlässigkeit viele Qualitätseigenschaften: Korrektheit, Ausfallsicherheit, Verfügbarkeit, Benutzungsfreundlichkeit, Software-Sicherheit, Performance, Antwortzeit.

Software-Zuverlässigkeit ist eine benutzerorientierte Sicht der Software-Qualität. Dagegen ist das Zählen der entdeckten Fehler in einem Programm entwicklungsorientiert.

benutzerorientiert vs. entwicklungsorientiert

Die benutzerorientierte Sicht des Fehlverhaltens bezieht sich auf die Ausführung eines Programms und ist damit dynamisch.

Die entwicklungsorientierte Sicht des Fehlers bezieht sich auf das Design eines Programms und ist damit statisch. Ein Fehler ist ein Defekt eines Programms, der, wenn das Programm unter bestimmten Bedingungen ausgeführt wird, ein Fehlverhalten verursacht. Ein Fehler kann die Ursache von verschiedenen Fehlverhalten sein.

Die benutzerorientierte Sicht bezieht sich damit auf die Häufigkeit, mit der Probleme auftreten, und kann daher mit Kosten und Nutzungsart in Verbindung gebracht werden. Daher sind Zuverlässigkeitsmaße zweckmäßiger als Fehlermaße.

Teststrategie

Der Unterschied hat auch Auswirkungen auf eine optimale Teststrategie: Entwickler testen z.B. häufig mit Randwerten der Eingabebereiche, weil diese so erscheinen, als wären sie bei der Implementierung nicht hinreichend berücksichtigt. In der realen Ausführung des Programms treten diese Randwerte aber mit einer hohen Wahrscheinlichkeit nicht auf. Daher führt diese Teststrategie zwar zu einer Reduzierung der Fehler, aber nicht zu einer Reduzierung der Fehlverhalten!

Benutzerverhaltens-Profil

Software-Zuverlässigkeit hängt auch von der Umgebung, nämlich vom typischen Benutzerverhaltens-Profil ab, das zu typischen Fehlverhalten führt. Die Software von Telekommunikationseinrichtungen in Gewerbegebieten weist andere typische Fehlverhalten und damit eine andere Zuverlässigkeit auf als solche in Wohngebieten.

Um die Software-Zuverlässigkeit eines Systems zu untersuchen, kann dieses in Teilkomponenten unterteilt werden, deren Zuverlässigkeit sich leichter abschätzen oder messen läßt. Es wird dann die Relation der Zuverlässigkeit der Komponenten zu der des Systems untersucht.

Zuverlässigkeit muß sich bereits in der Architektur finden. Aus einer guten Systemstruktur lassen sich Fehler besser lokalisieren und kombinatorische Regeln zur Zuverlässigkeitsanalyse ableiten.

12.2 Kombinatorische Regeln

Es gibt zwei Basistypen von Systemrelationen, die in der kombinatorischen Analyse der Software-Zuverlässigkeit betrachtet werden: concurrent und sequentiell.

Zur **Zuverlässigkeitsanalyse von Concurrent-Systemen** werden *UND-ODER-Konfigurationen* von Komponenten mit unabhängigen Fehlverhalten betrachtet, wodurch viele übliche Situationen repräsentiert werden.

Es gelten die folgenden kombinatorischen Regeln, die auf den Fehlern in N verschiedenen Komponenten basieren, die unabhängig voneinander sind:

1. Wenn alle N Komponenten erfolgreich funktionieren müssen für den Systemerfolg (UND-Bedingung, sequentiell), und damit das Fehlverhalten von irgendeiner der N Komponenten ein Fehlverhalten des Systems verursacht, dann ist die Systemzuverlässigkeit R gegeben durch das Produkt der Komponentenzuverlässigkeiten R_i:

   $$R = R_1 \times \ldots \times R_N,$$

   wobei R, R_i Wahrscheinlichkeiten zwischen 0 und 1 sind.

2. Wenn das erfolgreiche Funktionieren irgendeiner der N Komponenten zum Systemerfolg führt (ODER-Bedingung, concurrent), oder das Fehlverhalten aller N Komponenten für ein Fehlverhalten des Systems erforderlich ist, dann ist die Systemzuverlässigkeit gegeben durch

$$R = 1 - ((1-R_1) \times \ldots \times (1-R_N))$$

3. Wenn K von N Komponenten funktionieren müssen für den Systemerfolg, ergibt sich als Verallgemeinerung eine partielle Summe von Binomial-Wahrscheinlichkeiten.

Beispiel 1:

Bei zwei redundanten Komponenten mit jeweiliger Zuverlässigkeit von 0,999 ergibt sich eine Systemzuverlässigkeit von 0,999999.

Es ist zu berücksichtigen, daß die Zuverlässigkeit aufgrund von mathematischen Formeln als Abstraktion von der Realität berechnet wird. Bei komplexen Software-Systemen können allerdings nicht alle Parameter in einer Formel berücksichtigt werden.

Beispiel 2:

Zwei redundante Komponenten mit jeweiliger Zuverlässigkeit von $R_1 = 0{,}999$ werden zusätzlich durch eine zentrale Datenbankkomponente ergänzt, auf die beide Zugriff haben.

Die Systemzuverlässigkeit ist

$$R = [1-(1-R_1)^2] \times R_{DB} = 0{,}999999 \times 0{,}999 = 0{,}998999.$$

Liegt keine Komponentendopplung vor, d.h. eine Komponente ist mit einer Datenbankkomponente gekoppelt, so ergibt sich im Vergleich eine Systemzuverlässigkeit von

$$R = R_1 \times R_{DB} = 0{,}998.$$

Fazit: Der Zuverlässigkeitsvorteil der Komponentendopplung geht verloren, da die Datenbank nicht gedoppelt ist. Es reicht dann eine nicht gedoppelte Komponente.

Sind jedoch sowohl die Komponenten als auch die Datenbank gedoppelt, so ergibt sich eine Systemzuverlässigkeit von 0,999998. Daraus folgt, daß eine Dopplung aller Elemente erforderlich ist, um die Zuverlässigkeit signifikant zu erhöhen.

Vernachlässigt worden ist bei diesen Betrachtungen der „Kitt“ zwischen Dopplungen, der ebenfalls eine hinreichend hohe Zuverlässigkeit haben muß.

Bei redundanten Systemen sind die Ursachen für Fehlverhalten von Hardware-Komponenten, die physikalisch individuell aber funktional identisch sind, häufig unabhängig voneinander. Dieses gilt nicht für Software! Kopien von Programmen sind nicht nur identisch bezüglich ihrer Funktionalität, sondern auch bezüglich ihrer Fehler, die Fehlverhalten verursachen. Anders verhält es sich, wenn Programme in verschiedenen Varianten von verschiedenen Teams entwickelt worden sind.

Die Zuverlässigkeit hängt natürlich auch noch von den zeitlichen Annahmen ab, in denen defekte Hardware-Teile ausgetauscht werden, bzw. den Recovery-Zeiten bei der Software. Hier können dann wieder Fehler in den Recovery-Programmen mit lokaler Fehlerbehebung und Failover-Programmen mit Umschaltung auf andere Rechner enthalten sein usw., oder dem Bedienpersonal können Fehler beim Austausch der Hardware oder bei Wartungsarbeiten an Hardware oder Software unterlaufen.

Zudem muß nach der Schwere der Fehlverhalten unterschieden werden. Im Bereich der Telekommunikation sind die Fehler, die den Verbindungsaufbau verhindern, höher zu priorisieren als solche, die den Verbindungsaufbau verzögern.

Die mathematischen Formeln bilden also nur eine erste Näherung, die um die Randeffekte relativiert werden müssen. Weitergehende Betrachtungen zu Simulationsmodellen, die auf statistischen Verfahren z.B. der logarithmischen Poisson-Verteilung basieren, finden sich in [Musa1990].

12.3 Software-Fehlerbehandlung

Im Vergleich zum obigen Unterkapitel wird im folgenden eine interne Redundanz betrachtet, die in der Software selber geschaffen wird und nicht etwa durch Dopplung entsteht.

Bei großen Software-Systemen können weder extensive Reviews noch Testverfahren eine fehlerfreie Software garantieren. Daher müssen Mechanismen angewendet werden, welche Fehlverhalten möglichst frühzeitig entdecken und deren Auswirkungen weitestgehend durch geeignete Recovery-Maßnahmen begrenzen und eigenständig beheben. Dieses gilt selbstverständlich nicht nur für Fehler, die ihren Ursprung in der Software selbst haben, sondern auch für Fehler, die durch Hardware-Defekte (CPU, Bus, Speicher) ausgelöst werden. Im Gegensatz zu Software können bei der Hardware sporadische Fehler auftreten. Im folgenden sollen jedoch nur durch Software ausgelöste Fehler betrachtet werden.

Software-Fehler im System sind unsichtbar, bis sie durch ein Fehlverhalten entdeckt werden. Entdeckungsmechanismen für Software-Fehler werden an geeigneten verteilten Stellen in der Software und in der Hardware installiert. Solche Mechanismen basieren auf zum Teil mehrfachen redundanten, aber unterschiedlichen Kontrollen, die von verschiedenen Systemkomponenten aus durchgeführt werden. Dieses geschieht entweder dezentralisiert in der Applikation oder in einer zentralisierten Software-Fehlerbehandlung.

Die dezentralisierte Software-Fehlerentdeckung durch die Applikations-Software selbst umfaßt die Entdeckung illegaler oder nicht interpretierbarer Nachrichten, die Entdeckung von inkonsistenten Daten oder die Entdeckung von Fehlern in der Ablauflogik durch Plausibilitätskontrollen.

Laufzeitprüfung durch Programmiersprache

Zentralisierte Software-Fehlerentdeckung wird durch Laufzeitprüfungen des Programmiersprachen-Supports durchgeführt oder durch zentralisierte Software-Fehlerdetektoren zur Laufzeit mit dem Ziel der Aufdeckung von Endlosschleifen oder blockierter Prozesse.

Prüfung durch Betriebssystem

Ein Beispiel für ein internes Software-Redundanzprinzip ist die Überprüfung, ob beendete Prozesse ihre Ressourcen – wie gesetzte Timer oder belegter Heap – zurückgegeben haben. Hierzu ist erforderlich, daß eine zentrale Prozeßverwaltung im Betriebssystem für jeden Prozeß vermerkt, ob dieser Betriebsmittel belegt. Im Vergleich zum Prozeß selbst vermerkt die Prozeßverwaltung nur die Art des Betriebsmittels, jedoch aus Aufwands- und Speicherplatzgründen nicht die Anzahl und Adressen der Betriebsmittel. Vergißt nun ein Prozeß bei seiner Beendigung, ein Betriebsmittel freizugeben, wird dieses von der Prozeßverwaltung erkannt. Die vergessenen Betriebsmittel des Prozesses werden dann von der Prozeßverwaltung freigegeben. Dieses ist aber erheblich zeitaufwendiger, da die Prozeßverwaltung nicht die direkten Adressen der Betriebsmittel kennt. Dieses Beispiel zeigt auch, daß viele Aufgaben dezentral sehr viel effektiver als zentral durchgeführt werden können.

Ein weiteres Beispiel sind Aufrufe an das Betriebssystem. Hier werden die Eingabeparameter zusätzlich vom Betriebssystem selbst auf Plausibilität überprüft und dem aufrufenden Programm eine Rückmeldung über Annahme oder Grund der Ablehnung eines Auftrags mitgeteilt. Aufgrund der Rückmeldung ist es in der Regel die Aufgabe des Aufrufers, auf eine negative Rückmeldung zu reagieren. Erst wenn im Wiederholungsfall eine bestimmte Fehlerschwelle überschritten wird, erfolgt zentral ein Aufruf an die Recovery-Behandlung und es wird ein möglichst lokales Recovery zur Behebung der Fehlersituation ausgelöst. Hier liegt also eine Redundanz zwischen Anwenderprogramm, Betriebssystem und Recovery-Behandlung vor.

Plausibilitätskontrollen für Software-Fehler können nicht nur innerhalb der Software, sondern auch von der Hardware durchgeführt werden. So kann beispielsweise durch die Hardware geprüft werden, ob die Software blockiert ist oder ob Zugriffsverletzungen vorliegen.

Recovery-Maßnahmen

Die Recovery-Maßnahmen werden in Abhängigkeit der Art und der Häufigkeit eines Fehlers in verschiedenen Eskalationsstufen durchgeführt. Hierbei muß einerseits die Fehlersituation behoben werden, andererseits muß aber die Auswirkung auf den Anwender des Software-Systems so gering wie möglich bleiben, z.B. müssen in einem Telekommunikationssystem bestehende Verbindungen möglichst erhalten bleiben. Dieses kann durch das Design der Software unterstützt werden, indem die Recovery-Einheiten möglichst klein sind. Z.B. kann ein Recovery einzelner Prozesse durchgeführt werden, was erfordert, daß die Partnerprozesse in der Lage sind, den temporären Ausfall eines Prozesses während eines Recoverys zu tolerieren.

defensive Programmierung

Eine Voraussetzung zur Minimierung von Recovery-Maßnahmen ist die defensive Programmierung. Probleme sollen möglichst an ihrem Ursprung neutralisiert werden und nicht an andere Komponenten weitergereicht werden. So darf z.B. ein Anwenderprogramm bei einer Meldung „Lack of Resources", etwa bei aufgetretenem Speichermangel, nicht etwa die zentrale Software-Fehlerbehandlung aufrufen, da hierdurch die Fehlersituation nicht nachhaltig beseitigt wird, sondern nach einiger Zeit wieder auftritt. Eine Lösung kann sein, daß sich das Anwenderprogramm vertagt und die Ressourcenanforderung einige Zeit später wiederholt. Das gleiche gilt, wenn eine Nachricht wegen eines gefüllten Zielbuffers nicht abgesetzt werden kann. Zudem sind nicht mehr benötigte Ressourcen freizugeben.

Falls Dateninkonsistenzen oder Kommunikationsfehler vorliegen, ist der betroffene Prozeß in einen definierten Zustand zu bringen, wobei gegebenenfalls Daten neu zu initialisieren sind. Erst nach Neutralisierung des Fehlers darf das Programm fortgesetzt werden.

In dem Schichtenmodell in Kap. 8 bedeutet dieses, daß Fehlverhalten, die in einer höheren Schicht entdeckt werden, möglichst auch in dieser Schicht behoben werden und nur in Ausnahmefällen auf zentralere Maßnahmen tieferliegender Schichten, wie etwa dem Betriebssystem, zurückgegriffen wird.

12.4 Fazit

Die Zuverlässigkeit von Systemen läßt sich durch Redundanz erhöhen. Bei den klassischen Vermittlungssystemen wird diese meist durch Systemdopplung erreicht, im Punkt 2 in Kap. 12.2 wäre dann $N = 2$. Bei den Internet-Routern oder einer Server-Architektur muß eine hinreichende Teilmenge funktionieren, es liegt der Punkt 3 in Kap. 12.2 vor. Besonders aus Kostengründen können andere Konfigurationen günstiger sein. Die Berechnungen für die Zuverlässigkeit können dann im Einzelfall entsprechend aufwendiger werden. Die hierfür erforderlichen mathematischen Modelle würden den Rahmen dieses Kapitels übersteigen, sie finden sich in dem Buch der AT&T Bell Laboratories [Musa1990].

13 Qualitätssicherung

13.1 Qualität von Software

Die Qualität von Software hat zwei Aspekte. Die Korrektheit des Software-Designs bestimmt die Funktionalität des Produktes („Das Produkt xy arbeitet korrekt“). Die Zuverlässigkeit des Software-Produktes ergibt sich aus der Verfügbarkeit und dem Reaktionsverhalten („Die Funktion des Produktes xy ist vereinbarungsgemäß verfügbar und reagiert erwartungsgemäß“). Beide Aspekte bestimmen den Eindruck, den der Anwender von der Qualität eines Software-Produktes gewinnt.

Die Qualität von Software-Produkten wird mit schwächeren Maßstäben gemessen als die anderer technischer Produkte. Dies ist schon daran zu erkennen, daß für viele Software-Produkte Garantie ausgeschlossen oder zumindest stark eingeschränkt wird. Es ist dementsprechend nicht unüblich, daß neue Software unzuverlässig arbeitet; selbst in verbesserten Nachfolgeversionen treten noch schwere Fehlverhalten auf. Manchmal werden Fehlverhalten durch Korrekturen noch verschlimmert.

Aus den Betrachtungen von Kap. 3 folgt, daß auch bei großen Software-Systemen im Bereich der Kommunikationssysteme Fehlverhalten nicht grundsätzlich ausgeschlossen werden können. Die quasi unendlich große Menge der Zustände, die ein solches System im realen Einsatz annehmen kann, macht es praktisch unmöglich, alle inplausiblen Zustände zu erkennen und Notmaßnahmen vorzubereiten. Dies bedeutet eine Einschränkung der Korrektheit der Software. Andererseits existiert die Software nicht für sich, sondern läuft auf einer Hardware, die in der Regel wiederum mit anderen Computern verbunden ist, die sich mehr oder weniger korrekt und zuverlässig verhalten können. Die Zuverlässigkeit einer korrekten Software wird also maßgeblich durch die Zuverlässigkeit ihrer Umgebung bestimmt. Hinzu kommt, daß das Software-System vor dem eigentlichen Einsatz nicht unter realistischen Bedingungen erprobt werden kann; die Feuertaufe erfolgt erst nach Freigabe an die Anwender.

Erproben der Software bedeutet Test der Software unter sehr vereinfachten Bedingungen. Untersucht man den Testprozeß für große Software-Systeme, so stellt man fest, daß er vom Konzept her nicht plausibel ist. In der Theorie ist der Testprozeß mit dem Implementierungsprozeß verzahnt: Nach der stufenweisen Zerlegung des Systems in Applikationen, Komponenten und Programm-Module folgt die Programmierung der Module; anschließend folgt aufsteigend der Test der Teile auf den jeweiligen Stufen bis zum abschließenden Systemtest. Die folgende Abb. 13.1 zeigt das Prinzip.

Abb. 13.1: Das V-Modell der Software-Entwicklung

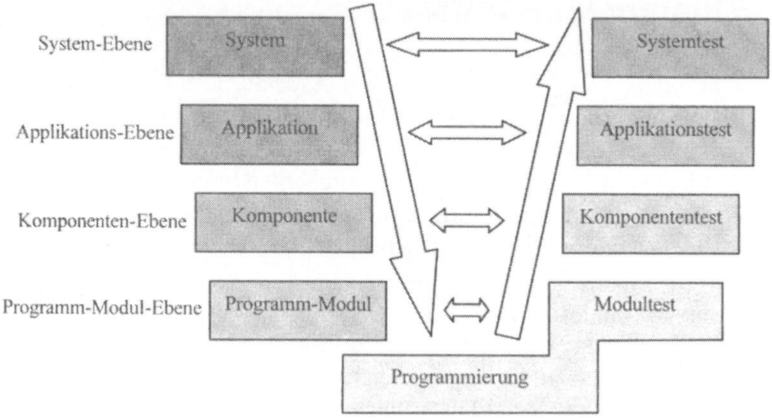

Soweit die Theorie. In der Praxis zeigen komplexe Software-Systeme allerdings trotz dieser systematischen Vorgehensweise zum Teil schwerwiegende Fehlverhalten im Einsatz, obwohl

- alle Subsysteme in isolierten Tests entsprechend den Anforderungen funktionierten und
- der Systemtest unter kontrollierten Bedingungen durchgeführt wurde.

Die naheliegende Begründung für dieses Phänomen ergibt sich aus der Schwierigkeit, zu der statischen Zerlegung des Systems in seine Module nach Abb. 13.1 kongruente dynamische Zustandsmengen zu identifizieren, die zum Test der Module, Komponenten und Applikationen verwendet werden können. Dieses Testkonzept stellt also keineswegs sicher, daß alle Komponenten innerhalb des Gesamtsystems für alle möglichen Situationen bzw. Zustände korrekt arbeiten. Die Strategie „teile und herrsche“ führt hier nicht zum gewünschten Erfolg.

Wenn wir diese inhärente Unzulänglichkeit des Testprozesses akzeptieren, stellt sich die Frage, ob andere Ansätze zur Qualitätssicherung das Problem lösen oder wenigstens durch ergänzende Methoden die erkannten Mängel reduzieren.

Die Korrektheit von Software sollte sich doch beweisen lassen!

Programmverifikation:

Da man sowohl Programme als auch ihre Spezifikationen als mathematische Objekte ansehen kann, ist es theoretisch möglich, die Äquivalenz zwischen beiden formal zu beweisen.

In der Praxis ist es bis heute nicht gelungen, für große Software-Systeme, die aus parallelen Prozessen bestehen, zu beweisen, daß sie ihren Spezifikationen entsprechen. Darüber hinaus ist es äußerst schwierig, das Auftreten von Fehlern in Eingabedaten und von Hardware-Fehlern in den Formalismus einzubeziehen.

Abgesehen von diesen praktischen Problemen sind zwei Punkte zu klären:

- Wie stellt man sicher, daß die Systemspezifikation korrekt und vollständig ist?
- Wie kann man sich davon überzeugen, daß ein großer Beweis korrekt ist?

Programmverifikation verlagert also im Grunde das Problem nur in einen anderen Formalismus, ohne eine Lösung anzubieten.

Schwierige Aufgaben löst man am besten durch Automatisierung!

Programmgenerierung:

Der Ansatz geht davon aus, daß aus Spezifikationen, die in einer formalen Spezifikationssprache formuliert sind, durch automatische Übersetzer ein Computerprogramm generiert werden kann. Es wird dabei vorausgesetzt, daß der Übersetzer selbst als Computerprogramm korrekt ist.

Diese Vorgehensweise findet sich auch in den bekannten CASE-Systemen (Computer Aided Software Engineering) wieder.

Im Hinblick auf unsere Zielsetzung, nämlich der Erhöhung der Qualität von Software, lassen sich zwei Fälle unterscheiden. Die Spezifikationssprache ist algorithmisch, d.h., eine Spezifikation ist die Beschreibung eines Algorithmus (einfache Beispiele für derartige Spezifikationssprachen sind die gängigen höheren Programmiersprachen). In diesem Falle entspricht das Schreiben der Spezifikation dem Schreiben des echten Programms, womit wir unser Problem lediglich von der Programmiersprache auf die Spezifikationssprache verlagert haben, ohne einen substantiellen Vorteil zu erzielen.

Im Falle einer nichtalgorithmischen Spezifikationssprache ist ebenfalls keine Verbesserung hinsichtlich Qualität zu erwarten, da beim Schreiben nichtalgorithmischer Spezifikationen ebenso Fehler gemacht werden wie beim Schreiben von Algorithmen.

Nachdem formale Beweisverfahren und Automatisierung der Software-Erstellung nicht dazu führen, daß Fehler bei der Programmierung ausgeschlossen werden können, bleibt nur noch der Versuch, Fehler während des Entwicklungsprozesses durch konsequenten Einsatz von Methoden des Software Engineerings zu reduzieren.

13.1.1 Entwicklungsprozeß und Fehlervermeidung

Die Prinzipien des Software-Entwicklungsprozesses werden in Kap. 15.2 vorgestellt und diskutiert. Hier werden vorab diejenigen Aspekte dargestellt, die für die Fehlervermeidung relevant sind. Produktentstehung wird üblicherweise aus Gründen der Übersichtlichkeit und Kontrollierbarkeit in einzelne, hintereinander auszuführende Phasen unterteilt. In diesem Sinne haben sich in der Software-Entwicklung die Phasen Anforderungsanalyse, Entwurf, Implementierung und Test herausgebildet.

Die Bedeutung dieser Phasen läßt sich kurz skizzieren:

- Anforderungsanalyse — Das Ergebnis ist das gründliche Verständnis der Systemfunktionen (dies entspricht Punkt 1 in Abb. 3.1).
- Entwurf — Die Struktur des Systems wird aufgebaut und die einzelnen Teile beschrieben (textuell und formal; dies entspricht Punkt 2 in Abb. 3.1).
- Implementierung — Die Systemteile werden programmiert, zum System integriert und als Maschinenprogramm produziert (dies entspricht den Punkten 3 und 4 in Abb. 3.1).
- Test — Das Maschinenprogramm wird hinsichtlich der Systemfunktionen gemäß Anforderungsanalyse verifiziert.

Eine wichtige Voraussetzung zur Definition einer wirkungsvollen und wirtschaftlichen Strategie zur Vermeidung von Fehlern in der Software-Entwicklung ist die Kenntnis der Kosten, die für die Beseitigung eines Fehlers aufgewendet werden müssen, wenn er in einer der Entwicklungsphasen entdeckt wird. Dabei stehen zur Fehlerfindung folgende Maßnahmen in den einzelnen Phasen zur Verfügung, wobei die Testphase weiter unterteilt wird in Code-Test, Verbundtest und Systemtest:

Anforderungsanalyse	⇒ Inspektion der Dokumente auf Vollständigkeit, Konsistenz und Korrektheit
Entwurf	⇒ Inspektion der Dokumente und formalen Beschreibungen auf Vollständigkeit, Konsistenz und Korrektheit
Implementierung	⇒ Inspektion des Programmcodes hinsichtlich Konsistenz zu den Dokumenten aus den vorangehenden Phasen
Code-Test	⇒ Test auf Korrektheit der Programm-Module
Verbundtest	⇒ Test des Systems auf Programmkorrektheit
Systemtest	⇒ Test des Systems auf Funktionalität

Als letzter Punkt ist der Feldeinsatz, d.h. der Betrieb durch den Kunden (Netzbetreiber im Falle von Kommunikationssystemen), zu berücksichtigen. Fehlverhalten in dieser Phase sind besonders schwer zu lokalisieren, während die Beseitigung sehr teuer ist.

Das Diagramm in Abb. 13.2 zeigt, wie hoch die Kosten zur Fehlerbehebung in den einzelnen Entwicklungsphasen sind. Diese Kosten beruhen auf Auswertungen von Aufwandszahlen, die während der Entwicklung und Pflege großer Kommunikationssysteme über Jahre hinweg erfaßt worden sind, wobei sowohl Neuentwicklungen als auch Versionsentwicklungen betrachtet wurden.

Abb. 13.2: Kosten pro Fehlerbehebung

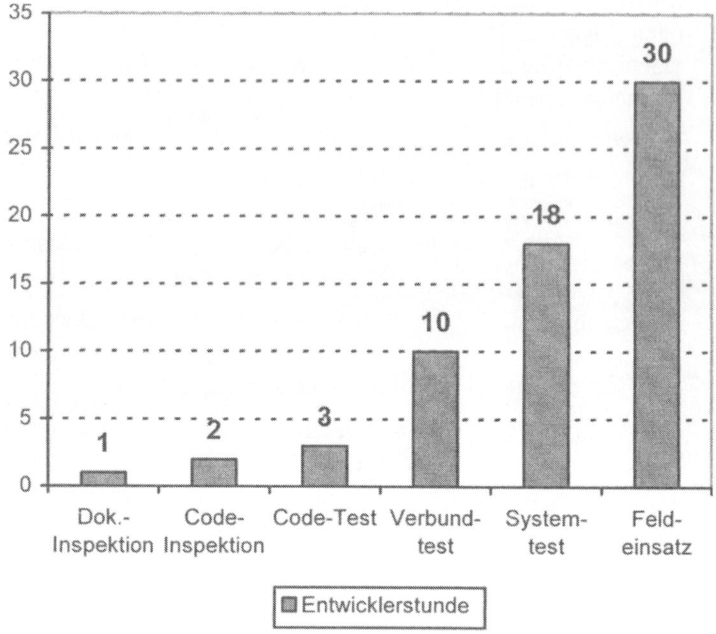

Das Diagramm zeigt, daß Fehlerbehebung im Rahmen von Inspektionen relativ wenig Kosten verursacht. Dies ist darauf zurückzuführen, daß für die Beseitigung eines Fehlers lediglich überschaubare Dokumente modifiziert werden müssen.

Ähnliches gilt für den Code-Test, bei dem kleine Programmteile in Entwicklerumgebung verifiziert werden. Fehlerkorrekturen können ohne logistischen Aufwand lokal vorgenommen werden.

Anschließend steigen die Kosten zur Fehlerbehebung drastisch an, da dann große Subsysteme (Verbundtest) oder das komplette System (Systemtest) verifiziert werden. Korrekturen erfordern hier oft Schnittstellenänderungen, die sich auf mehrere Systemteile auswirken und die einen erheblichen Aufwand an Logistik (z. B. für Absprachen, Produktion des Systems, Bereitstellen für Anlagentests) erfordern.

Korrekturen nach Fehlverhalten im Feldeinsatz verursachen noch deutlich höhere Kosten, da in diesem Falle die Diagnose schwieriger wird und weitere Logistikaufwände entstehen (z.B. durch Bereitstellen von Testanlagen mit passender Konfiguration).

Schlußfolgerungen für die Verteilung der Aufwände im Entwicklungsprozeß

Für die frühen Entwicklungsphasen ist also ein anteilmäßig hinreichend hoher Aufwand einzuplanen, um eine gute Strukturierung der Software mit hoher Qualität zu erreichen und um Entwurfsfehler weitgehend zu vermeiden. Der Aufwand für die einzelnen Schritte im Entwicklungsprozeß ist so zu verteilen, daß eine Kostenminimierung hinsichtlich des gesamten Entwicklungsaufwands erreicht wird.

Der Aufwand für die Software-Strukturierung reduziert auch die Kosten für die Versionsentwicklungen langlebiger Systeme.

13.1.2 Fehlerquellen und Fehlerfindung

Unter Berücksichtigung der oben genannten Kostensituation läßt sich die Wirtschaftlichkeit des Testkonzeptes überprüfen. Dabei orientieren wir uns an folgenden Fragen:

1. In welchen Entwicklungsphasen werden schwerpunktmäßig die Fehler gemacht (Fehlerquellen)?
   Aus der Antwort läßt sich ableiten, in welchen Phasen die Fehlervermeidung verstärkt werden muß.
2. In welchen Entwicklungsphasen werden Fehler gefunden (Fehlerfindung)?
   Kennen wir diese Verteilung, so kann die Teststrategie anhand der Kosten zur Beseitigung der Fehler verifiziert werden.

Antworten auf diese Fragen finden wir in der oben erwähnten Datensammlung.

Fehlerquellen

Die Auswertung der Aufwandsdaten ergibt folgende Verteilung der Fehlerquellen auf die Phasen der Herstellung, nämlich Anforderungsanalyse, Entwurf und Implementierung:

Anforderungsanalyse	10%
Entwurf	40%
Implementierung	50%

In der Praxis zeigt sich leidvoll, daß Fehler oft nicht in der Phase entdeckt werden, in der sie gemacht werden. Dies ergibt eine weitere Analyse der Datensammlung.

Fehlerfindung

Das Diagramm in Abb. 13.3 zeigt die Verteilung des Erkennens von Fehlern über die Entwicklungsphasen.

Abb. 13.3: Fehlerfindung

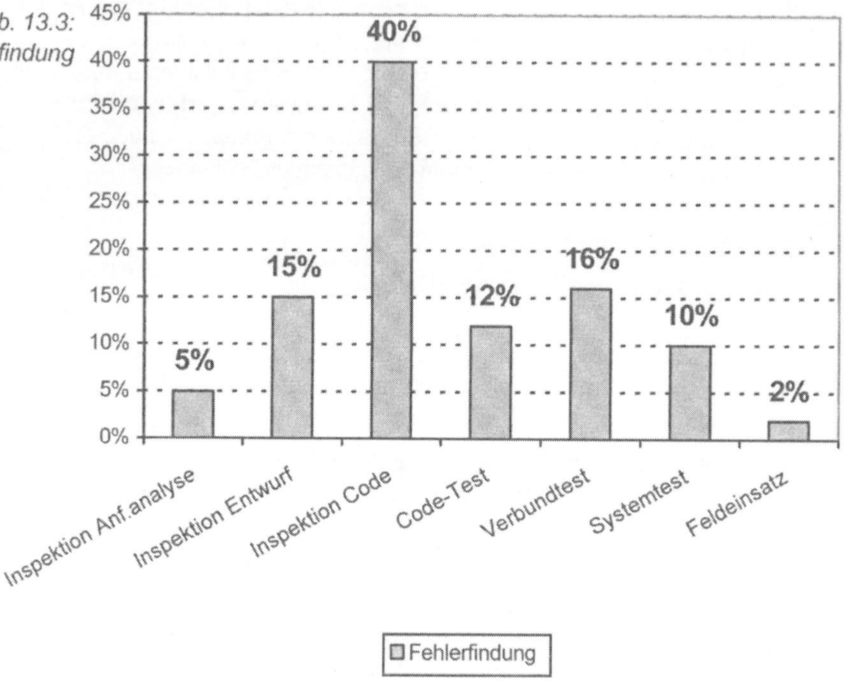

Ein Großteil der Fehler (26%) wird in den teuren Phasen Verbund- und Systemtest gefunden; immerhin treten noch bis zu 2% Fehler im Kundeneinsatz auf.

Die Verbindung der Erkenntnisse über Fehlerquellen und Fehlerfindung sollte eigentlich die Anforderungen an das Testkonzept offensichtlich machen.

Das Diagramm in Abb. 13.4 stellt diese Verbindung her; die Interpretation gibt entscheidende Hinweise, wie das Testkonzept durch Engineering-Methoden verbessert werden kann.

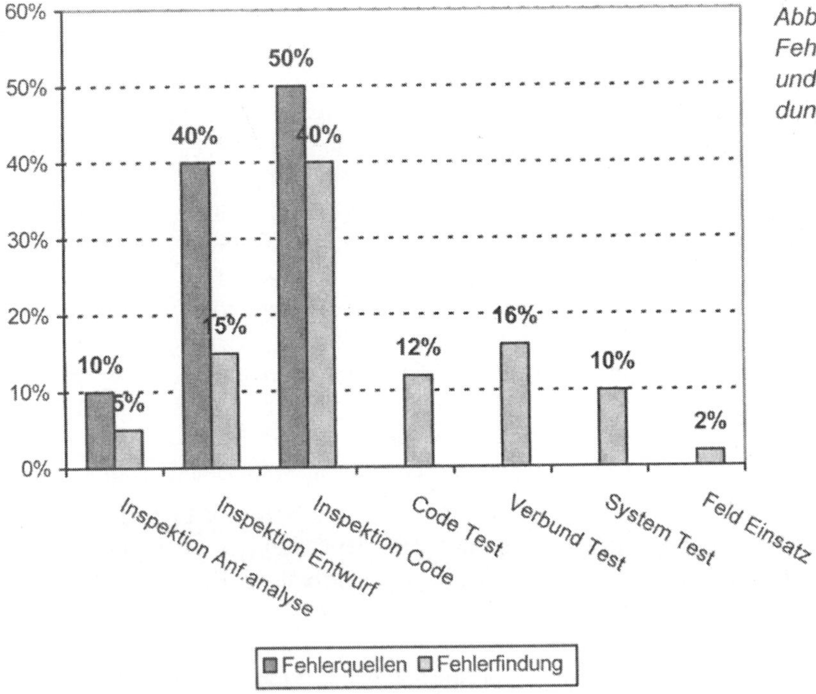

Abb. 13.4: Fehlerquellen und Fehlerfindung

Schlußfolgerungen für das Testkonzept

1. In der Spezifikationsphase des Systems (Anforderungsanalyse und Entwurf) werden weniger als die Hälfte der dort gemachten Fehler (20% gegenüber 50%) entdeckt. Es ist plausibel, daß die restlichen Fehler im Verbund- und Systemtest gefunden werden (und nicht beim Code-Test).

   Das V-Modell der Software-Entwicklung (siehe Abb. 13.1), d.h. die Verzahnung von Entwicklungs- und Testprozeß, ist also grundsätzlich richtig. Allerdings muß großer Wert auf die richtige Strukturierung des Systems und die sorgfältige Auswahl der Testdaten gelegt werden. Nur so kann der oben dargestellten Unzulänglichkeit des Testprozesses entgegengewirkt werden.

2. Fast alle Fehler, die in der Implementierungsphase gemacht werden, können auch hier gefunden werden (40% von 50%; dabei wird angenommen, daß bei Code-Inspektionen keine Entwurfsfehler gefunden werden).

   Intensive Code-Inspektionen lohnen sich also, wie ein Blick in das Diagramm „Kosten pro Fehlerbehebung" (siehe Abb. 13.2) zeigt.

3. Die schlechte Ausbeute der Fehlerfindung in den Inspektionsphasen (siehe Punkt 1) macht deutlich, daß hier noch Verbesserungspotential vorhanden ist. Das oben erwähnte Problem, zur statischen Zerlegung des Systems die geeignete dynamische Zustandsmenge zu finden, kann durch geeignete Wahl der Architekturelemente und eine möglichst formale Darstellung mit Methoden ähnlich zu den in COSPEL vorhandenen deutlich vereinfacht werden. Dieser Architekturansatz bietet zwei Vorteile: Einerseits deckt die Inspektion von Anforderungsanalyse und Entwurf unter Verwendung formaler Methoden mehr Probleme (und damit Fehlerquellen) auf; andererseits können die formalen Darstellungen automatisch geprüft und zur Generierung von Testfällen für den Verbund- und Systemtest verwendet werden. Diese Vorgehensweise wird die Anzahl der Fehlverhalten im Feldeinsatz weiter reduzieren.

Abschließend fassen wir die Methoden des Software Engineerings zur Testunterstützung zusammen. Die Darstellung im Detail und die Integration in den Entwicklungsprozeß erfolgt im Kap. 15.2 „Entwicklungsprozesse“.

Methoden des Software Engineerings zur Vermeidung von Fehlern:

1. Die Systemanforderungen werden in einem Requirement-Dokument („black box“) beschrieben, bevor der Systementwurf begonnen wird. Gleichzeitig werden die implementierungsunabhängigen Testfälle für den Systemtest erarbeitet und in einem Dokument spezifiziert.

   Beide Dokumente werden von den Systemarchitekten und den Kunden auf Vollständigkeit und Funktionalität inspiziert.

2. Im Systementwurf wird das System gemäß dem Prinzip in Abb. 13.1 in Applikationen, Komponenten und Programm-Module aufgeteilt. Die Schnittstellen zwischen den Teilen und die Algorithmen in den Modulen werden unter Verwendung formaler Methoden in Spezifikationen dokumentiert. Parallel dazu werden die Testprinzipien für die Integration des Systems beschrieben.

   Alle Dokumente werden von den beteiligten Entwicklern inspiziert.

3. Die einzelnen Programm-Module werden unabhängig voneinander programmiert. Die Testfälle für die Modultests werden spezifiziert.

Sowohl der Programmcode als auch die Testfälle werden von den Entwicklern und unabhängigen Fachleuten intensiv inspiziert.

Die wesentlichen Prinzipien sind also die vollständige Spezifikation des Systems unter Verwendung formaler Methoden, die von der Programmierung unabhängige Spezifikation von Testfällen und die konsequente Inspektion aller Entwicklungsdokumente inklusive des Programmcodes.

13.2 Entwicklungsmethode

Qualitätssicherung in der Software-Entwicklung kann am wirkungsvollsten durch eine auf die Applikation ausgerichtete Entwicklungsmethode unterstützt werden, bei der Qualität von Anfang an unterstützt wird. Dieses wird durch zwei Maßnahmen erreicht. Zum ersten unterstützt die Entwicklungsmethode die inkrementelle Entwicklung des Systems gemäß den Richtlinien der Architektur und dem Prinzip „teile und herrsche“, nach dem jeweils Teilfunktionen implementiert und anschließend zu einer Funktion zusammengesetzt werden. Zum zweiten berücksichtigt die Entwicklungsmethode, daß die Qualität des Gesamtsystems maßgeblich von der Qualität abhängt, die jedes der einzelnen Teile bzw. Komponenten vor Beginn des Systemtests besitzen.

Bei der Systemstrukturierung hat also die Testbarkeit der Komponenten einen hohen Stellenwert. In jedem Schritt der inkrementellen Entwicklung sollte nur soviel an Funktionalität zum System hinzugefügt werden, wie mit dem in den vorausgehenden Entwicklungsschritten implementierten Funktionsumfang getestet werden kann.

Anhand eines Beispiels aus der „EWSD-Schichtung“ (Kap. 8.5) wird eine Entwicklungsmethode erläutert, die diese Prinzipien berücksichtigt. In diesem zur Herausstellung der wesentlichen Aspekte vereinfachten Beispiel betrachten wir nur einen Ausschnitt des Schichtenmodells (Abb. 13.5).

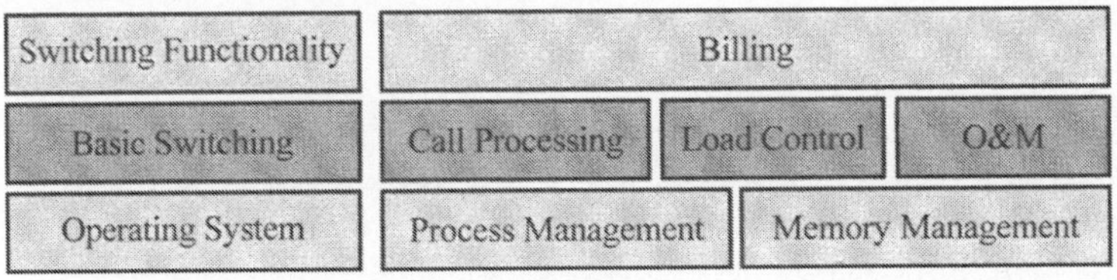

Abb. 13.5: Schichtenmodell

Die mittlere Schicht des Beispiels, die wir mit *Basic Switching* bezeichnen, stellt die Grundfunktionen eines Telefonsystems dar. Vereinfacht umfaßt sie die Komponenten *Call Processing* für den Aufbau, Aufrecherhaltung und Abbau von Verbindungen während eines Telefongesprächs, *O&M* zum Betreiben des Telefonsystems und *Load Control* zur Überwachung des Systems (z.B. zur Abwehr von Überlast). Diese Komponenten verwenden Funktionen aus der darunter liegenden Schicht *Operating System*, die in unserem Beispiel vereinfacht aus den Komponenten *Memory Management* zur Verwaltung des Computer-Betriebsmittels Speicher und *Process Management* zur Verwaltung der Prozesse, Warteschlangen und Timer besteht. Die Schicht *Basic Switching* stellt ihrerseits Funktionen zur Verfügung, die in der darüber liegenden Schicht *Switching Functionality* benötigt werden, z.B. von der Komponente *Billing*, die für das überaus wichtige Thema Gebührenerfassung zuständig ist.

Im Prinzip orientiert sich die Entwicklung an diesen Schichten. Die Komponenten der einzelnen Schichten mit ihren Services als funktionalen Elementen werden gemäß der festgelegten Schnittstellen unabhängig entwickelt. Anschließend werden die Komponenten hinsichtlich ihrer Funktionalität und der Korrektheit der Schnittstellen getestet.

In unserem Beispiel startet bei einem schichtenorientierten Vorgehen die Entwicklung mit der untersten Schicht, *Operating System*. Nach der Implementierung wird sie mit einem Testrahmen zum Anstoßen der exportierten Services versehen und getestet (Abb. 13.6 a). Damit erhält man ein Basissystem für den zweiten Schritt der inkrementellen Entwicklung, *Basic Switching*. Der Testrahmen wird durch die Komponenten der darüber liegenden Schicht ersetzt und das ganze wiederum mit einem Testrahmen getestet (Abb. 13.6 b).

Abb. 13.6: Test einer Schicht

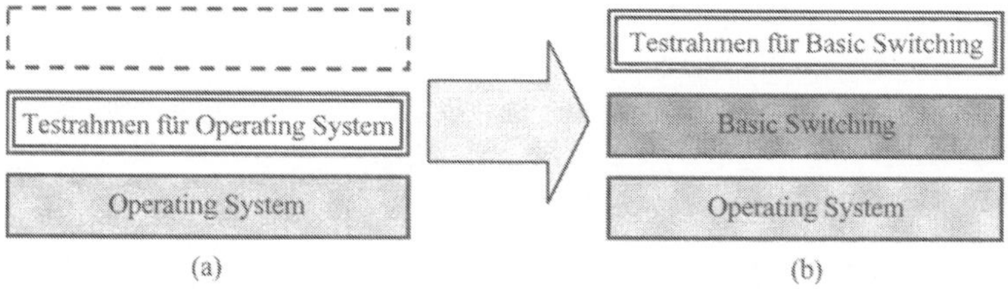

Soweit das Prinzip. Entwickelt man in unserem Beispiel das komplette Betriebssystem der untersten Schicht *Operating System*, so benötigt man für den anschließenden Test einen mächtigen Testrahmen zur Abdeckung aller Betriebssystemfunktionen. Dies bedeutet einen beträchtlichen Aufwand für die Entwicklung des Testrahmens (auch diese Tätigkeit bedeutet Entwicklung), wobei die Aussagekraft der Tests begrenzt ist.

Betrachten wir das Beispiel (Abb. 13.5) genauer, so ist zu erkennen, daß zwischen der ersten und der zweiten Schicht einfache Abhängigkeiten bestehen: *Call Processing* benötigt von Schicht 1 ausschließlich *Process Management*, während *O&M* nur auf *Memory Management* aufsetzt. Damit können wir im Sinne der inkrementellen Entwicklung den großen Entwicklungsschritt für das Betriebssystem in zwei kleinere Schritte unterteilen, die parallel ausgeführt werden können, indem wir jeweils die Komponentenpaare *Call Processing* und *Process Management* und *O&M* und *Memory Management* nach dem obigen Prinzip entwickeln (Abb. 13.7).

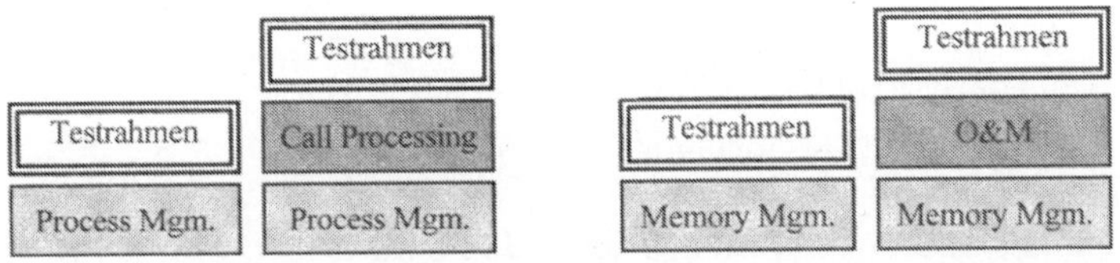

Abb. 13.7: Inkrementelle Entwicklung

In den nachfolgenden Entwicklungsschritten sind noch zwei Komponenten zu entwickeln: *Load Control* in Schicht 2 und *Billing* in Schicht 3. Aus der Kenntnis der funktionalen Zusammenhänge folgt, daß *Billing* und *Load Control* keine Schnittstellen besitzen. Damit können beide unabhängig entwickelt werden. Eine Anordnung der Komponenten im Schichtenmodell zur Verdeutlichung des Vorgehens bei der inkrementellen Entwicklung ist in Abb. 13.8 dargestellt. Die dreidimensionale Darstellung wird notwendig, da neben der statischen Ordnung jetzt auch die zeitliche Anordnung der Entwicklungsschritte einbezogen wird.

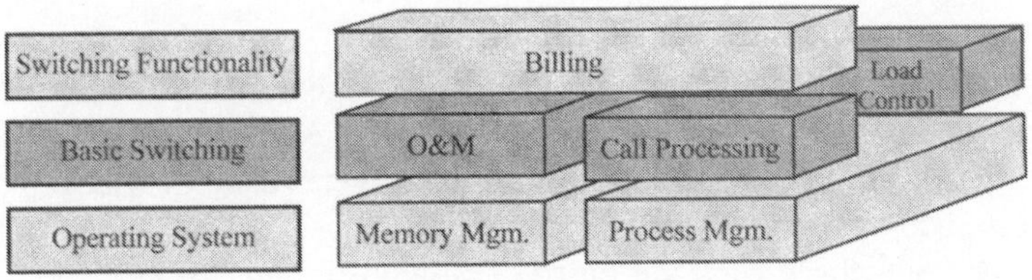

Abb. 13.8: Schichtenmodell mit zeitlicher Anordnung

Nach den vorbereitenden Überlegungen anhand des Beispiels können wir zwei grundlegende Prinzipien für eine Entwicklungsmethode für Komponenten in Schichtenarchitekturen formulieren:

- In jedem Entwicklungsschritt sind alle bereitgestellten Funktionen testbar!

  D.h., es soll möglich sein, Services als funktionale Elemente aus unteren Schichten wegzulassen und erst dann aufzunehmen, wenn sie in Services der darüber liegenden Schichten verwendet (und ausgetestet) werden können.

- Zu jedem Zeitpunkt können in jeder Schicht Services hinzugefügt werden, falls es zur Entwicklung einer neuen Funktion notwendig ist.

  D.h., es soll möglich sein, bei der Weiterentwicklung des Gesamtsystems neue Services in beliebigen Schichten einzubringen.

In diesem Sinne sollte aus dem Schichtenmodell nicht abgeleitet werden, daß die einzelnen Schichten vollständig entwickelt werden müssen, bevor darüber liegende Schichten getestet werden können.

Ausgehend vom inkrementellen Aufbau des Systems aus Teilfunktionen ergeben sich einzelne Entwicklungsschritte, während derer Änderungen und Ergänzungen in vielen Schichten des Systems vorgenommen werden. Jeder einzelne Entwicklungsschritt folgt natürlich einem Entwicklungsprozeß, der festlegt, welche Tätigkeiten auszuführen und welche Dokumente zu erstellen sind. Diese wiederholte Anwendung des Entwicklungsprozesses wird als iterative Entwicklung bezeichnet.

Vorgehen:

Zur Entwicklung einer Teilfunktion wird „Just in Time" vorgegangen, d.h., es werden nur die Services entwickelt, die für die Teilfunktion benötigt werden. Bei diesem inkrementellen Vorgehen werden für jede einzelne Teilfunktion die Services gemäß der Schichten entwickelt.

1. Es handelt sich um die unterste Schicht ($n = 1$):
   Die für die neue Funktionalität erforderlichen Services werden geeigneten Komponenten der Schicht 1 zugeordnet. Für die Entwicklung der Funktionalität der Services können Schnittstellen von bereits vorhandenen und ausgetesteten Services derselben Schicht verwendet werden.

   Die Schicht 1 wird mit einem Testrahmen zum Testen der neuen Teilfunktion versehen und getestet.

2. Es handelt sich um eine im Schichtenmodell weiter oben liegende Schicht ($n > 1$):

   Die für die neue Funktionalität erforderlichen Services werden geeigneten Komponenten der Schicht n zugeordnet und entwickelt. Gleichzeitig werden diejenigen Services in den darunter liegenden Schichten 1 bis n–1 implementiert, die für die neue Teilfunktion erstmals benötigt werden.

Die Schicht n wird mit einem Testrahmen zum Testen der neuen Teilfunktion versehen und getestet.

Dieses Vorgehen bei der inkrementellen Entwicklung stellt sicher, daß nach jedem Schritt die gesamte für das aktuelle Teilsystem notwendige Software vollständig entwickelt und getestet ist.

Weitere wichtige Vorteile dieses Vorgehens sind:

- Der jeweilige Leistungshub eines Iterationsschrittes für eine Teilfunktion ist begrenzt und beherrschbar.
- Services in verschiedenen Schichten werden funktional gruppiert; Entwicklung und Test erfolgen gleichzeitig.
- Spätere Ergänzungen sowohl des Gesamtsystems als auch einzelner Services sind auch in niedrigeren Schichten möglich.
- Services können ausgetauscht werden, d.h., ein Service kann in unterschiedlichen Varianten eingesetzt werden.
- Services sind wiederverwendbare Software; jeder Service realisiert eine Funktionalität mit den Schnittstellen der darunter- und darüberliegenden Services.

13.3 Inspektionsverfahren

Alle Entwicklungsergebnisse (Betriebs- und Entwicklungsdokumente sowie Module) sind grundsätzlich einer Inspektion zu unterziehen. Sie wird vom Eigentümer oder Autor des zu inspizierenden Objekts veranlaßt. Erst nach der Inspektion – bei der mehrere Zyklen möglich sind – wird das Objekt (Dokument oder Modul) verabschiedet und steht für die nächste Phase des Entwicklungsprozesses zur Verfügung.

Um eine Inspektion sinnvoll durchführen zu können, muß das Objekt bestimmte Kriterien erfüllen. Eine Auswahl von Kriterien enthält folgende Liste:

- Alle Vorgängerdokumente des Objekts müssen verfügbar und verabschiedet sein, z.B. muß für eine Inspektion der funktionalen Spezifikation die Anforderungsspezifikation verabschiedet sein.
- Das Objekt ist formal vollständig, d.h., es müssen keine Anteile nachgereicht werden.

- Module müssen nachweislich fehlerfrei übersetzt worden sein. Mögliche toolunterstützte Prüfungen wurden fehlerfrei durchgeführt, d.h., erste Ergebnisse des Modultests (siehe Kap. 13.4) liegen vor.
- Bei einer neuen Version eines Objekts sind umfangreiche Änderungen vorgenommen worden, z.B. strukturelle Änderungen, Behebung eines Entwurfsfehlers, neue Algorithmen in Modulen.

Die richtige Besetzung des Inspektionsteams ist entscheidend für die Qualität des Inspektionsergebnisses. Der Autor des Objekts ist für die Zusammensetzung des Inspektionsteams verantwortlich. Die folgende Tabelle 13.1 ist eine Hilfe bei der Auswahl:

Tabelle 13.1: Inspektionsteam

Teilnehmer	Anforderungsspez.	funktionale Spezifikation	nichtfunkt. Spezifikation	Systemstruktur	Programm-Modul	Testspezifikation	Bedienungsanleitung
Autor	X	X	X	X	X	X	X
Entwicklerteam	X	X	X	X		X	
Schnittstellenpartner		X	X	X	X		
Testteam	X	X	X			X	
Projektmanagement	X	X	X				
Vertrieb/Marketing	X						
Service	X						
Redaktion	X						X
Kunde/Auftraggeber	X						O

X Teilnahme erforderlich
O Teilnahme optional

Eine Inspektion wird nach vorgegebenen Regeln durchgeführt. In jedem Fall erfolgt eine schriftliche Einladung an das Inspektionsteam. Dabei werden neben dem zu inspizierenden Objekt auch ergänzende Unterlagen verteilt oder bereitgestellt. Das Projektmanagement kann zur Unterstützung für jeden Typ von Objekt eine Checkliste zur Verfügung stellen, die bei der Vorbereitung oder Durchführung der Inspektion vom Inspektionsteam genutzt werden kann. Es werden die folgenden Inspektionstechniken unterschieden:

- Inspektion in Kommentartechnik
- Inspektion in Sitzungstechnik
- Intensivinspektion

Inspektion in Kommentartechnik

Diese Inspektionsmethode eignet sich vor allem für Dokumente mit einem großen Anwendungskreis oder als Vorbereitung („erste Runde") für eine der anderen Inspektionstechniken. Bei Betriebsdokumenten (Bedienungsanleitungen, Handbücher) ist es die bevorzugte Methode, bei Modulen sollte sie jedoch nicht angewendet werden.

Die Teilnehmer der Inspektion werden um schriftliche Kommentare und Stellungnahmen innerhalb einer Frist – in der Regel 2–4 Wochen – gebeten. Dies kann auch von Teilnehmern einer Inspektion in Sitzungstechnik genutzt werden, wenn eine persönliche Anwesenheit oder Vertretung nicht möglich ist.

Bei erheblichen Änderungsanforderungen kann eine nochmalige Inspektion des korrigierten Dokuments verlangt werden.

Als Ergebnis der Inspektion werden alle Kommentare mit Antworten des Entwicklers in einem Protokoll gesammelt und an alle Teilnehmer verteilt.

Inspektion in Sitzungstechnik

Diese Inspektionsmethode kann bei Dokumenten und Modulen angewendet werden; bei zentralen oder kritischen Funktionen ist allerdings die Intensivinspektion vorzuziehen.

Die Vorbereitungszeit (etwa 2 Wochen vor der Inspektionssitzung) dient dazu, das Dokument durchzuarbeiten. Ergeben sich hier bereits erhebliche Einwände, so ist der Autor zu informieren, der die Inspektionssitzung vertagen kann. Kann ein Teilnehmer nicht persönlich an der Sitzung teilnehmen, kann er einen Vertreter schicken oder in Kommentartechnik antworten.

Zu Beginn der Sitzung werden kurz die Schwerpunkte des Inspektionsgegenstandes hinsichtlich Anforderungen und Lösungen erläutert. Danach werden die von den Teilnehmern angemerkten Punkte diskutiert und bei Relevanz in das Protokoll aufgenommen.

Aufgrund der Änderungen entscheidet das Inspektionsteam, ob nach der Überarbeitung eine wiederholte Inspektion erforderlich ist.

Intensivinspektion

Die Intensivinspektion ist ein Review-Verfahren zur Qualitätsverbesserung, wobei ein Inspektionsteam mit fester Rollenzuordnung (Moderator, Autor, Leser, Tester/Anwender) durch genügend Vorbereitung und intensive Durchsprache viele Abweichungen frühzeitig aufdeckt. Das Verfahren entspricht im wesentlichen der von M. E. Fagan bei IBM entwickelten Review-Methode [Whee1996].

Die Inspektion besteht aus sieben aufeinanderfolgenden Schritten, wobei die Inspektionssitzung den Hauptschritt darstellt:

1.	Planung/Vorarbeit	Die Teilnehmer der Intensivinspektion werden ausgewählt und die Termine für die Einführung und Inspektionssitzung werden festgelegt.
2.	Einführung	Der Autor vermittelt einen Überblick über die Thematik und Struktur des Inspektionsobjekts.
3.	Vorbereitung	Jeder Teilnehmer prüft das Inspektionsobjekt unter Beachtung der ihm zugewiesenen Rolle.
4.	Inspektionssitzung	Der Leser erläutert das Inspektionsobjekt mit eigenen Worten. Fehler und Unklarheiten werden diskutiert und im Protokoll notiert.
5.	Fehleranalyse	Schwerwiegende Fehler sollen identifiziert werden. Die Ursachen sollen gesucht und im Protokoll beschrieben werden.
6.	Korrektur	Der Autor korrigiert die gefundenen Fehler und klärt offene Punkte aus dem Protokoll. In der Fehleranalyse gewonnene Erkenntnisse sollen zu entsprechenden Aktionen führen.
7.	Überprüfung	Der Moderator prüft die Vollständigkeit der Korrektur.

13.4 Testprozeß

Im folgenden werden Methoden und Durchführung des Testprozesses skizziert. Abschließend wird die Anwendung der Methoden anhand des SIP/PINT-Stack aus Kap. 4.2 beispielhaft erläutert.

13.4.1 Testmethoden

Es gibt zwei wichtige Ansatzpunkte für Tests: Zum einen wird die Struktur des Programms zugrunde gelegt, zum anderen wird die Funktion des Programms unter die Lupe genommen.

Dabei ist zwischen dem eigentlichen Testen zum Auffinden von Fehlverhalten im Ablauf des Programms einerseits und der anschließenden Lokalisierung der verursachenden Fehler im Programm (Debuggen) andererseits zu unterscheiden.

13.4.1.1 Strukturtest oder White-Box-Test

Die Grundvoraussetzung für die Korrektheit von Software ist, daß die Programmanweisungen in Modulen oder Objekten prinzipiell korrekt zusammenarbeiten, d.h. wenigstens für einfache Eingabedaten korrekt sind.

Ziel des Strukturtests bzw. White-Box-Tests ist es, Programm-Code darauf zu testen, daß alle Zweige des Codes mindestens einmal fehlerfrei durchlaufen werden. Die Implementierung eines Programm-Moduls wird dazu verwendet, Testfälle zu ermitteln.

Vorteile des Strukturtests sind:

- Die durchlaufenen Zweige sind für ausgewählte Werte korrekt.
- Es gibt ein konkretes und nachprüfbares Ziel, nämlich 100%-ige Zweigüberdeckung.

Neben den Vorteilen gibt es aber auch problematische Aspekte:

- Auch ein Programm mit einer Zweigüberdeckungsrate von 100% ist nicht notwendig fehlerfrei. Weder die Kombination von Zweigen noch die Existenz von komplexen Bedingungen wird berücksichtigt.
- Fehlende Zweige, d.h. unvollständige Implementierung der Spezifikation, können durch den Zweigüberdeckungstest nicht direkt entdeckt werden.

- Im Zusammenhang mit dem Test von Schleifen ist insbesondere kritisch, daß eine beliebige, willkürlich gewählte Anzahl von Schleifenwiederholungen das Zweigüberdeckungskriterium erfüllt. Dies ist keine ausreichende Eigenschaft eines Kriteriums für den Test von Schleifen.

Für viele Programmiersprachen werden zur Unterstützung Tools angeboten.

13.4.1.2
Funktionstest oder Black-Box-Test

Nachdem alle Module oder Objekte für sich als korrekt angesehen werden, wird ihre Funktionalität geprüft.

Ziel des funktionalen Tests ist eine möglichst umfassende – aber redundanzarme – Prüfung der spezifizierten Funktionalität.

Dabei werden die Spezifikationen verwendet, um Testfälle zu erstellen, die Programmstruktur wird nicht betrachtet. Der Testling sollte für den Tester mit Ausnahme der Spezifikation ein „schwarzer Kasten“ sein. Daher gehört der Funktionstest zu den Black-Box-Testverfahren. Anhand der Funktionsspezifikationen werden die Applikationstests und anhand der Anforderungsspezifikation wird der Systemtest durchgeführt.

Für die vollständige Durchführung des Tests ist eine Überprüfung aller Programmfunktionen mit geeigneten Testfällen notwendig. Zur Definition von Testfällen, zur Beurteilung der Korrektheit der erzeugten Ausgaben und der Vollständigkeit eines Funktionstests werden die Entwicklungsspezifikationen verwendet. Üblicherweise existieren heute nur semiformale oder informale Spezifikationen, etwa in Form von verbalen Beschreibungen, die eine gewisse Interpretierbarkeit besitzen. Um Fehlinterpretationen auszuschließen, müssen die daraus abgeleiteten Testfälle auf Korrektheit und Vollständigkeit inspiziert werden.

Zusammenfassend läßt sich feststellen, daß die Qualität eines Funktionstests sowohl von der Güte der Spezifikationen als auch von der sorgfältigen Auswahl der Testfälle abhängt.

Der Funktionstest bietet folgende Vorteile:

- Die Testfälle werden aus der Funktionsspezifikation ermittelt.
- Fehlende Funktionen können entdeckt werden.
- Die Tests sind an der Soll-Funktionalität orientiert.

Daneben gibt es auch einige problematische Aspekte:

- Die methodische Unterstützung ist nicht sehr präzis.
- Es existiert ein hoher Freiheitsgrad bei der Wahl von Testfällen.

- Es ist Verständnis für den fachlichen Inhalt der Spezifikation erforderlich.
- Auch ein vollständiger Funktionstest erfüllt in der Regel nicht die Minimalanforderungen einfacher Strukturtests. Untersuchungen zeigen, daß ein Funktionstest oft nur zu einer Zweigüberdeckungsrate von ca. 70%–80% führt.

Hilfreich kann hier ein modellbasiertes Testen sein, bei dem die Software beispielsweise durch Zustandsautomaten beschrieben und nutzungsfallbasiert Testfälle ermittelt werden.

13.4.1.3 Kombination der Testmethoden

Aus den Nachteilen beider Methoden ergibt sich, daß keine für sich allein zum Testen ausreicht, sondern eine Kombination nötig wird.

Die Gewichtung der Methoden ändert sich aber während des Testprozesses beim Übergang vom Modultest bis zum Test des Gesamtsystems, wie in Abb. 13.9 schematisch gezeigt.

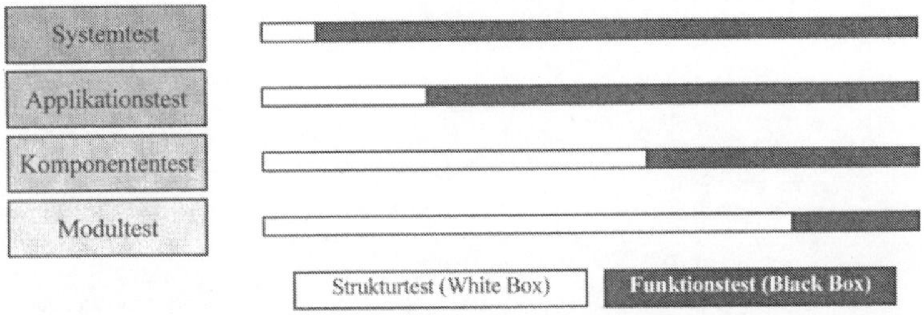

Abb. 13.9: Kombination der Testmethoden

Der Strukturtest spielt die größte Rolle beim Modultest und verliert bei den übergeordneten Komplexen an Bedeutung. Zum Einsatz kommt er immer dann, wenn beim Funktionstest Fehlverhalten erkannt wird und nach den Fehlerursachen geforscht wird.

Trotz dieser Unterschiede können alle Tests durch den Ablaufplan in Abb. 13.10 beschrieben werden. Zu den farbig gekennzeichneten Schritten werden im Anschluß Erläuterungen gegeben.

Abb. 13.10: Schematischer Ablauf einer Teststufe

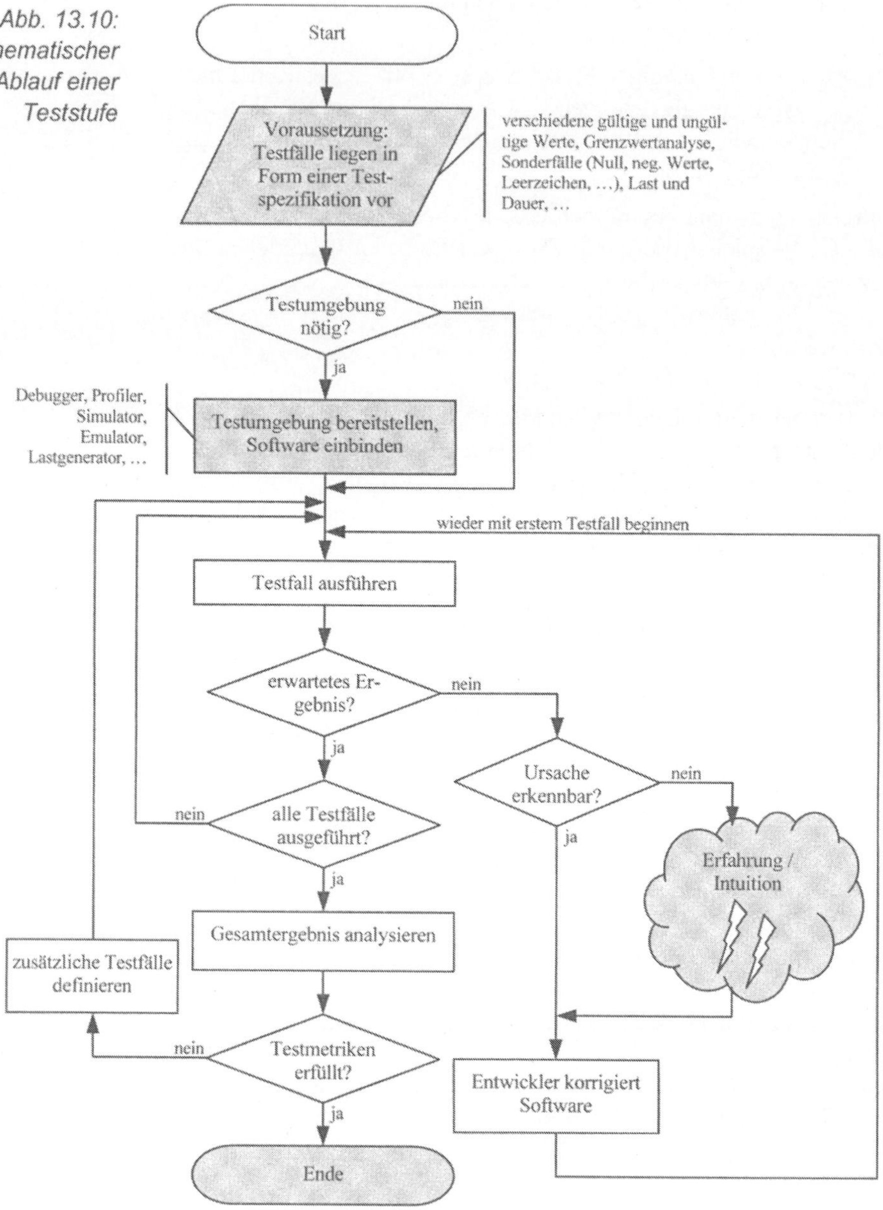
Start
Voraussetzung: Testfälle liegen in Form einer Testspezifikation vor
verschiedene gültige und ungültige Werte, Grenzwertanalyse, Sonderfälle (Null, neg. Werte, Leerzeichen, …), Last und Dauer, …
Testumgebung nötig?
nein
ja
Debugger, Profiler, Simulator, Emulator, Lastgenerator, …
Testumgebung bereitstellen, Software einbinden
wieder mit erstem Testfall beginnen
Testfall ausführen
erwartetes Ergebnis?
nein
ja
Ursache erkennbar?
nein
ja
Erfahrung / Intuition
alle Testfälle ausgeführt?
nein
ja
Gesamtergebnis analysieren
zusätzliche Testfälle definieren
Testmetriken erfüllt?
nein
ja
Entwickler korrigiert Software
Ende

Testfälle definieren

Aufgabe der Testplanung ist es, aus der Spezifikation Testfälle herzuleiten, mit denen die Software (Programm-Modul, Komponente, Applikation oder System) getestet werden soll. Zu einem Testfall gehören sowohl die Eingabedaten in das Testobjekt als auch die erwarteten Ausgabedaten oder Ausgabereaktionen (Soll-Ergebnisse).

Die Hauptschwierigkeit ist die Herleitung geeigneter Testfälle.

Ein vollständiger Funktionstest ist im allgemeinen nicht durchführbar. Ziel der Testplanung muß es daher sein, Testfälle so auszuwählen, daß die Wahrscheinlichkeit groß ist, Fehler zu finden. Für die systematische Auswahl von Testdaten und ihre geeignete Zusammenstellung zu Testfällen ist folgende Methodik zu empfehlen:

1. Systematische Erzeugung von Testfällen anhand der Spezifikation, z.B. durch funktionale Äquivalenzklassenbildung, Ursache-Wirkungs-Analyse, Zustandsautomaten-Test (für Details siehe [Myer1991]).
2. Betrachtung der Grenzwerte der aufgestellten Äquivalenzklassen.
3. Überlegen, ob spezielle Testdaten für Sonderfälle aufgestellt werden können.
4. Die Robustheit kann durch Last- und Streßtests geprüft werden.

Die Testdaten sind nur aus der Spezifikation heraus zu entwickeln.

Diese Vorgehensweise soll den Tester nicht in einen starren Rahmen aus Regeln zwängen. Sie soll ihm eine Hilfe geben, um Vollständigkeit, Redundanzarmut und Fehlersensitivität der Tests zu erreichen.

Testumgebung bereitstellen

Je nach Teststufe können unterschiedliche Tools und zusätzlicher Aufwand für die Testumgebung nötig sein. Die folgende Tabelle 13.2 gibt einen Überblick der Möglichkeiten (ohne Anspruch auf Vollständigkeit).

Tabelle 13.2: Testunterstützung

Tool (Typ)	Einsatz beim Test von				Zweck
	Progr.-Modul	Komponente	Applikation	System	
Debugger	X				interaktives Testen mit Haltepunkten, Verfolgung von Daten
Profiler	X	X			Zweigabdeckung, Anzahl der Aufrufe von Methoden, relatives Zeitverhalten, Verbrauch an Betriebsmitteln (Prozessor, Speicher)
Testtreiber (speziell entwickelt)	X	X			Abdeckung der Schnittstellen, Reaktionszeiten aus Sicht der Partner, Erzeugen von definierter Last
Tracer			X	X	Verfolgung des Ablaufs (Aufrufhierarchie), Inhalte von Daten
Simulator, Emulator			X	X	Bedienen der Schnittstellen, Ersetzen von (noch) nicht vorhandener Software oder Hardware
Lastgenerator				X	Erzeugen von definierter Last über eine definierte Zeit (Dauertest)

Erfahrung / Intuition

Wenn ein Fehlverhalten sichtbar wird, kann dieses auf einem Fehler beruhen, den das Programm bereits weit vorher durchlaufen hat. Ein spezielles Problem für Tester sind auch Fehlverhalten, die nur sporadisch auftreten und nur mit Mühe rekonstruierbar sind, da sie durch Systemzustände (z.B. Parallelität bestimmter Abläufe) ausgelöst werden.

Bei den frühen Teststufen ist der Umfang des getesteten Codes noch überschaubar und der testende Entwickler ist mit den Details des Codes vertraut. Der Einsatz eines Debuggers für den gesamten zu testenden Code ist möglich. Deshalb kann in den meisten Fällen die Fehlerursache schnell ermittelt werden.

Bei den späteren Teststufen sind beim Auftreten eines Fehlverhaltens nicht immer klare Indizien des verursachenden Programmfehlers vorhanden, besonders bei sporadischen Fehlverhalten. Eine Eingrenzung der Fehlerquelle kann mit Hilfe von Trace-Protokollen oder der Auswertung von Speicherabzügen möglich sein. In diesen Fällen ist für eine Behebung des Fehlers die Erfahrung und Intuition des Testteams und eine enge Zusammenarbeit mit den Entwicklern gefragt.

Ende der Teststufe

Ist der Test abgeschlossen, dann haben die Testfälle den Funktions- und Leistungsumfang sowie funktionsorientierte Sonderfälle systematisch geprüft. Die Ursachen für die durch funktionsorientierte Tests nicht ausgeführten Zweige sind ermittelt worden. In der Regel wird es sich hier um Fehlerabfragen, programmtechnische und algorithmische Ursachen und Präzisierungen – die in der Spezifikation nicht beschrieben sind – handeln. Möglich sind aber auch prinzipiell nicht ausführbare (tote) Zweige, z.B. durch Denk- oder Schreibfehler des Programmierers.

13.4.2 Durchführung der Tests

In Analogie zu Abb. 13.1 lassen sich die in Abb. 13.11 gezeigten 4 Teststufen definieren, wobei die oben beschriebenen Verfahren auf jede Stufe angewendet werden.

Abb. 13.11:
Teststufen

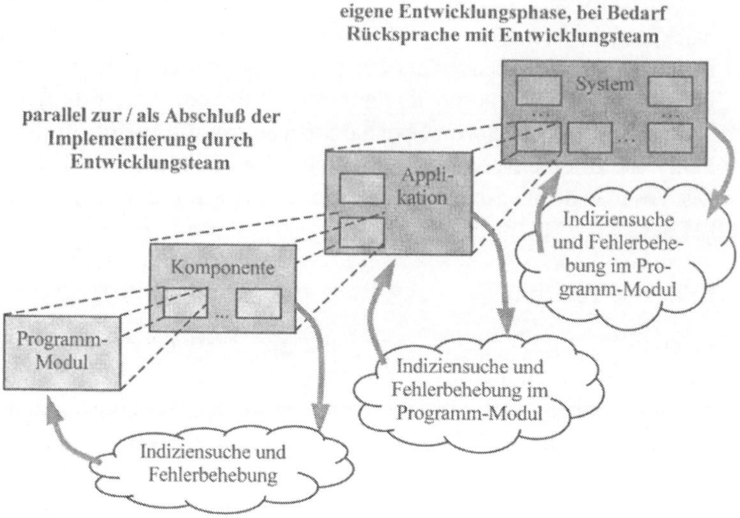

13.4.3
Beispiel: Funktionstest der Komponente SIP/PINT-Stack

Im Beispiel des PINT-Gateways aus Kap. 4.2 stellt die Komponente SIP/PINT-Stack die Schnittstelle zu den PINT-Clients dar. Sie soll im folgenden dazu dienen, prinzipielle Überlegungen zur Testplanung und Testumgebung sowie zu den erwarteten Ergebnissen zu verdeutlichen. Es soll nicht der gesamte Test der Komponente SIP/PINT-Stack beschrieben werden. Es wird vorausgesetzt, daß der Strukturtest bereits durchgeführt ist.

Testplanung

Die Komponente muß das standardisierte SIP-Protokoll (siehe [IETF1999]) erfüllen. Einige Reaktionen werden direkt vom integrierten User Agent veranlaßt. Daraus ergeben sich einige Testfälle wie:

- Alle gültigen SIP-Nachrichten werden erkannt und gegebenenfalls beantwortet (z.B. wird ein SIP INVITE vom User Agent mit SIP 100 Trying beantwortet).

- Unvollständige oder syntaktisch falsche SIP-Nachrichten werden mit einer im Protokoll vorgeschriebenen SIP-Fehlernachricht (400 Bad Request) beantwortet.
- Eine inkorrekte Reihenfolge von SIP-Nachrichten zu einem Vorgang (z.B. SIP UNSUBSCRIBE ohne SIP SUBSCRIBE) wird erkannt und nach dem Protokoll beantwortet.

Durch eine geeignete Testumgebung werden erste Messungen zu Ausführungs- und Reaktionszeiten durchgeführt, um die Einhaltung der Anforderungen zu überprüfen. Bei Dauertests kann auch ermittelt werden, wie sich der Verbrauch an Betriebsmitteln entwickelt; dadurch werden z.B. „Speicherlöcher" entdeckt. Mit geeigneten Testtreibern kann auch die Reaktion auf Lastspitzen ermittelt werden.

Testumgebung

Die Komponente SIP/PINT-Stack stellt die Verbindung her zwischen einem PINT-Client und der Komponente CtD-Service-Logic. Für beide Seiten wird ein Testtreiber implementiert (siehe Abb. 13.12). Die Komponente wird innerhalb eines Profilers gestartet, so daß Daten für den Strukturtest gesammelt werden können.

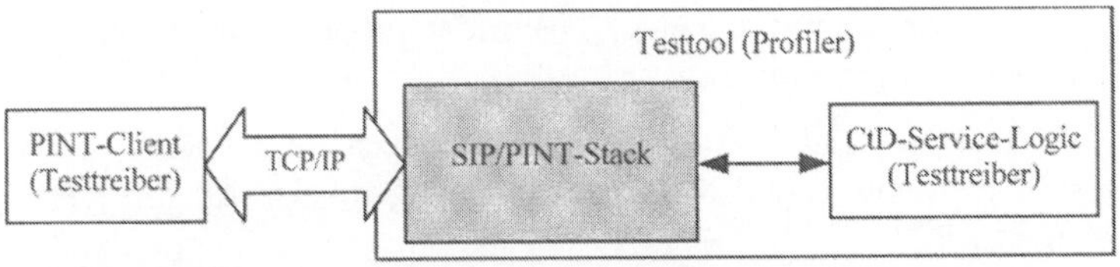

Abb. 13.12: Testumgebung für SIP/PINT-Stack

Der Testtreiber für den PINT-Client erfüllt folgende Kriterien:

- SIP-Nachrichten werden erzeugt und über eine TCP/IP-Verbindung an den SIP/PINT-Stack geschickt. Der Inhalt der Nachrichten kann vom Tester definiert werden.
- Die Nachrichtenfolge für einen Verbindungsaufbau ist implementiert.
- Über Parameter können die erzeugte Last (Anzahl Nachrichten pro Sekunde) und die Dauer eines Tests eingestellt werden.
- Durch Ausgaben in eine Protokolldatei kann durch deren Auswertung das Zeitverhalten analysiert werden.

Der Testtreiber für die Komponente CtD-Service-Logic ist folgendermaßen beschrieben:

- Die Schnittstelle zum SIP/PINT-Stack ist abgedeckt, d.h., die Anreize des SIP/PINT-Stacks werden angenommen und entsprechend beantwortet.
- Durch Ausgaben in eine Protokolldatei kann durch deren Auswertung das Zeitverhalten analysiert werden.

Der SIP/PINT-Stack wird innerhalb eines Profilers gestartet. Durch die direkte Anbindung von SIP/PINT-Stack und CtD-Service-Logic über Methodenaufrufe läuft auch dieser Testtreiber innerhalb des Profilers. Der Testtreiber des PINT-Clients wird als eigener Prozeß gestartet.

Die Tests müssen nicht unbedingt auf der Ziel-Hardware durchgeführt werden. In einigen Fällen bezüglich der Performance sind dann allerdings nur qualitative Aussagen möglich; für die Ziel-Hardware können die quantitativen Ergebnisse nur bedingt hochgerechnet werden.

Erwartete Ergebnisse

Nachdem die Tests durchgeführt sind, sollten folgende Aussagen gegeben bzw. Fragen beantwortet werden können:

- Die Vorgaben des SIP-Protokolls werden erfüllt.
- Ist die Bearbeitungszeit einer Nachricht proportional zu ihrer Größe? Oder proportional zur Last?
- Gibt es Unterschiede in der Bearbeitungszeit, je nachdem, ob eine Nachricht vom PINT-Client empfangen oder zu ihm geschickt wird?
- Kann die geforderte Last bearbeitet werden (gegebenenfalls mit Einschränkung, da auf Ziel-Hardware hochgerechnet)?
- Ist die Reaktionszeit linear oder exponentiell abhängig von der Last?
- Ist der Speicherbedarf abhängig von der Last?
- Wie wird auf eine variable Last, d.h. Lastspitzen, reagiert?

Einige dieser Ergebnisse können bei der Planung von weiteren PINT-Diensten genutzt werden, z.B. kann abgeschätzt werden, wie viele zusätzliche Nachrichten (d.h. Requests des neuen Dienstes) bearbeitet werden können.

13.5 Fazit

Der Software-Testprozeß ist für große Software-Systeme zwangsläufig unzulänglich, da ein Test unter realen Bedingungen unmöglich ist. Daraus folgt, daß auch große Kommunikationssysteme im Feldeinsatz Fehlverhalten zeigen.

Die Anwendung spezieller Methoden des Software Engineerings kann die Anzahl der Fehlverhalten auf ein akzeptables Maß reduzieren.

Durch die strikte Anwendung dieser Methoden wird das Testen der Software nicht überflüssig, aber die Bedeutung des Testens für die Qualität wird reduziert. Erfahrungsgemäß wird durch die Kombination von beiden Konzepten im Software-Entwicklungsprozeß die Qualität großer Software-Systeme signifikant verbessert.

14 Methoden- und Sprachbewertung: UML, SDL, Java, C++, CORBA

In den Beispielen von Kap. 4 sind verschiedene gängige Methoden zur Darstellung der Architekturelemente angewendet worden. Keine der Methoden erfüllt die Ansprüche für Architektur vollständig. Andererseits werden sie wegen der Vorteile der graphischen Ausdrucksmöglichkeiten verwendet. Man muß sich bei der Anwendung allerdings der Stärken und Schwächen der jeweiligen Methode bewußt sein.

Im folgenden werden die Merkmale der Methoden und Sprachen aufgelistet, die die Echtzeitprogrammierung für Kommunikationssysteme betreffen. Bei anderen Software-Systemen werden sich abweichende Bewertungen ergeben.

14.1 UML

UML ist eine graphische Modellierungssprache für objektorientierte Systeme und wird von der OMG [UML_2000] standardisiert. UML ist angelehnt an die Entity-Relationship-Modelle, wobei Klassen statt Daten in Beziehung gesetzt werden.

UML bietet Diagramme für Use Cases, Klassen, Statecharts, Message Sequences, Deployment und weitere.

Merkmale, die Echtzeitprogrammierung unterstützen:

- UML ermöglicht eine graphische Darstellung der Software-Struktur.
- Die Methode ist Bestandteil von Toolketten zur Programmentwicklung, z.B. für C++.

Merkmale, die bei Echtzeitprogrammierung vorsichtig eingesetzt werden müssen:

- Die Datensicht steht im Vordergrund. Die Anpassungen für Echtzeitsysteme sind rudimentär oder stehen noch aus. Es ist jedoch zu erwarten, daß die Methode für Echtzeitprogrammierung weiterentwickelt wird.
- Komplexere Systeme lassen sich nur schwer übersichtlich strukturieren, da ein Komponentenbegriff fehlt.
- Die Semantik der Notation ist nicht immer präzise und einheitlich.
- Bei den langlebigen Telekommunikationssystemen müssen Inkompatibilitäten in der Darstellung der Software-Strukturen vermieden werden.

14.2 SDL

SDL ist eine graphische Modellierungssprache für Telekommunikationssysteme und wird seit 1972 von der ITU standardisiert [ITUZ1996], basierend auf dem Finite-State-Machine-Modell. Sie ist im Telekommunikationsbereich weit verbreitet.

SDL bietet Diagramme für Blöcke, Prozesse, Statecharts und Message Sequences.

Merkmale, die Echtzeitprogrammierung unterstützen:

- Frühzeitige Verifikationen werden zugelassen, dieses wird etwa bei der ETSI und ITU für die Protokollstandardisierung durchgeführt.
- Die Methode eignet sich für den Entwurf von Systemen, die in C/C++ implementiert werden. Besonders wirtschaftlich ist der Einsatz bei Assemblersystemen.
- SDL ist über einen sehr langen Zeitraum kompatibel geblieben.

Merkmale, die bei Echtzeitprogrammierung vorsichtig eingesetzt werden müssen:

- Komplexere Systeme lassen sich mit SDL nur schlecht übersichtlich strukturieren.
- SDL steht mit seinen Beschreibungsmitteln näher an der Implementierung als an der Architektur.

SDL ist in seinem Ursprung eine Hardware-Beschreibungssprache für die Zustände und Interaktionen von Relays in Telekommunikationsanlagen. Vor diesem Hintergrund ist zu verstehen, daß SDL den heutigen Software-Anforderungen nicht immer optimal gerecht wird.

14.3 Java

Java ist eine rein objektorientierte Sprache, die aus der Historie von SMALLTALK und C++ entwickelt wurde [Java2000]. Java wird üblicherweise nicht in Maschinencode compiliert, sondern es wird ein portabler Zwischencode (ByteCode) generiert, der dann von einer Java Virtual Machine (VM) interpretiert wird.

Für die gängigen Betriebssystemplattformen sind virtuelle Maschinen verfügbar.

Java wurde als Sprache für das World Wide Web populär, daher unterstützen die mitgelieferten Klassenbibliotheken viele Netzwerkkonzepte.

Ein großer Teil der Klassenbibliotheken stellt Klassen zur Entwicklung grafischer Benutzeroberflächen zur Verfügung, z.B. für Windows und Motif.

Ein Ziel von Java ist, möglichst plattformneutrale GUI-Applikationen zu erstellen.

Merkmale, die Echtzeitprogrammierung unterstützen:

- Plattformneutralität wird angestrebt (write once, run anywhere).
- Weitgehende Compilerprüfungen zur Übersetzungszeit und Runtime-Checks zur Laufzeit finden statt.
- Es gibt keine Speicherschutzprobleme, da keine Verwendung von Pointern.
- Exception-Konzept ist Teil der Sprachdefinition.
- Vereinfachte Programmierung wird durch moderne Sprachmittel und Klassenbibliotheken ermöglicht.
- Thread-Klasse mit Synchronisation ist als zentrales Sprachelement enthalten.

Merkmale, die bei Echtzeitprogrammierung vorsichtig eingesetzt werden müssen:

- Die interpretative Ausführung des ByteCodes kostet Performance.
- Das Anlegen von Objekten, Erzeugen von Threads ist dynamisch aufwendig.
- Durch die Java VM ergibt sich ein hoher Speicherbedarf.
- Wegen dynamisch erzeugter Objekte wird zur Laufzeit ein Garbage Collector aktiviert.
- Eine systemnahe Programmierung erfordert Sondermaßnahmen.

14.4 C++

C++ [Stro1987] ist eine objektorientierte Weiterentwicklung der ca. 30 Jahre alten Systemimplementierungssprache C. C++ ist aufwärtskompatibel, d.h., bestehende C-Implementierungen können mit geringen Änderungen wiederverwendet werden.

Merkmale, die Echtzeitprogrammierung unterstützen:

- Entwicklungstools sind auf nahezu jeder Plattform verfügbar.
- Es existieren optimierende Compiler.
- Echtzeitfähigkeit kann erreicht werden.
- Die Sprache ist gut geeignet für systemnahe Programmierung.
- Hohe Performance ist bei geeigneter Implementierung möglich.
- Existierende C-Implementierungen können wiederverwendet werden.
- Es gibt flexible Sprachkonzepte (Mehrfachvererbung, Templates).

Merkmale, die bei Echtzeitprogrammierung vorsichtig eingesetzt werden müssen:

- Die flexiblen Sprachelemente erfordern einen hohen Testaufwand.
- Wegen der Nähe zur Hardware gibt es eine geringere Portabilität.

14.5 CORBA

Bei CORBA [Corb2000] handelt es sich um eine objektorientierte Middleware, die es erlaubt, Software-Objekte über Rechner und Plattformgrenzen hinweg zu erzeugen und zu benutzen. CORBA stellt hierzu die notwendige Kommunikationsinfrastruktur zur Verfügung. Neben der Kommunikationsinfrastruktur wird auch die Spezifikationsmöglichkeit für plattform- und sprachunabhängige Elemente angeboten. Diese erfolgt in Form der sogenannten IDL (Interface Definition Language). CORBA wird von der OMG (Object Management Group) normiert und ist Basis für Komponententechniken.

Merkmale, die Echtzeitprogrammierung unterstützen:

- Die Kommunikationsinfrastruktur setzt auf TCP/IP auf (offener Standard).
- Die IDL ist sehr ähnlich zur Syntax von C++/Java.
- Eine Fehlerbehandlung ist gewährleistet (Exceptions über Plattformen/Rechner-Grenzen).
- Plattform-/Sprachunabhängigkeit mit weiter Verfügbarkeit wird angeboten.

Merkmale, die bei Echtzeitprogrammierung vorsichtig eingesetzt werden müssen:

- Die Kommunikation über Plattformgrenzen erfordert dynamischen Zusatzaufwand.
- Die Kommunikation ist primär synchron.

14.6 Fazit

Keine der vorgestellten Methoden ist speziell für die Entwicklung von Echtzeitsystemen konzipiert. Mangels Alternativen muß man sie in geeigneter Weise für die Darstellung der Architektur und im Entwicklungsprozeß einsetzen.

15 Projektmanagement

15.1 Projekte

Projektmanagement oder Taxotechnie (wörtlich „die Kunst, ordnen, befehlen zu können“) ist so alt wie die Entwicklung von großen Systemen. Die Taxotechnie wurde schon im Altertum beim Bau von Türmen, Tempeln, Pyramiden und Bewässerungskanälen angewandt. Der Turmbau zu Babel durch die Babylonier vor ca. 4000 Jahren ist eines der bekanntesten dokumentierten Systeme [Kupp1979]: „Die Babylonier erstellten großartige Bauten aus Ziegelsteinen; sie legten Kanäle zur Regulierung der alljährlichen wiederkehrenden Überschwemmungen des Euphrat und Tigris an, was auch dem unvoreingenommenen Betrachter ohne eine konsequent projektorientierte Vorgehensweise, das bedeutet:

1. Es gibt einen Auftrag und einen Auftraggeber
2. Es gibt eine Projektgruppe
3. Es gibt einen Projektleiter
4. Das Projekt wird in Stufen durchgeführt,

nicht durchführbar scheinen muß“ (siehe Kupper).

Thomas von Altköln (1125–1179), der als Begründer der Taxotechnie gilt, zeigt, daß große Unternehmungen wie der Turmbau zu Babel in Form von Projekten realisiert werden: „Die Zeitspanne für die Entwicklung eines neuen Systems, nämlich eines Turmes, eines Tempels oder eines Bewässerungskanals, also der Ablauf eines Projektes, wurde von ihnen (= den Babyloniern) in kleinere Einheiten, die sie Phasen nannten, eingeteilt. Dadurch wurde es überschaubar und sie vermochten es besser zu planen; sie waren eher in der Lage, den Ablauf zu kontrollieren und schnell Aktionen zur Berichtigung einzuleiten.“

Kupper: „Im Laufe der Jahrhunderte bildete sich ein Phasenplan heraus, der zur Grundlage jeglicher Projektarbeit wurde. An der Projektarbeit in Babylonien waren die unterschiedlichsten Funktionen beteiligt, Funktionen, die ausführten, berieten, steuerten, kontrollierten oder prüften. Eine wichtige Rolle neben dem Projektleiter nahm der Revisor wahr." Bei Thomas von Altköln heißt es: „Seine Aufgabe (die des Revisors) war es, den Projektleiter zu unterstützen, dahingehend, daß man später zu jeder Zeit einen Überblick über alle Vorgänge, über deren Entstehung und Abwicklung haben könne. Er mußte sicherstellen, daß dieser Überblick nur bestimmten Benutzern gegeben war." Der Projektleiter konnte nicht gegen den Revisor entscheiden und nicht selten mußte darum Mehrarbeit geleistet werden. Die Basis für die mächtige Position des Revisors war Hammurabis Gesetz 15,1: „Das, was du erarbeitest, sollte so sein, daß man es prüfen und kontrollieren kann. Jedoch sollte Rücksichtnahme gegen jeden oberstes Gebot sein."

Kupper: „Es ist plausibel, daß bei einem derartigen projektorientierten Vorgehen das Projekt ‚Turmbau zu Babel' nicht gescheitert sein kann. Dies zeigt auch eine Rekonstruktion der Stadt Babylon um 2300 v.Chr., die in der Mitte der Königsburg einen sich in 8 Stockwerken erhebenden Tempel des Bel, nämlich den Turm von Babylon, zeigt."

Was geschah also wirklich, daß von einem Scheitern dieses Projektes in der Überlieferung die Rede ist? Kupper: „Das Produkt selbst, also der Turm, war infolge von Kommunikations- und Informationsproblemen aufgrund mangelhafter Dokumentation sehr schnell unbrauchbar geworden." Ursache für diese mangelhafte Dokumentation war der zu jener Zeit stattfindende Umbruch in den Hilfsmitteln der Dokumentation: der Wechsel von Tontafeln, in die der Text geritzt wurde und die dann getrocknet oder gebrannt wurden, zu Papyrusblättern, auf die der Text mit Tusche geschrieben wurde.

Thomas von Altköln folgert: „Allzu verständlich darob ist deren (= der Schreiber) schlechte Arbeit, auf die man doch sehr angewiesen war. Wer kann denn ein System benutzen, wenn er keine Schrift hat, in der er nachlesen kann, was er dazu tun muß? Wie kann denn jemand ein System verbessern, wenn er nicht eine Beschreibung desselben hat? So ließen sich noch andere Beispiele dafür finden, daß exakte und vollständige Beschreibungen unerläßlich sind."

Allerdings reagierte man in Babylon sehr schnell durch ergänzende Gesetze zur Projektarbeit. Hammurabi, 26,2, Anlage: „Für das, was du niederzulegen hast, gilt:

- Es muß zu verstehen sein.
- Es muß in leichter Weise zu erlernen und zu benutzen sein.
- Es müssen alle in der gleichen Weise verfahren.

- Nicht jeder muß alles wissen.
- Ein und dasselbe darf nicht an mehreren Stellen geschrieben stehen.
- Du mußt leicht und sicher die Beschreibung ändern können!

Dies beachte bei der Arbeit und säume nicht!“

Der Zerfall des Turmes von Babylon war also ein heilsamer Schock. Thomas von Altköln formuliert frei übersetzt: „Und jeder Projektmitarbeiter, zumal der Projektleiter, sah das Projekt erst dann als beendet an, wenn die Schreiber die Dokumentation abgeschlossen hatten.“

Fazit: Das Projekt „Turmbau zu Babel“ konnte auf ausgezeichnete Grundlagen des Projektmanagements inklusive Phasenplan als Entwicklungsprozeß aufsetzen. Es scheiterte letztendlich nach der Auslieferung aufgrund mangelhafter Dokumentation.

Die Einteilung eines Projektes in kleinere Einheiten, sogenannte Phasen, scheint also eine natürliche Vorgehensweise zu sein. Bis heute ist das Thema in der Literatur ausführlich behandelt worden. Es gibt auch eine Vielzahl von Büchern zum Thema Software-Entwicklungsprozeß. Die Einführung von Phasen ist allerdings nur der erste Schritt. Entscheidend ist, die richtigen Tätigkeiten innerhalb der Phasen auszuführen. Wie das Beispiel aus Babylon zeigt, ist es unerläßlich, eine ausreichende Dokumentation zu erstellen. Im folgenden wird zu sehen sein, daß in Abhängigkeit vom Produkttyp wietere Tätigkeiten unverzichtbar sind.

Trotz einer jahrtausendealten Tradition in Projektmanagement scheitern auch heute große Projekte. Ein bekannter Fall mit anfänglichen Problemen war die Software-Steuerung für das Gepäckauslieferungssystem des internationalen Flughafens in Denver (DIA ABS: Denver International Airport Automated Baggage System), die erstmals im Jahre 1994 bereitgestellt wurde. Ursache für Fehlverhalten des Systems war die Verteilung der Gepäckwagen an den Förderbändern, die die Ankunftszeiten und Landeplätze der Flugzeuge nicht angemessen berücksichtigte. D.h., die Entwurfsentscheidung war unvollständig. Die Erkenntnis aus diesem Projekt ist, daß Systeme, denen große Zustandsautomaten und zahlreiche asynchrone, parallele Abläufe zugrunde liegen, in der Entwurfsphase mit Hilfe von Modellen simuliert werden müssen, um brauchbare Lösungen zu finden. Die Ironie in diesem Beispiel ist, daß vor Projektbeginn Simulationen des ABS durchgeführt wurden und damit eine Lösung gefunden wurde. Die Erkenntnisse wurden allerdings bei der nachfolgenden Definition des Projektes nicht berücksichtigt.

Fazit: Der Entwicklungsprozeß muß spezielle Mittel wie Simulation zur Verifikation des Entwurfs eines komplexen Systems vorgeben. Die Ergebnisse dieser Tätigkeit sind deutlich zu dokumentieren.

15.2 Entwicklungsprozesse

Derzeit sind eine ganze Reihe von Büchern am Markt, die alle theoretischen Aspekte eines Entwicklungsprozesses für die Software-Entwicklung abdecken. Spezielle Ausprägungen eines Prozesses in Abhängigkeit des Produkttyps können auf dieser Grundlage erarbeitet werden. Im folgenden wollen wir zwei Ausprägungen (sequentieller Prozeß und Extreme Programming) vorstellen und dann einen Prozeß ableiten, der für Produkte vom Typ des PINT-Gateways erfolgreich eingesetzt wurde.

Während beim sequentiellem Prozeß das Vorgehen nach Phasen primär und die Iterationen sekundär sind, stehen beim Extreme Programming die Iterationen im Vordergrund und die Phasen sind sekundär.

15.2.1 Der sequentielle Prozeß mit Rückkopplung

Der Prozeß ist phasenorientiert mit den Phasen

- Anforderung,
- Entwurf,
- Implementierung,
- Produktion und
- Test.

Das Ergebnis der Tätigkeiten gemäß dieses Prozesses ist das Produkt (z.B. das PINT-Gateway). Am Ende jeder Phase stehen als Ergebnis bestimmte Elemente zur Verfügung, die in der darauf folgenden Phase weiterverarbeitet werden, bis letztendlich das Produkt vorliegt. Diese Elemente werden entsprechend dokumentiert, wobei die Summe der Dokumente am Ende des Projektes die Gesamtdokumentation darstellt.

Die Ergebnisse der Phasen sind:

- Anforderung: Anforderungsspezifikation aufgrund der Kundenanforderungen, Testspezifikation für das System als Anleitung für den Test/Verifikation in der Phase Test

- Entwurf: Funktionale Spezifikation als Beschreibung der Teilfunktionen und Systemstruktur als Ergebnis der Architekturüberlegungen, Testspezifikationen für Applikationen und Komponenten als Anleitung für den Test/Verifikation in der Phase Test
- Implementierung: Programmiersprachliche Darstellung der Systemstruktur, Produktionsanweisungen (z.B. als Make-Files) zur Erstellung des Maschinenprogramms in der Phase Produktion, Installationsanweisungen für das Laden im Computer und Testspezifikation als Anleitung für den Test/Verifikation in der Phase Test
- Produktion: Maschinenprogramm (z.B. als EXE-File)
- Test: verifiziertes Produkt

Zwischen den Phasen müssen gewisse Rückkopplungen möglich sein für den Fall, daß während einer Phase Probleme erkannt werden, die nur durch Tätigkeiten in früheren Phasen gelöst werden können. Das einfachste Beispiel eines Prozesses ist der sequentielle Prozeß, der im Problemfall die Rückkehr in die jeweils vorhergehende Phase erlaubt (Wasserfallmodell, Abb. 15.1).

Solche Rückkopplungen sind auch erforderlich zur Beherrschung der systeminhärenten Dynamik, der Technologiedynamik und der Anforderungsdynamik (siehe Kap. 2).

Abb. 15.1: Der sequentielle Prozeß

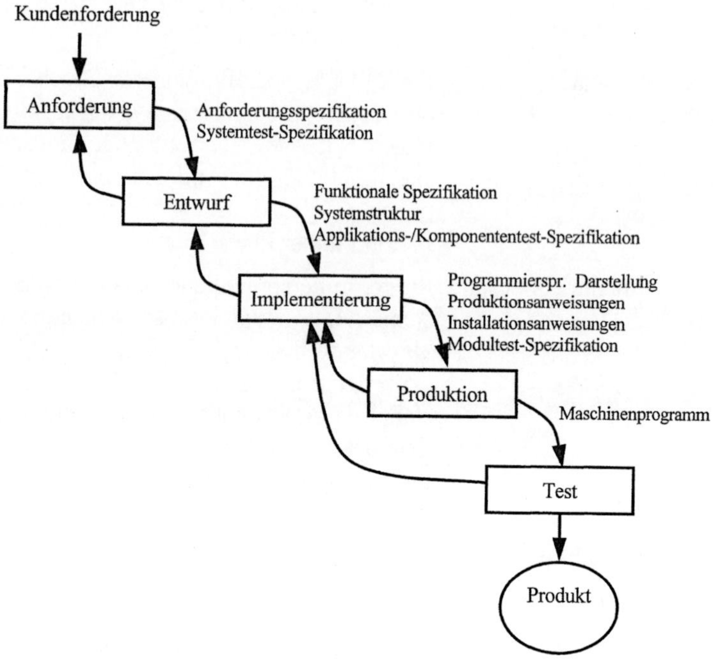

15.2.2 Extreme Programming

Extreme Programming eignet sich besonders für kleine Teams von zwei bis zehn Entwicklern zur Bearbeitung von Projekten mit zeitlich sich ändernden oder entwickelnden Anforderungen. Die Methodik ist Mitte der 90er Jahre entstanden [Beck1999].

Zu den Grundregeln gehören das regelmäßige und häufige Feedback, aus dem die Entwickler und Kunden lernen. Die Systeme werden in kleinen, einfachen, inkrementellen Schritten verändert. Dabei ist es für die Entwickler vorrangig, daß sie flexibel auf Veränderungen reagieren, anstatt zu versuchen, alles vorauszusehen. Für den Code gilt die „collective ownership", bei der kein Entwickler „Eigentümer" des Codes ist, d.h., jederzeit darf von jedem im gesamten Code geändert werden. Dieses hat den Vorteil, daß das Wissen im Team besser verteilt ist, so daß bei einer Fluktuation oder Abwesenheit durch Urlaub der Wissensverlust nicht zu groß ist. Trotz der Teamarbeit wird mindestens ein Entwickler benötigt, der eine Architektur- und Designvision hat und deren Umsetzung im Projekt verfolgt.

Das Projekt wird in Releases aufgeteilt, wobei ein Release zwischen 2–6 Monate dauert. Am Ende eines Releases geht das vorhandene System in Produktion und gibt Feedback für Folge-Releases. Jeder Release wird in Iterationen von je ca. 1 Monat Dauer aufgeteilt. Die Iterationen dienen dem Entwicklungsteam zur detaillierten Planung und Steuerung. Überdies geben die kurzen Iterationen und Releases den Entwicklern mehr Erfolgserlebnisse.

Die Planung ist ein zentraler Steuerungsprozeß, wobei die Variablen Zeit, Kosten und Leistungsumfang eng zusammengehören, die Qualität aber davon unabhängig ist. Der Leistungsumfang, der jederzeit veränderte Anforderungen oder Prioritäten berücksichtigen muß, läßt sich an Kosten und Zeit anpassen, die Qualität jedoch wird nicht zuletzt wegen der Motivation des Teams festgehalten. Diese Variablen sind für alle Projektbeteiligten immer sichtbar.

Es ist günstig, wenn der Kunde beim Entwickler sitzt, also einen „Kundenarbeitsplatz" hat. So kann der Entwickler den Kunden fragen und Fehler vermeiden, die oft erst in den Produkten auftreten. Das Risiko wird durch schnelles, frühes Feedback gemindert, die Änderungsanforderungen werden umgehend berücksichtigt.

Während beim traditionellen Vorgehen die Kosten für Änderungen in späteren Entwicklungsphasen, wie Test und Produktion, mit der Zeit exponentiell zunehmen, bleiben sie bei Extreme Programming in diesen Phasen nahezu konstant.

Die Grenzen des Extreme Programming liegen darin, daß es nicht skaliert, d.h., die Projektgröße muß relativ stabil sein. Ein Problem kann zudem sein, daß von den Entwicklern viel Kommunikation gefordert wird, was für die meisten eine Umstellung bedeutet.

15.2.3 Der sequentielle Prozeß mit Frühwarnsystem

Projekte standen zu allen Zeiten unter Zeitdruck und mußten mit beschränkter Arbeitskraft durchgeführt werden. Auch die ägyptischen Pyramiden mußten fertiggestellt werden, bevor der Auftraggeber, der herrschende Pharao, das Zeitliche segnete. Arbeitskräfte waren auch in jener Zeit der Sklaverei Mangel. Ähnliches gilt heute: Die Projekte sind durch kurze Durchlaufzeiten und begrenzten Entwicklungsaufwand charakterisiert. Die Anforderungen sind oft überdefiniert im Sinne eines mathematischen Gleichungssystems ($n + m$ Gleichungen für n Unbekannte) und ändern sich während des Projektfortschritts. Dem kann nur durch einen flexiblen Prozeß Rechnung getragen werden, in dem langwierige Schleifen vermieden werden und in dem auf erkannte Probleme unmittelbar geeignet reagiert werden kann. Welche Möglichkeiten gibt es, den sequentiellen Prozeß aus Abb. 15.1, der unflexibel und starr wirkt, dynamisch und geschmeidig zu machen?

Kurze Durchlaufzeiten mit begrenztem Entwicklungsaufwand werden unterstützt durch

- geeignete Zyklen im Prozeß, die langwierige Prozeßwiederholungen verhindern,
- die Spezifizierung nichtfunktionaler Anforderungen (siehe unten), wodurch aufwendige Entwurfsänderungen und nachfolgende Neuimplementierung vermieden werden,
- die Überprüfung nichtfunktionaler Anforderungen mittels Simulation oder Prototyp, was aufwendige Entwurfsänderungen und nachfolgende Neuimplementierung vermeidet und
- die Reduktion der Projektdaten als Dokumentation auf das wesentliche Minimum, wodurch Erstellungs- und Inspektionsaufwand (z.B. funktionale Spezifikation, nichtfunktionale Spezifikation, Systemstruktur, Produktions- und Installationsanweisungen, Testspezifikation) gespart werden.

Das wesentliche an dieser Stelle ist die Spezifikation der nichtfunktionalen Anforderungen (abgekürzt „Sim NFSpec") wie z.B. Hardware-Leistung, Reaktionszeiten, Datenbanktransaktionszeiten und deren Simulation zu Beginn der Implementierungsphase. Je nach Simulationsergebnis muß im Problemfall zur Entwurfs- oder sogar zur Anforderungsphase zurückgekehrt werden. Der erweiterte Prozeß ist in Abb. 15.2 dargestellt.

Frühzeitige Überprüfung der risikobehafteten Anforderungen kann Probleme rechtzeitig aufdecken, so daß im Rahmen des Möglichen nach Lösungen gesucht werden kann. Eine tückische Gruppe von Anforderungen sind die oben genannten überdefinierten Anforderungen, da sie eventuell unerfüllbar sind. Die einzige Lösung ist dann, die Anforderungen zu überprüfen und Abstriche zu machen. Als Beispiel sei eine Applikation gewählt, zu deren Implementierung eine Datenbank benötigt wird. Wenn diese Datenbank auf einem PC ablaufen soll und gleichzeitig exakte Antwortzeiten gefordert werden, bildet diese Kombination eine überdefinierte Anforderung. Ob diese Anforderung für eine bestimmte Applikation erfüllbar ist, muß sehr früh im Projekt überprüft werden. Sollte sie grundsätzlich nicht erfüllbar sein, ist die Anforderung zu überdenken und abzuschwächen oder zu ändern.

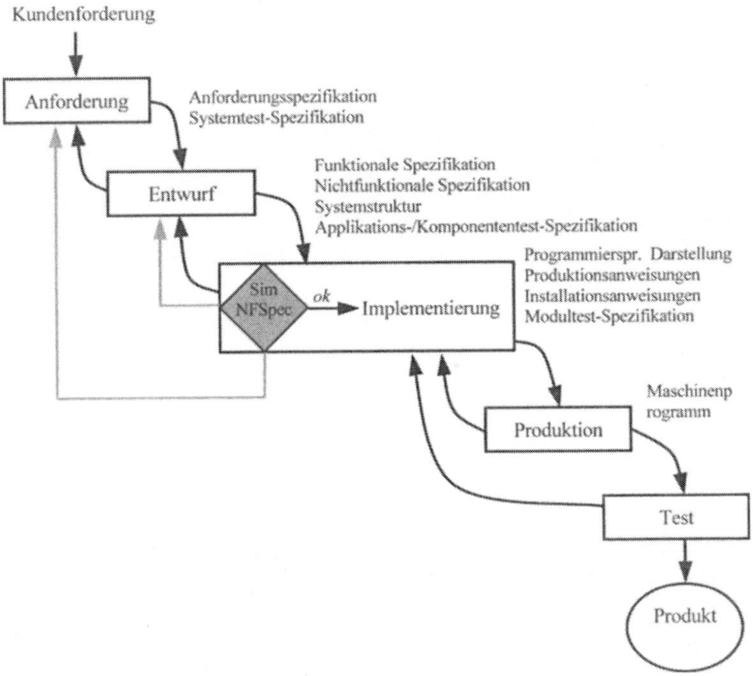

Abb. 15.2: Der sequentielle Prozeß mit Simulation nichtfunktionaler Anforderungen

Wie zu verfahren ist, wird durch Wirtschaftlichkeitsbetrachtungen bestimmt, wobei für die Wirtschaftlichkeit eines Projektes drei Größen ausschlaggebend sind:

- Realisierbarkeit: Iist das Projekt im vorgesehenen Zeitrahmen realisierbar?
- Profit: Läßt der Entwicklungsaufwand genügend Spielraum für Profit?
- Marktgängigkeit: Wird die gewählte Technik von den Kunden akzeptiert?

Diese drei Größen sind während des Projektverlaufs unter Kontrolle zu halten.

Damit können wir weitere wichtige Tätigkeiten im Entwicklungsprozeß verankern.

Überdefinierte, sich ändernde und neue Anforderungen während der Entwicklung sind durch folgende Tätigkeiten beherrschbar:

- die Verifikation der Anforderungen durch Simulation oder Prototypen zu Beginn der Implementierung und

- die Überprüfung von Entwicklungsaufwand zu Profit, Realisierbarkeit im Zeitrahmen und Marktgängigkeit jeweils nach der Entwurfs- und Implementierungsphase.

Die Überprüfung auf Realisierbarkeit, Profit und Marktgängigkeit (kurz RPM-Entscheidung genannt) kann den weiteren Projektverlauf massiv beeinflussen. Aus diesem Grund soll die RPM-Entscheidung genauer definiert werden. Dazu werden drei Bedingungen (RPM0 bis RPM2) definiert, die jeweils den nächsten Schritt im Entwicklungsprozeß bestimmen.

Es sei angenommen, daß die Anforderungen an das System aus Sicht der Entwicklung klar sind und eine Lösung im Entwurf vorliegt. Dann können folgende Fälle unterschieden werden:

- RPM0: Profit und Realisierbarkeit sind gewährleistet.
- RPM1: Es existiert eine andere technische Lösung, für die RPM0 gilt.
- RPM2: Es gibt keine Lösung, für die RPM0 gilt; allerdings existiert nach Änderung des Konzeptes eine Lösung, die zwar nicht perfekt ist, die Anforderungen aber hinreichend gut erfüllt, so daß es sich nur um eine Verschiebung im „Good enough"-Dreieck ([Your1997], siehe Abb. 15.3) handelt.

Abb. 15.3: „Good enough"-Dreieck

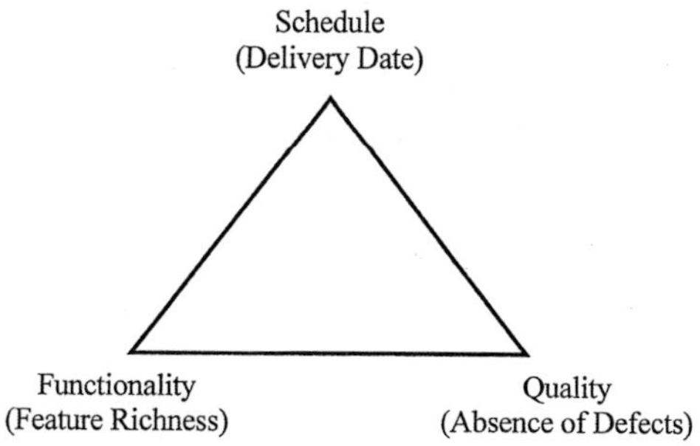

Aufgrund der Bedingungen RPM0 bis RPM2 kann während des Entwicklungsprozesses anhand einer Fallunterscheidung (RPM-Entscheidung) entschieden werden, wie weiter zu verfahren ist.

RPM-Entscheidung

Falls RPM0 *(Profit und Realisierbarkeit sind gewährleistet) gilt:*
Folge dem normalen Prozeßverlauf!

Sonst:

Falls RPM1 *(es existiert eine andere technische Lösung, die RPM0 erfüllt) gilt:*

Gehe zur Phase Anforderung, falls Funktionalität zu ändern ist (RPM1A), sonst zur Phase Implementierung!

Sonst:

Falls RPM2 *(es existiert eine Lösung innerhalb des „Good enough"-Dreiecks) gilt und die Lösung akzeptabel ist:*

Gehe zur Phase Anforderung, falls Funktionalität zu ändern ist (RPM2A), sonst folge dem normalen Prozeßverlauf!

Sonst: *Breche das Projekt ab!*

Mit Hilfe dieser Fallunterscheidung kann der sequentielle Prozeß aus Abb. 15.2 so angepaßt werden, daß er den Anforderungen der Projekte nach kurzen Durchlaufzeiten, begrenztem Entwicklungsaufwand und sich ändernden Marktanforderungen gerecht wird. Dabei ist sichergestellt, daß ein Projekt ohne Aussicht auf Erfolg rechtzeitig abgebrochen werden kann, so daß die Kosten möglichst gering sind.

Der modifizierte Prozeß ist in Abb. 15.5 dargestellt, wobei die RPM-Entscheidung durch das Symbol

Abb. 15.4: RPM-Entscheidung

dargestellt wird. Die geltende Bedingung markiert den Pfeil, dem anschließend durch den Prozeß gefolgt wird.

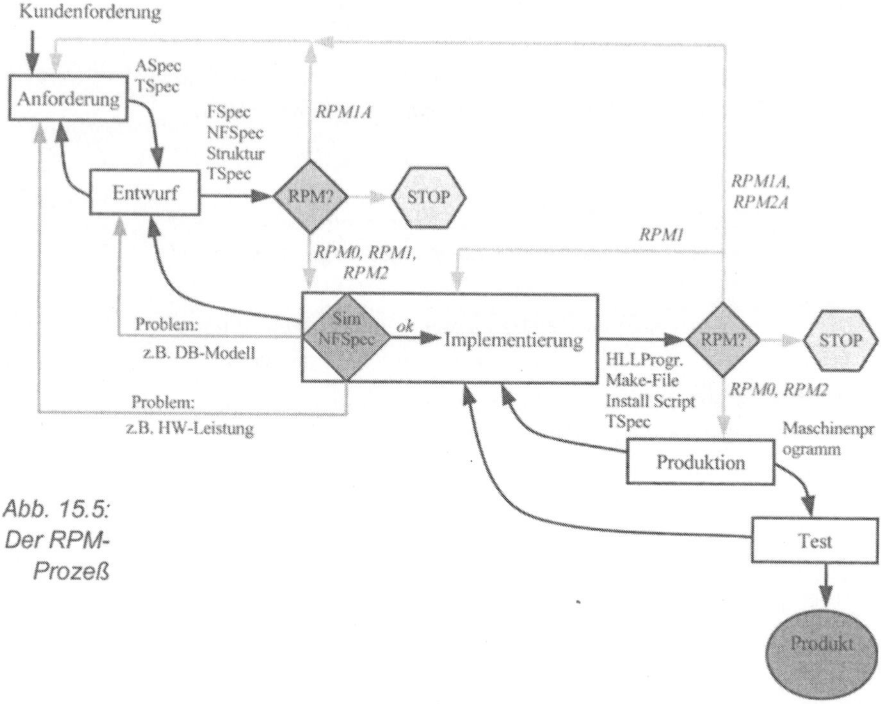

Abb. 15.5: Der RPM-Prozeß

Ein erfolgreiches Projekt durchläuft alle Phasen von der Anforderung bis zum Test, unter Umständen die Anfangsphasen mehrmals. Am Ende jeder Phase stehen die entsprechenden Entwicklungselemente, Dokumente und Quellen (Programme und andere Instruktionen) zur Verfügung. Inspektionen der Elemente während des Prozesses und der Test des Maschinenprogramms (Produkt) stellen sicher, daß die ursprünglichen Anforderungen geeignet implementiert worden sind. Bevor das Produkt als vollständig gelten kann, muß noch die Bedienungsanleitung erstellt werden, dasjenige Dokument, dessen Fehlen den Turm von Babel ruiniert hat. Die Bedienungsanleitung ist während der Phasen Implementierung und Test zu erstellen und beim Test zu verifizieren.

Allerdings lehrt uns die Geschichte der Systementwicklung auch, daß die bloße Existenz von Dokumenten noch nicht hinreichend ist; entscheidend ist, daß die richtigen Dokumente und Elemente zu einem Produkt bei Bedarf (Verbesserung, Weiterentwicklung) auch auffindbar sind. Dies zu gewährleisten ist um so schwieriger, je mehr Elemente zu einem Produkt gehören. Wir kommen damit zu einer Aufgabe innerhalb des Projektmanagements, die von enormer

Bedeutung ist, nämlich der Verwaltung der Dokumente und Quellen eines Produktes.

15.3 Verwaltung von Entwicklungselementen

Die Verwaltung der Entwicklungselemente ist aus mehreren Gründen entscheidend für den Projekterfolg:

1. Die Entwicklung von komplexen Software-Systemen wird von entsprechend großen Projektgruppen durchgeführt, die sich eventuell auf mehrere Standorte verteilen. Die Verwaltung der Elemente stellt sicher, daß alle Projektbeteiligten dieselben Elemente verwenden.
2. Die Entwicklung eines Produktes in Versionen erfordert, daß bei einer neuen Version auf den Entwicklungselementen der vorherigen aufgesetzt wird. Die Elemente der letzten Version sind in der Verwaltung archiviert.
3. Die Gewährleistung gegenüber dem Kunden verlangt, daß Fehlverhalten des Produktes behoben werden. Aus dem Verwaltungssystem können die für die Korrekturen notwendigen Entwicklungselemente bezogen werden.

Die Verwaltung von Entwicklungselementen wird zusätzlich dadurch erschwert, daß Produkthersteller in der Regel eine Vielzahl von Produkten entwickeln, die jeweils in mehreren Varianten vorliegen, die an unterschiedliche Kunden ausgeliefert werden.

Aus dieser kurzen Darstellung wird klar, daß das Verwaltungssystem für Entwicklungselemente mittels Datenbanken realisiert wird, die geeignete Funktionen zur Versionsbildung, zum Abspeichern und Extrahieren bereitstellen. Der Datenbankmarkt hält eine Reihe von Produkten bereit, die mehr oder weniger direkt für die Verwaltung von Dokumenten und Quellen geeignet sind. Diese sind sowohl für Großrechner (z.B. ADABAS auf OS/390) als auch für Server oder Personal Computer (z.B. ClearCase von Rational) verfügbar.

Die Aufgaben eines Verwaltungssystems sind also:

- Alle Entwicklungselemente (Spezifikationen, Code-Module, Inspektionsprotokolle usw.) werden gesammelt, gespeichert und bereitgestellt als Logistik- und Integrationsbasis für Entwicklung, Produktion und Weiterentwicklung in einer Multiprojekt-Landschaft.
- Kataloge über die Entwicklungselemente der einzelnen Systeme sind bereitzustellen.

- Die Entwicklungselemente sind gegen Zerstörung oder Verfälschung zu schützen. Das Sicherungskonzept muß die Entwicklungselemente verfügbar halten, solange die Systeme eingesetzt werden.
- Es muß sichergestellt werden, daß die Reproduzierbarkeit von Produkten, die eindeutige Identifikation der Entwicklungselemente, die Einhaltung von Richtlinien des Projektmanagements und die Datenkonsistenz gewährleistet sind.
- Es sind Informationen über den Entwicklungsfortschritt sowie Qualitätskennwerte und Statistiken zu liefern. Durch eine Verknüpfung von Datenbanken kann z.B. überprüft werden, daß nur inspizierte und getestete Programme für die Produktion verwendet werden.
- Bei Einsatz von mehreren Verwaltungssystemen (z.B. auf Großrechner und Server) muß die Aufgabenteilung und Zusammenarbeit ermöglicht und sichergestellt sein.

Im Prinzip ist die Verwaltung der Entwicklungselemente ein Thema der Logistik. In der vorliegenden Darstellung beschränken wir uns auf die Verwaltung der Elemente einer Produktlinie, d.h. eines Produktes, das in mehreren Varianten erstellt und ausgeliefert wird.

Abb. 15.6 zeigt den Zusammenhang zwischen den Phasen des Entwicklungsprozesses, den Entwicklungselementen und dem Datenbanksystem. Hier wird angenommen, daß zwei getrennte Datenbanken existieren, eine für Dokumente und eine zweite für Quellen. Es werden kommerzielle Systeme angeboten, die diese Aufteilung vor den Entwicklern verbergen, indem sie einheitliche Zugriffe für alle Typen von Entwicklungselementen anbieten.

Im Laufe des Entwicklungsprozesses werden die Elemente erstellt und archiviert:

- In der Anforderungsphase wird die sogenannte Anforderungsspezifikation als Text erfaßt und mit dem Anwender (oder Kunden) inspiziert. Anschließend wird sie in der Dokumentendatenbank archiviert und an die Entwurfsphase übergeben.
- In der Entwurfsphase werden auf der Basis der Anforderungsspezifikation im wesentlichen drei Elemente erstellt: die Beschreibung der funktionalen Eigenschaften in der funktionalen Spezifikation, die Beschreibung der nichtfunktionalen Eigenschaften in der nichtfunktionalen Spezifikation, jeweils als Text, und die Systemstruktur. Die Systemstruktur wird in der Regel nicht als reiner Text beschrieben, sondern verwendet formale Methoden auf Basis von SDL, UML und Pseudoprogrammcode, wie im Beispiel in Kap. 4.2 gezeigt. Da diese Elemente zum

Teil automatisch weiterverarbeitet werden, werden sie in der Quellendatenbank archiviert, während die Spezifikationen in Textform in der Dokumentendatenbank abgespeichert werden. Eine Inspektion aller Elemente durch die Projektmitglieder sichert die Qualität zur Weiterverarbeitung in der Phase Implementierung.

- In der Implementierungsphase wird die Darstellung der Systemstruktur unter Zuhilfenahme der Spezifikationen weiterentwickelt zu einem Computerprogramm. Dabei werden formale Anteile der Strukturdarstellung mit Hilfe von Tools (die z.B. für SDL und UML verfügbar sind) in Programmcode umgesetzt, sogenannte Programmgerüste. Diese Gerüste werden dann im Detail vervollständigt zu einem kompletten Programm als Implementierung des Systems. Zusätzlich werden Programme erfaßt für die Produktion des Systems zu einem Maschinenprogramm (Anweisungen an Produktions-Tools wie Compiler und Binder) und für das Laden des Maschinenprogramms in den Computer (Anweisungen an den Lader). Die drei Elemente bestehen aus Programmanweisungen und werden deshalb in der Quellendatenbank gespeichert.

  Ein wesentliches Element, nämlich die Testspezifikation, wird spätestens bis zum Ende der Implementierungsphase erstellt. Vorbereitende Arbeiten werden allerdings schon in der Entwurfsphase durchgeführt. Als Textdarstellung wird sie in der Dokumentendatenbank archiviert. Damit sind alle Voraussetzungen für die Produktion des Systems in Form des Maschinenprogramms geschaffen.

  Ein wesentlicher Bestandteil des Produktes ist die Bedienungsanleitung, die gegen Ende der Implementierungsphase erstellt sein muß und nach Inspektion in der Dokumentendatenbank gespeichert wird.

- In der Produktionsphase werden die Quellen des Systems automatisch zum Maschinenprogramm verarbeitet und auf einem geeigneten Datenträger (z.B. Magnetband, File Transfer) zum Test bereitgestellt.

- In der Testphase wird das bereitgestellte Maschinenprogramm gegen die Anforderungen anhand der Testspezifikation geprüft. Nach erfolgreichem Abschluß steht das Produkt zur Auslieferung bereit.

Abb. 15.6: Verwaltung der Dokumente und Quellen

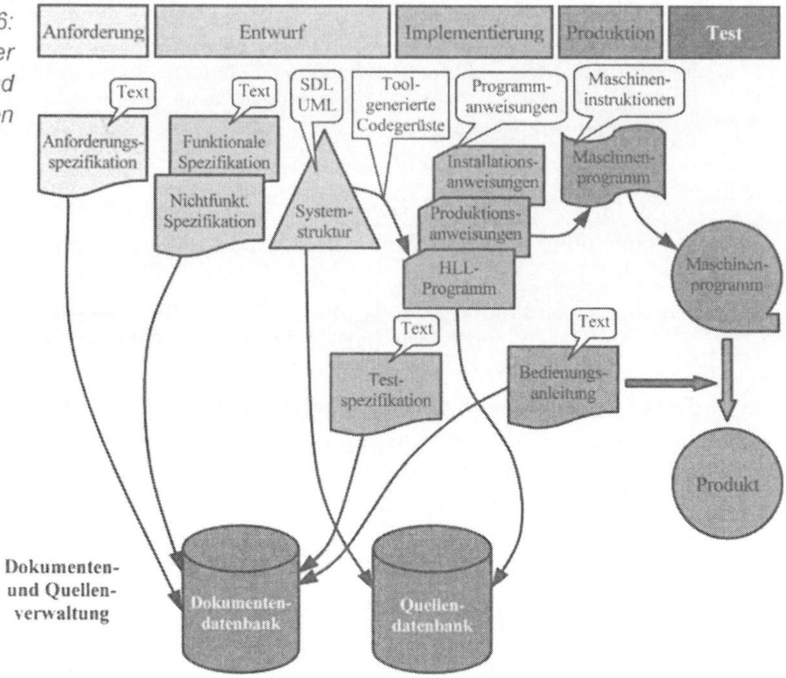

Große Projekte im Bereich der Software-Entwicklung erfordern ein systematisches Vorgehen bei der Verwaltung der Entwicklungselemente (siehe Abb. 15.6). Software von Kommunikationssystemen zeichnet sich aufgrund ihrer Langlebigkeit zusätzlich dadurch aus, daß sie in vielen Kundenversionen und Varianten vorliegt, die für die Pflege und Weiterentwicklung jederzeit komplett verfügbar sein müssen. Eine Projektverwaltung „auf Zuruf" mit dem Prinzip der „daily build" ist nicht mehr möglich, wenn das System mehrere tausend Entwicklungselemente umfaßt: Pro System sind ca. 10.000 Elemente zu verwalten, wobei die kombinatorische Vielfalt von Versionen und Varianten diese Zahl beträchtlich erhöht.

Aufgrund dieser großen Menge von Verwaltungsdaten, des für die Aufbewahrung benötigten Speichers und der Notwendigkeit der automatischen Datensicherung ist der Einsatz von hochverfügbaren Datenverarbeitungsanlagen erforderlich. Im folgenden wollen wir die wichtigen Merkmale eines sicheren und hochverfügbaren Konfigurationssystems für die Software-Entwicklung anhand der Verwaltung der Software von EWSD aufzeigen. Die Erfahrungen mit diesem System haben gezeigt, daß das Verwaltungskonzept maßgeblich durch die Produktstruktur geprägt wird. Daraus lassen sich die

Struktur der Verwaltungsdaten, die benötigten Datenbanken und letztendlich die Rechnerinfrastruktur ableiten.

1. **EWSD-Systemstruktur:** Die verschiedenen in EWSD integrierten Kommunikationsrechner enthalten Komponenten unterschiedlicher Komplexität. Dementsprechend werden unterschiedliche Plattformen (d.h. Computer-Hardware und Betriebssystem) als Basis der EWSD-Komponenten eingesetzt: Die Kernkomponenten basieren aufgrund spezieller Anforderungen an Kommunikationssysteme auf proprietären Plattformen (bestehend aus kommerziellen Prozessoren und eigenentwickelter Hardware und Betriebssystem) und werden mit speziellen EWSD-Tools entwickelt. Andere Komponenten setzen auf kommerziellen Plattformen auf, für die passende Entwicklungs-Tools (auch für die Verwaltung) angeboten werden. Die Vielfalt an Entwicklungselementen, ihre unterschiedlichen Inhalte und die Heterogenität der Entwicklungs-Tools legen es nahe, zur Verwaltung verschiedene Datenbanken auf unterschiedlichen Rechnern in einem Verbund einzusetzen.

2. **Verteilung der Daten:** Die Entwicklung der EWSD-Kernkomponenten wird aufgrund der Komplexität durch ein proprietäres Verwaltungssystem (ADABAS mit Natural-Programmen) unterstützt, während für kommerzielle Plattformen in der Regel auch kommerzielle Verwaltungssysteme angeboten werden (z.B. PVCS, ClearCase). Die Verteilung der Daten erfolgt dann nach folgendem Schema: Alle Dokumente, Kundenfehlermeldungen und die Quellen der Programme und Produktionssteueranweisungen für die Kernkomponenten werden in ADABAS-Datenbanken archiviert. Die Quellen der mit kommerziellen Tools entwickelten Komponenten befinden sich in ClearCase-Datenbanken. Durch diese Vorgehensweise sind die zu einer Systemversion gehörenden Verwaltungsdaten auf mehrere Datenbanken (auf mehreren Rechnern) verteilt. Es wird also eine Katalogisierung aller Entwicklungselemente einer Systemausprägung benötigt, die ebenfalls in einer zentralen ADABAS-Datenbank archiviert ist.

3. **Infrastruktur:** Die verschiedenen Datenbanktypen erfordern unterschiedliche Verwaltungsrechner: ADABAS arbeitet bei sehr großen Datenmengen optimal auf Mainframes, während ClearCase für Unix-Maschinen geeignet ist. Dementsprechend ist das Verwaltungssystem für EWSD ein Verbund von OS/390-Mainframes und Unix-Server in einem LAN.

Zum Abschluß betrachten wir noch das Sicherungskonzept für die Verwaltungselemente: Neue Elemente werden täglich auf externen Platten gesichert und sind somit jederzeit schnell verfügbar. Eine Gesamtsicherung auf Magnetbändern oder Casetten erfolgt alle vier Wochen (siehe Abb. 15.7). Damit ist gewährleistet, daß Kundensysteme während ihrer gesamten Einsatzdauer über viele Jahre rekonstruiert und gepflegt werden können.

Abb. 15.7: Struktur eines Verwaltungssystems

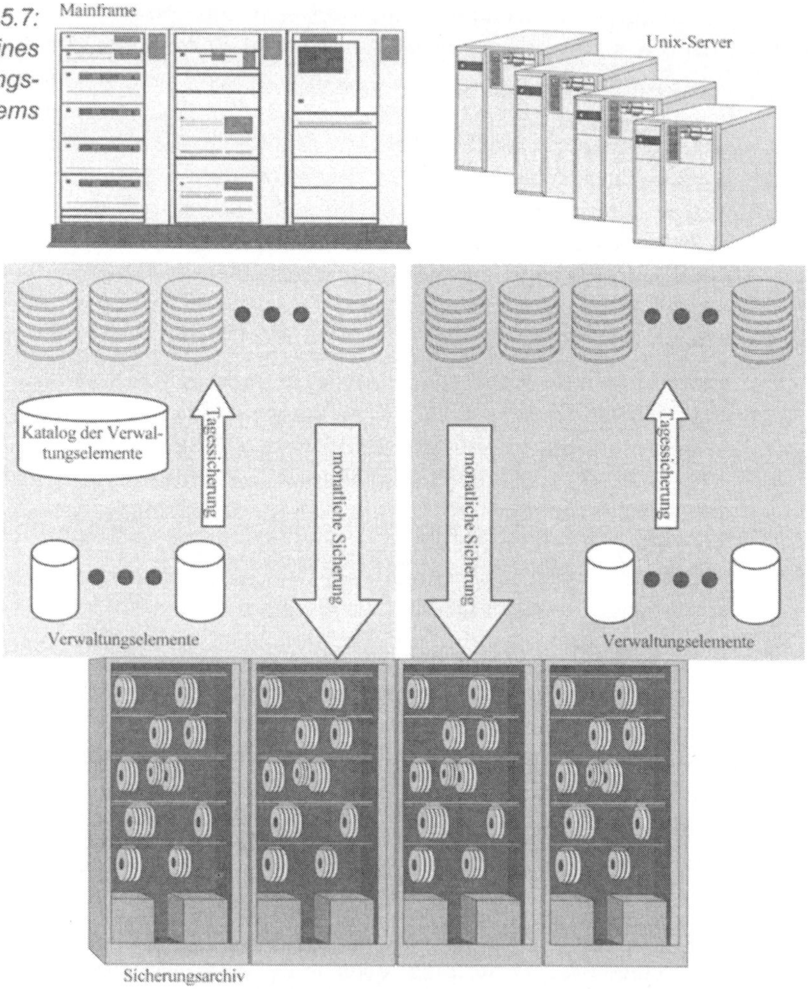

15.4 Fazit

Projekte im Bauwesen sind aus technischer Sicht seit Menschengedenken gut beherrschbar, da beobachtbar. Software dagegen ist unsichtbar. Ob sie vollständig ist und funktioniert, wird erst im Systemtest offenkundig.

Um Überraschungen in einem Software-Projekt zu vermeiden, müssen Zwischenergebnisse eingeführt werden, die beobachtbar und meßbar sind. Allerdings sind die Möglichkeiten der Täuschung bei mangelnder Sorgfalt groß. Deshalb muß Projektmanagement konsequent angewendet werden.

16 Erfolgreiche Projektkooperation: Soziale Bedingungen

Wie bereits angesprochen, ist für den Erfolg eines Projekts eine reibungslose Teamarbeit Voraussetzung. Diese kann durch eine Reihe organisatorischer Maßnahmen gefördert werden.

16.1 Sozialwissenschaftliche Aspekte der Kooperation

Hier sollen einige Punkte herausgestellt werden, die bei der Organisation größerer Software-Entwicklungsprojekte deren Effektivität beeinflussen und bereits in Kap. 2.3 „Teamdynamik“ angesprochen wurden. Grundlage ist das sozialwissenschaftliche Buch von Robert Axelrod „Die Evolution der Kooperation“ [Axel1997]. Die Gültigkeit der dort aufgestellten Regeln für eine erfolgreiche Zusammenarbeit läßt sich leicht in der Software-Entwicklungspraxis beobachten und verifizieren, dieses wird im zweiten Teil dieses Kapitels ausgeführt.

Eine häufige Fragestellung betrifft die Organisation von Entwicklungsgruppen. Der statischen hierarchischen Struktur steht eine dynamische flexible Organisation gegenüber, in der Gruppen den jeweils aktuellen und sich zeitlich verändernden Erfordernissen entsprechend umgebildet werden können. Die Erfolgsaussichten der jeweiligen Organisationsformen lassen sich mit den Schlußfolgerungen von Axelrod beantworten. Daraus folgt, daß hierarchische Strukturen, die hinreichend flexibel zur Umbildung bzw. Neubildung von Gruppen sind, gute Aussichten auf Erfolg haben.

stabile kooperative Bezeihungen

Nach Axelrod können die Interaktionen spezifischer Individuen besonders wirkungsvoll durch Hierarchien und Organisationen konzentriert werden. Dabei sind die Personen, die an verwandten Aufgaben arbeiten, in Gruppen zusammengefaßt. Dieses erhöht die Häufigkeit von Interaktionen zwischen diesen Personen und erleichtert es den Beschäftigten, stabile kooperative Beziehungen aufzubauen. Darüber hinaus erlaubt es die hierarchische Struktur, bei Problemen, die eine Koordination zwischen verschiedenen Zweigen der Organisation erfordern, die Entscheidungsträger auf höheren Ebenen einzubeziehen.

Entscheidungsträger

Indem die Software-Entwickler in eine langfristige Zusammenarbeit auf mehreren Ebenen eingebunden werden, erhöhen Organisationen die Anzahl und die Bedeutung zukünftiger Interaktionen und fördern dadurch die Entstehung von Kooperation unter Gruppen.

Zeitperspektive

Die Rolle der Zeitperspektive ist entscheidend für die Erhaltung der Kooperation. Ohne Zukunftsperspektive wird es unmöglich, Kooperation aufrechtzuerhalten. Entstehung und Aufrechterhaltung der Kooperation sind dadurch bedingt, daß die Interaktion vermutlich für längere Zeit fortgesetzt wird und die Beteiligten sich genügend um die gemeinsame Zukunft sorgen. Grundlage der Kooperation ist deren Dauerhaftigkeit. Während die Zukunft die Bedingungen für die Kooperation schafft, ist die Vergangenheit wichtig für die Überwachung des tatsächlichen Verhaltens.

Die Auswirkungen sind beobachtbar an den Fluktuationsbewegungen der Entwickler aus Eigenantrieb von bestehenden zu neuen Projekten. Ein Grund dafür ist, daß die neuen Projekte eine längere Zeitperspektive versprechen. Die Motivation bei auslaufenden Projekten läßt sich dagegen nur schwer aufrechterhalten. Um eine Abwanderungsbewegung bei einem bereits länger bestehenden Projekt zu bremsen, ist eine Verlängerung der Zeitperspektive durch gezielte Innovationen notwendig.

Die Rolle der Zeitperspektive hat wichtige Folgen für die Gestaltung von Projektorganisationen. Werden die Software-Entwickler in zu kurzen Zeitabständen von einer Position auf eine andere versetzt, führt dies zu einem starken Anreiz, ein auf kurze Sicht günstiges Verhalten zu zeigen, unabhängig von den Konsequenzen für die Organisation auf lange Sicht. Sie wissen, daß sie frühzeitig in einer anderen Position sein werden, und die Konsequenzen ihrer Entscheidungen auf dem früheren Posten werden ihnen höchstwahrscheinlich nicht mehr zugeschrieben, nachdem sie die Position verlassen haben. Das Ergebnis eines schnellen Stellenwechsels könnte daher eine Verminderung der Kooperation innerhalb der Organisation sein.

Dieses zeigt, daß organisationsübergreifende Teams das Problem der Verantwortlichkeit und der Zeitperspektive haben und daher nur dort gebildet werden sollten, wo dieses unbedingt erforderlich ist. Auch sollten unnötige Umorganisationen vermieden werden, z.B. das Pendeln zwischen „Synergie“ und „schlagkräftigen kleinen Einheiten". Statt dessen sollte die Konzentration der Interaktionen zwischen Entwicklern derart erfolgen, daß sich jedes Individuum häufig mit nur wenigen anderen trifft. Auch die Verteilung eines Projekts auf geographisch verschiedene Standorte kann die Interaktionen beeinträchtigen.

Projektleitungen und Verantwortlichkeiten müssen personifiziert werden, um die Projektbeteiligten auf ein gemeinsames Ziel ausrichten zu können. Aus diesem Grund reisen Staatsführer persönlich zu Unglücksorten wie Wirbelsturmgebieten, auch wenn sie dort selbst nicht helfen können. Die symbolische Handlung dient der Motivation für die Fokussierung von Hilfsleistungen. Das bekannteste Beispiel einer Zielausrichtung, die von einer Person ausgegangen ist, war das von Kennedy initiierte Mondlandeprojekt. Das zeigt, daß es nicht reicht, Projekte abstrakt zu definieren, sondern sie müssen von konkreten Personen vorangetrieben werden.

Schließlich ist zu beobachten, daß die Zeitperspektive auch übergeordnete Bedeutung erlangen kann: Als in der ersten Hälfte der 90er Jahre über die Presse die Ansicht der Wirtschaft verbreitet wurde, daß zunehmend Informatik-Aufgaben von Deutschland nach Indien verlagert werden sollten, ging sofort die die Zahl der Studienanfänger im Fach Informatik in Deutschland drastisch zurück, während sie in Indien zunahm.

16.2 Erfahrungen aus praktischen Projekten

In diesem zweiten Teil des Kapitels werden aufgrund praktischer Projekterfahrungen die sozialwissenschaftlichen Regeln von Axelrod bezüglich der Kooperation in der Software-Entwicklung untermauert.

Wie entsteht Software?

Es ist unbestritten, daß individuelle Kreativität ein wichtiges Element in der Software-Entwicklung ist, und zwar vom Verstehen der Aufgabenstellung über die Erarbeitung der Konzepte bis zum Programmieren. Allerdings kann industrielle Software-Entwicklung nur in Gruppen von Entwicklern durchgeführt werden. Die Anforderungen des Marktes bezüglich Funktionsumfang und Fertigungszeitraum kann von einem einzelnen Entwickler aufgrund des Arbeitsaufwands nicht bewältigt werden. Kreatives Arbeiten in Gruppen erfordert eine gewisse Koordination, die ohne Struktur und geordnete Kommunikation nicht möglich ist.

In welchen Strukturen organisieren sich Entwickler und wie kommunizieren sie?

16.2.1 Architekturgruppe

Zu Beginn eines Projektes gibt es häufig mehrere mögliche Lösungen zu einer Aufgabenstellung. Dies ist im extrem flexiblen Baumaterial begründet. Schon bei der Konzeptfindung müssen die unterschiedlichsten Lösungen, die verschiedene Technologien verwenden, parallel untersucht und bewertet werden, bevor die unter den gegebenen Randbedingungen optimale Lösung ausgewählt werden kann. Es werden also Experten in allen in Frage kommenden Technologien benötigt. Damit hat sich eine Architekturgruppe zusammengefunden.

16.2.2 Einheitliche Begriffswelt

Im Gegensatz zum einzelnen Entwickler, der ein Bild von allen wesentlichen Aspekten der Software „im Kopf hat", benötigen Gruppen Methoden und Prozesse zur Erstellung solcher Bilder, anhand derer die möglichen Lösungen und damit verbundene Probleme diskutiert und Entscheidungen getroffen werden können. Anschließend kann jedes einzelne Mitglied der Gruppe mit diesen Bildern arbeiten. Das Arbeiten in Gruppen erfordert also neben aufwendigen Wegen und Regeln für die Kommunikation eine einheitliche Begriffswelt. Fach- bzw. projektspezifische Abkürzungen oder Schlagworte sind innerhalb von Gruppen in ihrer Bedeutung völlig klar, während Außenstehende ein ganz anderes Verständnis haben. Mißverständnisse sind vorprogrammiert.

Als Beispiel aus der Praxis kann ein Datenbankservice in einer Echtzeitapplikation dienen. Verschiedene Teilnehmer der Architekturgruppe hatten unterschiedliche Projekterfahrungen. Die Mitglieder aus dem Bereich Echtzeitprogrammierung verstanden unter Datenbank eine hochverfügbare Echtzeitdatenstruktur mit schwacher Strukturierung, aber extrem schnellen Zugriff. Mitglieder aus der Datenverarbeitung verstanden darunter eine relationale Datenbank zum Verwalten großer Datenmengen mit stark vernetzten Datenstrukturen, die ihre Datenbestände auf Festplatten ablegen und normalerweise keinen Echtzeitzugriff erlauben. D.h., bezüglich der Kriterien für den Benutzerzugriff im laufzeitkritischen Pfad herrschte ein grundsätzliches Mißverständnis. Dies wurde noch verstärkt durch die Tatsache, daß für den Zielrechner bereits ein Produkt ausgewählt worden war, das zwar die Anforderungen hinsichtlich Hochverfügbarkeit erfüllte, aber nicht die fälschlicherweise mit dem

Datenbankbegriff assoziierte Eigenschaft hinsichtlich Echtzeitreaktion. Gelöst werden konnte das Mißverständnis nur dadurch, daß anhand von Analysen die Anforderungen verifiziert wurden. Das Ergebnis der Analysen war, daß nur eine geringe Anzahl von Benutzern in dieser Datenstruktur zu verwalten ist (ca. 500.000) und sich die Struktur in einer einzigen Tabelle darstellen läßt. Dank dieser Erkenntnisse konnten die Herstellkosten des Produktes beträchtlich reduziert werden, da die Lizenzkosten für das zuzukaufende Fremdprodukt, das die Echtzeitanforderung nicht erfüllen konnte, eingespart wurden. Die Echtzeitfähigkeit konnte mit einer speicherresidenten Datenstruktur gelöst werden, die in kurzer Zeit programmiert wurde.

Dieses kleine Beispiel zeigt die Bedeutung einer einheitlichen Begriffswelt; Begriffsverwirrung auf niedriger technischer Ebene kann zu eklatant falschen Architekturentscheidungen führen.

16.2.3 Kommunikation in Entwicklungsgruppen

Entwicklungsgruppen in unserem Sinne bestehen in der Regel aus fünf bis zehn Entwicklern. Damit ist Kommunikation innerhalb der Entwicklungsgruppe kein Problem. Erkannte technische Probleme können auf Zuruf diskutiert und einer Lösung zugeführt werden. Zur Darstellung technischer Zusammenhänge können die üblichen Darstellungsmethoden (SDL, MSC, UML, Pseudo-Code, Text) verwendet werden.

Projekte der Größenordnung eines Telefonvermittlungssystems oder eines Applikations-Servers können nicht von einer einzelnen Entwicklungsgruppe durchgeführt werden. Es werden mehrere Gruppen zur Durchführung benötigt.

Wie entstehen diese Entwicklungsgruppen?

Nachdem die Architekturgruppe eine geeignete Architektonik entwickelt hat, kann der Entwicklungsaufwand abgeschätzt werden. Aufgrund von Aufwand und technischer Lösung kann vom Entwicklungsmanagement entschieden werden, welche verfügbaren Entwicklungsgruppen unter Berücksichtigung der Fachkenntnisse für die Durchführung des Projektes in Frage kommen. Bei großen Projekten sind diese häufig standortübergreifend, auch über verschiedene Länder und Kontinente, verteilt.

16.2.4 Kommunikation zwischen Gruppen

Ein solch verteiltes Projekt kann innerhalb der vorgegebenen Zeit bewältigt werden, wenn der zusätzliche standortübergreifende Kommunikationsaufwand berücksichtigt wird. Voraussetzung ist, daß sich die Kommunikation auf möglichst wenige Kommunikationskanäle beschränkt. Es dürfen nur wenige Entwickler an einem Standort für die Kommunikation verantwortlich sein; diese müssen auch die technischen Zusammenhänge soweit verstehen, daß sie die Kommunikation effektiv durchführen können. Die Kommunikationspartner sollten die Befähigung von technischen Projektleitern haben. Ein pures Weiterleiten der Informationen ist nicht ausreichend. Jeder der beteiligten Kommunikationspartner muß die Architektur der zu erstellenden Software im Kopf haben. Aber trotz aller Bemühungen um die effiziente Gestaltung dieser Kommunikation wird es zu Verlusten kommen. Diese kleinen Verluste in der Kommunikation verursachen später größere Verluste in der Implementierung. Ein Mißverständnis in der Semantik einer Schnittstelle kann bis zum Fertigstellungstermin unentdeckt bleiben, und damit im schlimmsten Fall zum Mißlingen des Projektes führen.

Die Vermittlung eines gemeinsamen technischen Verständnisses auf der Basis der Ergebnisse der Architekturgruppe über Gruppengrenzen hinweg ist unbedingte Voraussetzung für das Gelingen des Projektes.

Wie werden die technischen Ergebnisse kommuniziert?

Informale Darstellungsmethoden reichen an dieser Stelle nicht aus. Je größer die Distanz zwischen den Gruppen ist, desto präziser (und formaler) müssen die Spezifikationen der technischen Zusammenhänge sein.

16.3 Fazit

Im Hinblick auf die Übernahme von Verantwortlichkeiten durch die Beteiligten an einem Software-Projekt sind stabile kooperative Beziehungen mit einer hinreichenden Zeitperspektive von hoher Wichtigkeit.

Deshalb sollten organisatorische Umbildungen ein gewisses Maß nicht überschreiten.

17 Resümee

Software entzieht sich einerseits der Anschaulichkeit, ist aber andererseits bei Bedarf schnell lokal änderbar, wobei die negativen Auswirkungen von Änderungen auf das globale Verhalten schwer vorhersehbar sind. Um dieses Potential auszuschöpfen und gleichzeitig die Defizite zu kompensieren und die Komplexität typischer Aufgabenstellungen für Software beherrschbar zu machen, werden geeignete Methoden und Verfahren benötigt, die in der Software-Architektur zusammengefaßt werden.

In der Software-Entwicklung hat Dynamik einen wesentlich höheren Stellenwert als in anderen Ingenieurdisziplinen, z.B. beim Straßenbau und in der Flughafenplanung. Deshalb muß den Aspekten der Dynamik – nämlich Reaktionsgeschwindigkeit, Technologiewandel, Fluktuation in Teams und Interpretationsspielraum bei Anforderungen – durch geeignete Architekturregeln für die Projektplanung und -durchführung Rechnung getragen werden.

Die Software-Architektur unterstützt die Strukturierung komplexer Systeme, wobei unterschiedliche Blickrichtungen dokumentiert werden müssen:

- statische Systemsicht mit Komponenten und Schnittstellen
- dynamische Sicht der Funktionen, Algorithmen und parallelen Abläufe
- Datensicht mit Datenstrukturen und Objekten
- Hardware-Sicht mit Registern, Speicherelementen, Maschinenbefehlen und Ausführungszeiten

Die wesentlichen Erkenntnisse, die aus allen Sichten zum Verständnis von Problemen und ihrer Lösung gewonnen werden, müssen in der Architektonik dargestellt werden, damit sie abschließend verifiziert und bei der Weiterentwicklung berücksichtigt werden können.

Auf der Grundlage der Architektonik kann der Aufwand für die Durchführung des Projekts ermittelt werden. Zeit- und Kostenschätzungen sind immer schwierig und fehleranfällig, aber unerläßlich für die Projektplanung. Wichtig hierbei ist ein pragmatisches Vorgehen.

Dabei lohnt es sich, eher unterschiedliche Methoden der Zeit- und Kostenschätzung zu verwenden, die Ergebnisse zu vergleichen und eine Synergie daraus zu erzielen. Zuverlässig werden Verfahren zur Zeit- und Kostenschätzung erst, wenn man sie immer wieder in ähnlich gelagerten Projekten einsetzt und allmählich durch die Rückkopplung aus den Erfahrungen die Methoden justiert. Dies zeigt eine weitere wichtige Aufgabe auf. Nach der Durchführung eines Projektes sollte immer überprüft werden, inwieweit das Projekt den Planungsvorgaben insbesondere auf Zeit- und Kostenschätzungen entsprochen hat, und im Zweifelsfalle herausgefunden werden, auf welche Gründe Fehleinschätzungen zurückzuführen sind und inwieweit die Planungs- und Schätzmaßnahmen entsprechend zu modifizieren sind.

Bei der praktischen Erarbeitung einer konkreten Software-Struktur anhand vorgegebener Architekturregeln erweist sich eine komponentenorientierte Darstellung mit klar definierten Serviceschnittstellen als sehr nützlich zum Verständnis des Systems. Durch die Integration von aktuellen Standards wird sowohl der Entwicklungsaufwand für die Applikation reduziert als auch die Erweiterbarkeit hinsichtlich weiterer artverwandter Services sichergestellt. Damit erhält man eine Architektonik, die geeignet ist für die erste Version einer Reihe von Applikationen und erweiterbar für Folgeentwicklungen.

Die Erarbeitung der Architektonik zeigt deutlich die Bedeutung der kognitiven Fähigkeiten des Entwicklers, insbesondere die Fähigkeit, quasi gleichzeitig die verschiedenen logischen Ebenen zur Realisierung der Aufgabenstellung – nämlich die Systemfunktionen, die mathematische Darstellung und das Computerprogramm – vor Augen zu haben, die relevanten Probleme anhand von Details der einzelnen Ebenen zu erkennen und geeignete Konstrukte zu ihrer Lösung in der Architektonik zu verankern.

Der Einsatz dieser Fähigkeiten bietet eine gute Aussicht, die wesentlichen Probleme der Implementierung vorab zu identifizieren und Konzepte zu ihrer Lösung zu erarbeiten. Die Zusammenfassung der Konzepte als Architektonik bietet die Gewähr, den Gesamtüberblick zu behalten und damit die Sicherheit, daß das Gesamtsystem die gestellten Anforderungen auch erfüllen wird.

Diese Vorgehensweise setzt aber auch voraus, daß die für die Architektonik verantwortlichen Personen Experten auf allen Ebenen sind. Es bleibt dann die Hoffnung, daß kein schwerwiegendes Problem in dieser Phase unerkannt geblieben ist.

Bei den Entscheidungen zur Lösungsfindung können die verschiedenen fachlichen Vorprägungen der Experten leicht zu suboptimalen Lösungen führen.

Formalisierte Checklisten mit einer Bewertungsmatrix gewährleisten eine objektivierbare Entscheidungsfindung.

Nach dem Prinzip „teile und herrsche" muß das Software-System in unabhängig entwickelbare Komponenten unterteilt werden, wobei die Anzahl der äußeren Schnittstellen einer Komponente klein sein sollte im Vergleich zur Anzahl ihrer internen Schnittstellen.

Eine Komponente wird charakterisiert einerseits durch ihre Serviceschnittstellen, die sie als Architekturelement bereitstellt, und andererseits durch die Betriebsmittel, die sie als Recovery- und Upgrade-Einheit benötigt.

Im Verlauf der Entwicklung unterliegt ein Software-System den verschiedenen Sichten, die für die Aufteilung in Komponenten eine Rolle spielen:

- Anwendungssicht
- Entwicklungssicht
- Installationssicht
- Wartungssicht

Die Identifikation der Software-Komponenten zu einer Applikation ist eine Hauptaufgabe der Architektur. Software-Komponenten müssen hinsichtlich Laufzeitverhalten und Betriebsmittelbedarf optimal geschnitten werden.

Die Einordnung der Komponenten in einem Schichtenmodell als Verallgemeinerung des Konzepts der Protokollschichten verhindert das unkontrollierte Wachstum von Schnittstellen. Dabei sind die Schichten dadurch charakterisiert, daß Komponenten aus einer Schicht nur Services aus der eigenen oder darunterliegenden Schichten verwenden dürfen.

Dieses eindimensionale Schichtenmodell erfährt eine weitere Komplexitätsdimension bei verteilten Computersystemen. Zur Optimierung der Hardware-Kosten bei derartigen Systemen ist eine geeignete Verteilung der Komponenten auf die verfügbaren Rechner zu finden. Diese Aufteilung kann Rückwirkungen auf den Schnitt der Komponenten haben.

Bei komplexen Systemen ist der Einsatz einer höheren Programmiersprache zur Umsetzung der Architektur auf dem Computer unumgänglich; sie ist also eine Abstraktionsschicht zwischen Applikation und Computer. Die Sprachmittel sollten die Spezifikation der Applikation in natürlicher Weise ermöglichen.

Die Programmiersprache kann nur zusammen mit dem Betriebssystem gesehen werden.

Nur wenige Programmiersprachen sind zur Entwicklung von Echtzeitsystemen geeignet. Die Auswahl einer Programmiersprache anhand ihrer Marktgängigkeit erfordert Kompromisse.

Eine hohe Zuverlässigkeit, die bei Echtzeitsystemen im allgemeinen gefordert wird, läßt sich durch Redundanztechniken erreichen. Gängige Techniken sind Systemdopplung, die bei Vermittlungssystemen eingesetzt wird, oder Server-Farmen, die Teilausfälle erlauben. Aus Kostengründen können andere Konfigurationen günstiger sein. Die Berechnungen für die Zuverlässigkeit werden dann im Einzelfall entsprechend aufwendig.

Der Software-Testprozeß ist für große Software-Systeme zwangsläufig unzulänglich, da ein Test unter realen Bedingungen unmöglich ist. Daraus folgt, daß auch große Kommunikationssysteme im Feldeinsatz Fehlverhalten zeigen.

Die Anwendung spezieller Methoden des Software Engineerings kann die Anzahl der Fehlverhalten auf ein akzeptables Maß reduzieren.

Durch die strikte Anwendung dieser Methoden wird das Testen der Software nicht überflüssig, aber die Bedeutung des Testens für die Qualität wird reduziert. Erfahrungsgemäß wird durch die Kombination von beiden Konzepten im Software-Entwicklungsprozeß die Qualität großer Software-Systeme signifikant verbessert.

Die Entwicklung von Software-Systemen – von der Architektur über die Implementierung bis zur Auslieferung – wird in Projekten durchgeführt.

Projekte im Bauwesen sind aus technischer Sicht seit Menschengedenken gut beherrschbar, da beobachtbar. Software dagegen ist unsichtbar. Ob sie vollständig ist und funktioniert, wird erst im Systemtest offenkundig.

Um Überraschungen in einem Software-Projekt zu vermeiden, müssen Zwischenergebnisse eingeführt werden, die beobachtbar und meßbar sind. Allerdings sind die Möglichkeiten der Täuschung bei mangelnder Sorgfalt groß. Deshalb muß Projektmanagement konsequent angewendet werden.

Im Hinblick auf die Übernahme von Verantwortlichkeiten durch die Beteiligten an einem Software-Projekt sind stabile kooperative Beziehungen mit einer hinreichenden Zeitperspektive von hoher Wichtigkeit.

Deshalb sollten organisatorische Umbildungen ein gewisses Maß nicht überschreiten.

Schon zu Beginn eines Projekts werden Beschreibungen erstellt. Die Gefahr liegt darin, daß „mit Prosa sich trefflich streiten läßt." Zwischen menschlicher Intuition bei der Interpretation der Aufgabenstellung und der Implementierung im Computer besteht eine beträchtliche Lücke. Zur Schließung dieser Lücke sind formale Darstellungsmittel unabdingbar.

Diese Darstellungen müssen die Abläufe, die statischen Zusammenhänge und die dynamischen Systemeigenschaften der Software erfassen und zueinander in Beziehung setzen. Darüber hinaus ist die Abbildung der Software auf einen Computerverbund zu spezifizieren.

Diese Aspekte lassen sich mit Message Sequence Charts und COSPEL formalisieren und vollständig erfassen.

Insbesondere läßt sich das inhärente Problem des Zusammenspiels von synchronen und asynchronen Abläufen explizit darstellen.

Keine der gängigen Methoden zur formalen Darstellung ist speziell für die Entwicklung von Echtzeitsystemen konzipiert. Mangels Alternativen muß man sie in geeigneter Weise für die Darstellung der Architektur und im Entwicklungsprozeß einsetzen.

Mit Methode und Architektur wird der Endtermin zum neuen Starttermin.

Anhang

Pseudo-Code der Komponentenmodelle

zu Abb. 4.6: Komponentenmodell für SIP/PINT-Stack

```
class Main()
  Queue queue[n]
  public void main() {
    for (i=0; i<n; i++) {
      queue[i] = new Queue();
      new Consumer(i).start();
    }
    new Provider().start();
  }
}
```

PINT-Service

```
class Provider extends Thread {
  public void run() {
    while (true) {
      SipRequest request = SIPListener.receive();
      i = getNextQueue(); // selection of next suitable queue,
                          // e.g. round robin
      queue[i].push(request);
    }
  }
}

class Consumer extends Thread {
  ServiceID, Aparty, Bparty;
  int queueNr;

  public Consumer(int i) {
    queueNr = i;
  }
  public void run() {
    while (true) {
      SipRequest request = queue[queueNr].pop();
      (ServiceID, Aparty, Bparty) = parseSIP(request);
      CtD call = new CtD_R2C(ServiceID, Aparty, Bparty);
      call.MakeCall();
    }
  }
}
```

zu Abb. 4.7: Architektonik des PINT-Gateways, Ausgabe 1

PINT-Service (including SIP/PINT-Stack)

```
class Provider extends Thread {
  public void run() {
    SipRequest request = SIPListener.receive();
    switch (request.type) {
      case "SIP:INVITE": ...
      case "SIP:ACK": ...
    }
    i = getNextQueue();
    queue[i].push(request);
  }
  public void send(String type) {
    // send SIP Packet to PINT Client
  }
}
class Consumer extends Thread {
  ServiceID, Aparty, Bparty;
  int queueNr;
  public void run() {
    while (true) {
      SipRequest request = queue[queueNr].pop();
      (ServiceID, Aparty, Bparty) = parseSIP(request);
      ...
      Provider.send("SIP:200 OK");
      ...
      Provider.send("SIP:BYE");
    }
  }
}
```

zu Abb. 4.8: Architektonik des PINT-Gateways, Ausgabe 2

SIP/PINT-Stack

```
class Provider extends Thread {
  public void run() {
    SipRequest request = SIPListener.receive();
    switch (request.type) {
      case "SIP:INVITE": ...
      case "SIP:ACK": ...
    }
    i = getNextQueue();
    queue[i].push(request);
  }
  public void send(String type) {
    // send SIP Packet to PINT Client
  }
}
class Consumer extends Thread {
  ServiceID, Aparty, Bparty;
  int queueNr;
  public void run() {
    while (true) {
      SipRequest request = queue[queueNr].pop();
      (ServiceID, Aparty, Bparty) = parseSIP(request);
      CtD call = new CtD_R2C(ServiceID, Aparty, Bparty);
      Provider.send("SIP:200 OK");
      call.MakeCall();
      ...
      Provider.send("SIP:BYE");
    }
  }
}
```

CtD-Service-Logic

```
class CtD_R2C extends CtD {
  ServiceID, Aparty, Bparty;
  CtD_R2C(ServiceID, Aparty, Bparty) {
    // save Parameters to class members;
  }
  void MakeCall() { … }
}
```

zu Abb. 4.9: Architektonik des PINT-Gateways, Ausgabe 3

SIP/PINT-Stack

```
class Provider extends Thread {
  public void run() {
    while (true) {
      SipRequest request = SIPListener.receive();
      i = getNextQueue();
      queue[i].push(request);
    }
  }
}
class Consumer extends Thread {
  ServiceID, Aparty, Bparty;
  int queueNr;
  public void run() {
    while (true) {
      SipRequest request = queue[queueNr].pop();
      (ServiceID, Aparty, Bparty) = parseSIP(request);
      CtD call = new CtD_R2C(ServiceID, Aparty, Bparty);
      call.MakeCall();
    }
  }
}
```

CtD-Service-Logic

```
class CtD_R2C extends CtD {
  ServiceID, Aparty, Bparty;
  CtD_R2C(ServiceID, Aparty, Bparty) { … }
  void MakeCall() {
    ParlayCall Pcall = new ParlayCall(ServiceID, Aparty,
Bparty);
    Pcall.routeCallToOrigination(ServiceID, ApartyLeg);
    Pcall.routeCallToDestination(ServiceID, BpartyLeg);
    Pcall.MergeLegs();
  }
}
```

Mediation

```
class ParlayCall {
  ServiceID, Aparty, Bparty;
  ParlayCall(ServiceID, Aparty, Bparty) { … }
}
class ParlayCallLeg { … }
```

Core Switching System API (CSS-API)

```
SetupParty()      [Establish Context]
ConnectParty()    [Signal]
PromptParty()     [Announce Call]
MergeParties()    [Merge Signaled and announced Parties]
```

zu Abb. 4.11: Zusammenhang zwischen SIP/PINT- und CORBA/PINT-Prozeß

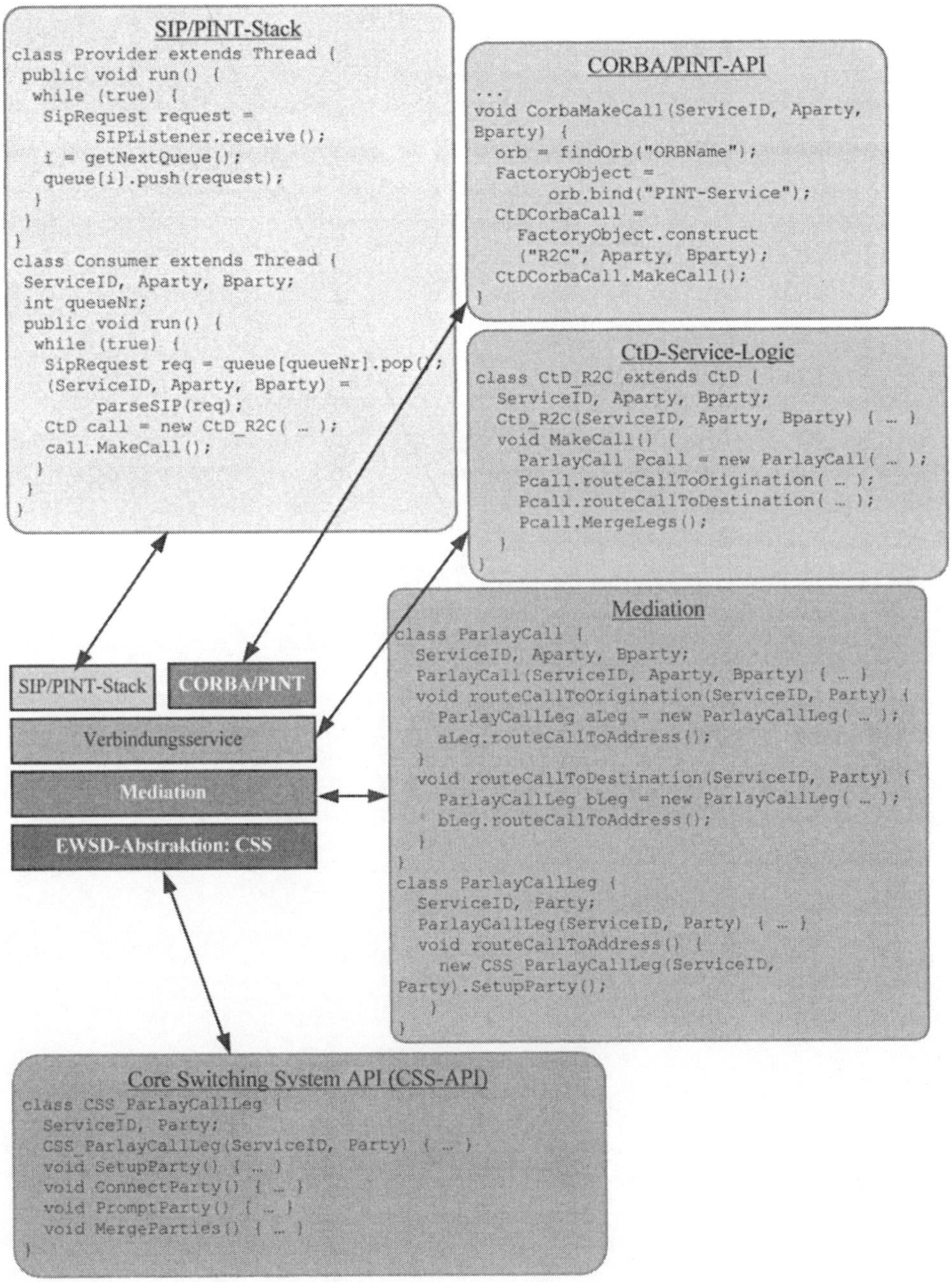
SIP/PINT-Stack
class Provider extends Thread {
public void run() {
while (true) {
SipRequest request =
SIPListener.receive();
i = getNextQueue();
queue[i].push(request);
}
}
}
class Consumer extends Thread {
ServiceID, Aparty, Bparty;
int queueNr;
public void run() {
while (true) {
SipRequest req = queue[queueNr].pop();
(ServiceID, Aparty, Bparty) =
parseSIP(req);
CtD call = new CtD_R2C(…);
call.MakeCall();
}
}
}
CORBA/PINT-API
...
void CorbaMakeCall(ServiceID, Aparty, Bparty) {
orb = findOrb("ORBName");
FactoryObject =
orb.bind("PINT-Service");
CtDCorbaCall =
FactoryObject.construct
("R2C", Aparty, Bparty);
CtDCorbaCall.MakeCall();
}
CtD-Service-Logic
class CtD_R2C extends CtD {
ServiceID, Aparty, Bparty;
CtD_R2C(ServiceID, Aparty, Bparty) { … }
void MakeCall() {
ParlayCall Pcall = new ParlayCall(…);
Pcall.routeCallToOrigination(…);
Pcall.routeCallToDestination(…);
Pcall.MergeLegs();
}
}
SIP/PINT-Stack
CORBA/PINT
Verbindungsservice
Mediation
EWSD-Abstraktion: CSS
Mediation
class ParlayCall {
ServiceID, Aparty, Bparty;
ParlayCall(ServiceID, Aparty, Bparty) { … }
void routeCallToOrigination(ServiceID, Party) {
ParlayCallLeg aLeg = new ParlayCallLeg(…);
aLeg.routeCallToAddress();
}
void routeCallToDestination(ServiceID, Party) {
ParlayCallLeg bLeg = new ParlayCallLeg(…);
bLeg.routeCallToAddress();
}
}
class ParlayCallLeg {
ServiceID, Party;
ParlayCallLeg(ServiceID, Party) { … }
void routeCallToAddress() {
new CSS_ParlayCallLeg(ServiceID, Party).SetupParty();
}
}
Core Switching System API (CSS-API)
class CSS_ParlayCallLeg {
ServiceID, Party;
CSS_ParlayCallLeg(ServiceID, Party) { … }
void SetupParty() { … }
void ConnectParty() { … }
void PromptParty() { … }
void MergeParties() { … }
}

zu Abb. 4.12: Austauschbarer PINT-Service Click-to-Dial

Click-to-Dial-Applikation

```
class Main() {
  public void main() {
    Queue queue = new PintQueue();
    consumer = new Consumer();
    provider = new Provider();
    consumer.start();
    provider.start();
    while (true) {
      O&M_Cmd.receive();
      switch (O&M_Cmd.type) {
        case "KILL":  consumer.kill();
              consumer = new  newConsumer();
              newConsumer.start();
      }
    }
  }
}
```

SIP/PINT-Stack

```
class PintQueue extends Queue {
  void push(SipRequest) { … }
  SipRequest pop() { … }
}
class Provider extends Thread {
  Provider = new Thread {
   void run() {
    while (true) {
      SipRequest request = SIPListener.receive();
      PintQueue.push(request);
    }
   }
}
class Consumer extends Thread {
  boolean alive = true;
  ServiceID, Aparty, Bparty;
  void kill() { alive = false; }
  void run() {
    while (alive) {
      SipRequest request = PintQueue.pop();
      (ServiceID, Aparty, Bparty) = parseSIP(request);
      CtD call = new CtD_R2C(ServiceID, Aparty,
Bparty);
      call.MakeCall();
    }
  }
}
```

zu Abb. 4.13: Architektonik des PINT-Service mit Click-to-Dial, Click-to-Fax und Video Service

SIP-Service (including SIP/PINT-Stack and SIP/Video-Stack)

```
class PintQueue extends Queue {
  void push(SipRequest) { … }
  SipRequest pop() { … }
}
class VideoQueue extends Queue {
  void push(SipRequest) { … }
  SipRequest pop() { … }
}
class Provider extends Thread {
  Provider = new Thread {
   void run() {
    while (true) {
      SipRequest request =
SIPListener.receive();
      PintQueue.push(request);
    }
  }
}
class PintConsumer extends Thread {
  boolean alive = true;
  CtD call;
  ServiceID, Aparty, Bparty;
  void kill() { alive = false; }
  void run() {
    while (alive) {
      SipRequest req = PintQueue.pop();
      (ServiceID, Aparty, Bparty) = parseSIP(req);
        switch (ServiceID) {
          case "R2C": call = new CtD_R2C( … );
          case "R2F": call = new CtD_R2F( … );
                      call.setFaxContent( … );
        }
      call.MakeCall();
    }
  }
}
class VideoConsumer extends Thread {
  boolean alive = true;
  CtD call;
  ServiceID, Aparty, Bparty, VideoContent;
  void kill() { alive = false; }
  void run() {
    while (alive) {
      SipRequest req = VideoQueue.pop();
      (ServiceID, Aparty, Bparty) = parseSIP(req);
      call = new Video_R2Conf( … );
      call.setVideoContent(retrieveVideo(request));
      call.MakeCall();
    }
  }
}
```

CtD-Service-Logic

```
class CtD_R2C extends CtD {
  ServiceID, Aparty, Bparty;
  CtD_R2C(ServiceID, Aparty, Bparty) { … }
  void MakeCall() {
    ParlayCall Pcall = new ParlayCall( … );
    Pcall.routeCallToOrigination( … );
    Pcall.routeCallToDestination( … );
    Pcall.MergeLegs();
  }
}
```

CtF-Service-Logic

```
class CtD_R2F extends CtD {
  ServiceID, Aparty, Bparty, FaxContent;
  CtD_R2F(ServiceID, Aparty, Bparty) { … }
  void setFaxContent(FaxContent) { … }
  void MakeCall() {
    ParlayCall Pcall = new ParlayCall( … );
    Pcall.routeCallToDestination( … );
    Pcall.TransferFax(FaxContent);
  }
}
```

Video-Service-Logic

```
class Video_R2Conf extends CtD {
  ServiceID, Aparty, Bparty, VideoContent;
  Video_R2Conf( … ) { … }
  void setVideoContent(VideoContent) { … }
  void MakeCall() {
    ParlayCall Pcall = new ParlayCall( … );
    Pcall.routeCallToDestination( … );
    Pcall.TransferVideo(VideoContent);
  }
}
```

Mediation

```
class ParlayCall {
 ServiceID, Aparty, Bparty;
 ParlayCall(ServiceID, Aparty, Bparty) { … }
 void routeCallToOrigination(ServiceID, Party) {
  ParlayCallLeg aLeg = new ParlayCallLeg( … );
  aLeg.routeCallToAddress();
 }
 void routeCallToDestination(ServiceID, Party) {
  ParlayCallLeg bLeg = new ParlayCallLeg( … );
  bLeg.routeCallToAddress();
 }
  void MergeParties() { … }
  void TransferFax(FaxContent) { … }
  void TransferVideo(VideoContent) { … }
}
class ParlayCallLeg {
  ServiceID, Party;
  ParlayCallLeg(ServiceID, Party) { … }
  void routeCallToAddress() { … }
}
```

Verzeichnis für Bilder und Tabellen

Abb. 0.1:	Übersichtsgraph eines großen Software-Projektes	3
Abb. 3.1:	Abstraktionsebenen der Systementwicklung	25
Abb. 3.2:	Verteilte Betriebssystemkonfiguration	26
Abb. 4.1:	Schematische Darstellung eines PINT-Szenarios	29
Abb. 4.2:	Schnittstellen des PINT-Service	32
Abb. 4.3:	Signalmodell nach SIP	33
Abb. 4.4:	Schichtenmodell des PINT-Gateways	34
Abb. 4.5:	Programme und Prozesse des SIP/PINT-Stacks	39
Abb. 4.6:	Komponentenmodell für SIP/PINT-Stack	43
Abb. 4.7:	Architektonik des PINT-Gateways, Ausgabe 1	44
Abb. 4.8:	Architektonik des PINT-Gateways, Ausgabe 2	45
Abb. 4.9:	Architektonik des PINT-Gateways, Ausgabe 3	47
Abb. 4.10:	Schichtenmodell des PINT-Gateways mit CORBA-Schnittstelle	49
Abb. 4.11:	Zusammenhang zwischen SIP/PINT- und CORBA/PINT-Prozeß	50
Abb. 4.12:	Austauschbarer PINT-Service Click-to-Dial	54
Abb. 4.13:	Architektonik des PINT-Service mit Click-to-Dial, Click-to-Fax und Video Service	57
Abb. 4.14:	Durchstich zur Architektonik des PINT-Gateways	62
Abb. 7.1:	Schnittstellen zwischen Komponenten	90
Abb. 8.1:	Architektonik des PINT-Gateways	94
Abb. 8.2:	Komponentenstruktur des PINT-Gateways	97
Abb. 8.3:	Gitter mit Komponente	98
Abb. 8.4:	Komponenten des PINT-Gateways im Gitter	98
Abb. 8.5:	Schichtenmodell für Internet Supplementary Services	99
Abb. 8.6:	EWSD Functional Areas	102
Abb. 8.7:	Beispiel zur Serviceschichtung: Schicht 3	103
Abb. 9.1:	Komponentenstruktur eines erweiterten Systems von ISS	107
Abb. 9.2:	Darstellung der Komponentenstruktur als Graph	108
Abb. 10.1:	Zusammenhang zwischen Software-Struktur und Prozessen	116
Abb. 10.2:	Kopplung von synchroner und asynchroner Kommunikation	118
Abb. 10.3:	Bankautomat mit asynchroner Kommunikation	119
Abb. 10.4:	Realisierung höherer Programmiersprachen	123
Abb. 10.5:	Einordnung der Programmiersprachen	125
Abb. 11.1:	MSC 'PSTN-Vermittlung'	128
Abb. 11.2:	MSC 'Click-to-Dial-Request'	131

Abb. 13.1: Das V-Modell der Software-Entwicklung............. 184
Abb. 13.2: Kosten pro Fehlerbehebung.................................. 188
Abb. 13.3: Fehlerfindung.. 190
Abb. 13.4: Fehlerquellen und Fehlerfindung........................... 191
Abb. 13.5: Schichtenmodell.. 193
Abb. 13.6: Test einer Schicht.. 194
Abb. 13.7: Inkrementelle Entwicklung.................................. 195
Abb. 13.8: Schichtenmodell mit zeitlicher Anordnung........... 195
Abb. 13.9: Kombination der Testmethoden............................ 203
Abb. 13.10: Schematischer Ablauf einer Teststufe.................. 204
Abb. 13.11: Teststufen.. 208
Abb. 13.12: Testumgebung für SIP/PINT-Stack....................... 209
Abb. 15.1: Der sequentielle Prozeß....................................... 224
Abb. 15.2: Der sequentielle Prozeß mit Simulation nichtfunktionaler Anforderungen.............................. 227
Abb. 15.3: „Good enough"-Dreieck.. 228
Abb. 15.4: RPM-Entscheidung... 229
Abb. 15.5: Der RPM-Prozeß.. 230
Abb. 15.6: Verwaltung der Dokumente und Quellen................ 234
Abb. 15.7: Struktur eines Verwaltungssystems........................ 236

Tabelle 5.1: Faktoren nach COCOMO.. 69
Tabelle 5.2: Kennzahlen für die Produktivität in Zeilen Programmtext je Personenjahr................................. 70
Tabelle 5.3: Verteilung des Projektaufwands............................. 72
Tabelle 5.4: Projektdauer relativ zur Anzahl der Mitarbeiter....... 73
Tabelle 5.5: Projektdauer relativ zu Phasen................................ 73
Tabelle 5.6: Vergleich der Variante β mit dem tatsächlichen Verlauf... 73
Tabelle 6.1: Bewertungsmatrix... 84
Tabelle 8.1: EWSD-Schichtung.. 101
Tabelle 13.1: Inspektionsteam... 198
Tabelle 13.2: Testunterstützung.. 206

Glossar

Algorithmus

Der Begriff Algorithmus ist intuitiv gegeben durch ein allgemeines Verfahren zur Lösung einer Klasse von Problemen. Er ist abgefaßt in einer präzisen – d.h. in einer eindeutigen Sprache formulierten – endlichen Beschreibung unter Verwendung effektiver (im Sinne von tatsächlich ausführbarer) Verarbeitungsschritte.

Beispiele sind das Divisionsverfahren für natürliche Zahlen und der euklidische Algorithmus zur Bestimmung des größten gemeinsamen Teilers zweier Zahlen.

Ein allgemeines Verfahren bedeutet, daß die Ausführung bis in die letzten Einzelheiten hinein eindeutig vorgeschrieben ist. Dazu gehört insbesondere, daß die Vorschrift in einem endlichen Text niedergelegt werden kann.

Zur exakten Definition kann man auf Präzisierungen wie Turing-Maschinen oder Markovsche Algorithmen zurückgreifen.

Applikation

Als Applikation bezeichnen wir eine abgeschlossene Funktion bezüglich einer gegebenen Aufgabenstellung aus Anwendersicht.

Architektonik, Architektur

Das aus dem Griechischen stammende Wort Architektonik bezeichnet den inneren Aufbau eines Kunstwerks oder Gedankensystems. In Abgrenzung hierzu bedeutet Architektur Baukunst, d.h. die Lehre über die Herstellung von Kunstwerken (ursprünglich nur von Bauwerken). In der heutigen Praxis werden beide Begriffe oft synonym benutzt, was zu Mißverständnissen führen kann.

Architekturelemente

Zur Beschreibung der Architektur werden verschiedene Sichten der Struktur eines Software-Systems benötigt:

- statische Struktur: Schicht, Komponente
- funktionale Struktur: Service, Interface, Programm
- Laufzeit-Struktur: Prozeß

COSPEL – Component Specification Language

COSPEL ist eine an den Komponenten orientierte Spezifikationssprache. Sie abstrahiert einerseits von den Feinheiten der Programmiersprachen, andererseits enthält sie alle Konstrukte zur Beschreibung der folgenden relevanten Architekturelemente, inklusive der Repräsentation von Laufzeitverhalten:

- die Applikation mit laufzeitkritischen Merkmalen,
- die statische Struktur,
- die Semantik der Schnittstellen,
- die Transportkanäle zwischen den Rechnern der ausführenden Hardware-Konfiguration.

Fehler, Fehlverhalten

Ein Fehler (fault) ist ein Defekt eines Programms, der, wenn das Programm unter bestimmten Bedingungen ausgeführt wird, ein Fehlverhalten (failure) verursacht. Fehlverhalten bedeutet, daß das Programm in seiner Funktion die Anwenderanforderungen in irgendeiner Weise nicht erfüllt hat. Ein Fehler kann die Ursache von verschiedenen Fehlverhalten sein.

Die benutzerorientierte Sicht des Fehlverhaltens bezieht sich auf die Ausführung eines Programms und ist damit dynamisch. Die entwicklungsorientierte Sicht des Fehlers bezieht sich auf das Design eines Programms und ist damit statisch.

Leistungsdynamik

Unter Leistungsdynamik werden die beiden Aspekte „kurze Reaktionszeit" und „hohe Verarbeitungsgeschwindigkeit" verstanden.

Protokollautomat

Protokolle sind eine wesentliche Grundlage aller Netze. Sie dienen der Signalisierung (z.B. für die Steuerung von Verbindungen), dem Transport von Nutzdaten aller Art, dem Austausch von Meldungen des Netzmanagements und für andere Zwecke.

Bestehen die Netzknoten aus Computern, so müssen die Protokollmechanismen in geeigneter Weise als Abläufe in der Hardware und Software implementiert werden.

Die Zusammenhänge zwischen den Abläufen nach den Regeln des Protokolls lassen sich gut mit dem Modell des endlichen Automaten beschreiben, d.h. eines Protokollautomaten mit endlich vielen Zuständen. Damit eignet sich dieses Modell auch für die Beschreibung der **zustandsorientierten Services**, die die Protokollabläufe implementieren. Diese Services akzeptieren in Abhängigkeit ihres aktuellen Zustands gewisse Anreize über parametrisierbare Interfaces, führen Aktionen aus, nehmen einen neuen Zustand an und melden gegebenenfalls Quittungen zurück. Bei den Aktionen können auch Anreize in kaskadierender Weise an weitere Services gesendet werden.

Qualität

Qualität wird in unserem Zusammenhang folgendermaßen verstanden: Benutzungsfreundlichkeit, Zuverlässigkeit, Stabilität, Ausfallsicherheit, fehlertolerantes Verhalten, Korrektheit, Durchsatz, Antwortzeit.

Zuverlässigkeit

Software-Zuverlässigkeit (Reliability) ist die Wahrscheinlichkeit, daß Software für eine festgelegte Zeitperiode in einer festgelegten Umgebung ohne Fehlverhalten arbeitet.

Literaturverzeichnis

[Axel1997] R. Axelrod: Die Evolution der Kooperation. Oldenbourg 1997

[Balz1982] H. Balzert: Die Entwicklung von Software-Systemen. Bibliographisches Institut Mannheim, 1982

[Beck1999] K. Beck: Extreme Programming Explained. Embrace Change. Addison Wesley 1999

[Berg1997] K. Bergner et al.: Using UML for modeling a distributed Java application. Report TUM-I9735 1997

[Brös2000] P. Brössler, J. Siedersleben: Softwaretechnik. Hanser 2000

[Broy1997] M. Broy et al.: Evaluation of the O.P.E.N. Architecture, Report TUM 1997

[Chen1990] W. K. Chen: Theory of Nets: Flows in Networks. John Wiley & Sons 1990

[Chou1982] T. C. K. Chou, J. A. Abraham: Load Balancing in Distributed Systems. IEEE Transactions on Software Engineering, 8 (4):401-412, 1982

[Corb2000] Object Management Group: www.omg.org, 2000

[DCOM2000] Microsoft: www.microsoft.com, 2000

[DeMa2000] T. DeMarco: On Systems Architecture. www.atlsysguild.com/GuildSite/TDM/Architecture.html, 2000

[Herm1971] H. Hermes: Aufzählbarkeit – Entscheidbarkeit – Berechenbarkeit. Springer-Verlag 1971

[Herte1994] E. Hertel, W. Lörcher: Nachrichtentechnik: Übertragung – Vermittlung – Verarbeitung. Hanser 1994

[Hofm2000] C. Hofmeister, R. Nord, D. Soni: Applied Software Architecture. Addison Wesley 2000

[Hotz1974] G. Hotz: Schaltkreistheorie. De Gruyter 1974

[IETF1990] SNMP: RFC 1157. www.ietf.org, 1990

[IETF1999] SIP: RFC 2543. www.ietf.org, 1999

[IETF2000] PINT: RFC 2848. www.ietf.org, 2000

[ITUQ1996] ITU-T: Q.771. www.itu.int, 1996

[ITUQ1997] ITU-T: Q.811. www.itu.int, 1997

[ITUZ1996] ITU-T: Z.100. www.itu.int, 1996

[ITUZ1999] ITU-T: Z.120. www.itu.int, 1999

[ITUZ2000] ITU-T: Z.200. www.itu.int, 2000

[Java2000] Sun: java.sun.com, 2000

[Jone2000] C. Jones: www.spr.com/index.htm, 2000

[Jung1998] V. Jung, H.-J. Warnecke: Handbuch für die Telekommunikation. Springer-Verlag 1998

[Kern1988] B. W. Kernighan, D. M. Ritchie: The C Programming Language. Prentice Hall 1988

[Kopp1975] H. Kopp: Beiträge zur Theorie der Programmiersprachen. BMTF-GMD, Nr. 97, 1975

[Kupp1979] H. Kupper: Der Turmbau zu Babel oder Projektmanagement in alter Zeit: Online-adl-Nachrichten 12/79

[Lu,H1998] H. Lu et al.: Towards the PSTN/Internet – Internet-Networking-Pre-PINT, IETF RFC2458, 1998

[Luck1995] D. Luckham et al.: Specification and Analysis of System Architecture Using Rapide. IEEE Transactions on Software Engineering, 21 (4):336-355, 1995

[Madn1974] S. E. Madnick, J. J. Donovan: Operating Systems. Mc Graw Hill 1974

[Musa1990] J. D. Musa, A. Tannino, K. Okumoto: Software Reliability, Measurement, Prediction, Application. Mc Graw Hill 1990

[Myer1991] G. J. Myers: Methodisches Testen von Programmen. Oldenbourg 1991

[Parl2000] The Parlay Group: www.parlay.org, 2000

[Rumb1998] J. Rumbaugh, I. Jacobson, G. Booch: The Unified Modeling Language Reference Manual. Addison Wesley 1998

[Samm1982] W. Sammer, H. Schwärtzel: CHILL – Eine moderne Programmiersprache für die Systemtechnik. Springer-Verlag 1982

[Seeg1974] G. Seegmüller: Einführung in die Systemprogrammierung. Bibliographisches Institut Mannheim, 1974

[Shaw1995] M. Shaw et al.: Abstractions for Software Architectures and Tools to Support them. IEEE Transactions on Software Engineering, 21 (4):356-372, 1995

[Shaw1996] M. Shaw, D. Garlan: Software Architecture – Perspectives on an Emerging Discipline. Prentice Hall 1996

[Schr1993] H. Schroer, T. Stalke: Die Netzwerkarchitektur SNA. Vieweg 1993

[Stev1992] R. W. Stevens: Advanced Programming in the Unix Environment. Addison Wesley 1992

[Stev1994] R. W. Stevens: TCP/IP Illustrated Vol1: The protocols. Addison Wesley 1994

[Ston1977] H. S. Stone: Multiprocessor Scheduling with the Aid of Network Flow Algorithms. IEEE Transactions on Software Engineering, 3 (1):85-93, 1977

[Stro1987] B. Stroustrup: Die C++ Programmiersprache. Addison Wesley 1987

[Sun_2000] Sun: www.sun.com, 2000

[Taft1995] S. Taft et al.: Ada 95 Reference Manual. ISO/IEC 8652:1995. Springer-Verlag 1996, Lecture Notes 1246

[Tane1995] A. S. Tanenbaum: Verteilte Betriebssysteme. Prentice Hall 1995

[UML_2000] Object Management Group: www.omg.org, 2000

[Whee1996] D. A. Wheeler, B. Brykczynski, R. N. Meeson: Software Inspection – An Industry Best Practice. IEEE Computer Society Press 1996

[Your1997] E. Yourdon: Rise & Resurrection of the American Programmer. Prentice Hall 1997

[Zöbe1995] D. Zöbel, W. Albrecht: Echtzeitsysteme, Grundlagen und Technik. International Thomson Publishing 1995

Index

A

Algorithmus 8, 23, 27, 106, 109–110, **111**, 112, 135, 141, 152, 154, 185–186, 192, 198, 245, **261**
Application Programming Interface (API) 32, 46, 81, 99
Applikation **23**, 30–31, 33–36, 38, 40–42, 44, 48, 51–53, 55, 61, 80–81, 89, 92, 109, 112, 115–116, 124–125, 137, 139–140, 142–144, 146–147, 149, 151, 159, 164, 175, 180, 184, 192–193, 205, 215, 223, 226, 242, 246–247, **261**, 262
Architektonik **18**, 19–25, 27, 29–30, **31–32**, 37–39, 44–51, 55–63, 94, 113, 123, 127, 133, 243, 245–246, 252–254, 257, **261**
Architektur VII, 14, **17–18**, 19–22, 24, 35, 37–38, 40, 42, 53, 55, 59, 63, 79–80, 82, 89, 92, 99–101, 117, 140–141, 153, 175, 177, 193, 213–214, 217, 224, 244, 247–249, **261**, 262
Architekturdarstellung 24, 34
Architekturelement VII, 2, 35, 37–38, 87, 89, 91, 115, **127**, 133, 135, 139–140, 192, 213, 247, **262**
Architekturfaktoren **79**
Architekturregeln 98, 100, 245–246
asynchrone Schnittstelle 41, 87, 105, 140–142, 161
asynchrones Interface 136, 138, 152, 155, 157, 160–161
Aufwandsmessung 67
Aufwandsschätzung 74–75
Automat 24, 41, 117–118, 137, 141, 154–160, 205, 221, 263
Automatentheorie **133**

B

Benutzungsschnittstelle 14
Betriebssystem 26–27, 31, 38, 49, 51, 69, 80–83, 88–89, 91–92, 99–100, 106, 114–115, 121–122, 124–125, 144, 160, 180–181, 194–195, 215, 235, 247
Betriebssystemprozeß 88–90, 114, 149, 151, 154
Bewertungsmatrix **84**, 85, 247

C

C++ 59–60, 112–113, 123, 133, 135, 215, **216**, 217
Channel 146, **160**
CHILL 83, 101, 112–113, 117, 119–121, 124, 133, 135
Click-to-Dial **30**, 34–35, 42, 51–58, 61, 88, 124, 131, 144, 164, 257
Cluster 51, 175
Compiler 24, 123, 135, 215–216, 233
CORBA 31, 46, 49–50, 91, 93, 106, 160, **217**, 255
COSPEL 35–41, 43, 91–93, 95–

96, 115–116, 119, 135–136, **139**, 141–146, 152, 164, 173, 192, 249, **262**
CtD-Service-Logic 33, 35, 38, 46, 209–210

D

Datenkapsel 36, 59, 140, 152
Dokumentation 13, 67, 71, 80, 220–222, 226
DOS 122
Durchsatz VII, 22, **37**, 41–42, 55, 60, 113–114, 142, 263
Dynamik 1, **11**, 12–13, 15, 38, 49, 55, 59–60, 63, 81, 106, 124, 223, 245

E

Electronic Commerce 31, 48, 50, 87
Entwicklungsprozeß VI, 2, 13, 21, 186, 189, 191, 196–197, 217, 221–222, 227–228, 232, 248–249
EWSD **30**, 33, 35, 99, 101, 121, 234–235
Externschnittstelle 13–14, 81
Extreme Programming 13, 222, 224–225

F

Fehler 82, 124, 175–181, 185–186, 188–191, 198, 200–201, 205–207, 225, **262**
Fehlerbehebung 175, 179, 187–188
Fehlerfindung 187, 189–190, 192
Fehlervermeidung 186, 189
Fehlverhalten 5, 176–179, 181, 183–184, 187–188, 192, 201, 203, 206–207, 211, 231, 248, **262**, 263

H

Hardware 5, 7, 11, 13, **23**, 24, 26–27, 31, 41, 49, 51, 61, 81, 89–91, 98–99, 105, 107, 110–113, 121–124, 137, 142, 175, 178–180, 183, 215, 226, 235, 245, 247, 263
Hardware-Konfiguration 25–26, 38, 101, 108, 136, 262

I

IDL 217
Implementierung VI–VII, 2, 7, 17–20, 23–24, 31, 35, 37–38, 42–43, 46, 49, 55, 63, 87, 89, 92, 106, 114, 116, 123, 135, 137–138, 140–141, 147, 149, 153, 160, 173, 176, 184, 186–187, 189, 191, 194, 201, 214, 216, 222, **223**, 226–227, 229–230, 233, 244, 246, 248
Inspektion 179, 187–188, 191–193, 197–200, 226, 230, 233
Interface 45, 99, 136–140, 144, 147, 149, 151–152, 155–157, 160–161, 217, **262**, 263
Internet Supplementary Services 99, 107
Interprozeßkommunikation 26–27, 160

J

Java 14, 35, 49, 59–60, 112–113, 115, 122–123, 125, 133, 153, **215**, 217

K

Komplexität V–VII, 8–9, 11, 13–14, 17–18, **19**, 20–21, 34, 42, 46, 52, 55–56, 61, 66–68, 70, 101, 110, 235, 245, 247
Komponente 14, **22**, 23–24, 27, 30–38, 41–47, 49–50, 52–53, 55–56, 60–61, 63, 68–69, 71, 79–83, **87**, 88–100, 102, 105–107, 109–110, 115, 127–130, 135, 139–140, 142–144, 146–147, 149, 151–152, 154–155, 175, 177–178, 181, 184, 192–196, 205, 208–209, 214, 223, 235, 245, 247, **262**
Komponentenmodell 44, 47, 50,

52, 56, 59–60, 93, 101, 127, **132**, 133–135, 163, 251
Kostenschätzung 2, 65–67, 69–70, 74, 76, 80, 245

L

Laufzeit 11–13, 38, 40, 52, 60, 89, 114–116, 124, 136, 141, 144, 175, 180, 215, 242, 262
Laufzeitoptimierung 37
Laufzeitverhalten 35, 37, 40, 89–90, 92, 114–115, 247, 262
Leistungsdynamik 11, 262

M

Maintenance 52–53, 73, 83, 147
Maschinenprogramm **23**, 24, 38, 63, 91–92, 112–113, 124, 135, 186, 223, 230, 233
Maschinensprache 112, 123–124, 134–135, 139
Mediation 33, 35, 46, 56, 93, 99, 151

N

Netzwerk V, 26, 29, 46, 215

O

O&M-Manager **52**, 53, 149
offene Schnittstelle 31, 33, **48**, 49–50, 63, 81, 164
OMG 49, 213, 217
Optimierung 24, 79–80, 82, 105, 110, 247

P

Phase 11, 13, 52, 59, 70–72, 75–76, 81, 186–187, 189, 197, 219, 221–223, 225–226, 228–230, 232–233, 246
PINT-Client 30, 32, 35, 39, 41, 49, 208–210
PINT-Gateway 30–35, 37, 41–42, 44–49, 52, 55, 59–63, 84, 93–94, 97–99, 101, 139, 142, 144, 208, 222, 252–254
PINT-Nachricht 31, 33, 39, 56
PINT-Protokoll 30, 35, 39–41, 46, 56
PINT-Request 38, 46
PINT-Service 31–33, 48–49, 54–55, 58–59, 256
Programm VI, 5–7, 18–19, 21, 23–25, 37–39, 42, 50, 52–53, 59, 61, 63, 66, 68, 91, 93, 95–96, 105–106, 111–118, 120–124, 133–138, 140–141, 153–154, 156, 176, 178, 180–181, 184–185, 187, 192, 201, 205–206, 230, 233, 235, 246, **262**
Programmgenerierung 185
Programmiersprache 2, 23–24, 31, 35, 37, 49, 59–60, 66, 83, 87, 91, 106, 111–113, 117, 119–125, 132–135, 138–140, 155–156, 160–161, 180, 185, 202, 223, 247–248, 262
Programmspeicher 133, 136
Projekt VII, 1–2, 8, 12–13, 18–20, 65, 67, 70, 72–73, 76, 83, 88, 123, **219**, 220–222, 224–227, 229–231, 234, 237, 240–244, 246, 248
Projektkooperation **239**
Projektleiter 2, 219–221, 244
Projektleitung 71, 76, 241
Projektmanagement 2, 198, **219**, 221, 230, 232, 237, 248
Protokoll 14, 31, 33, 52, 56, 81, 91, 103, 136–137, 140, 144, 155–156, 158–159, 214, 247, 262–263
Protokollautomat 41, 136–138, 141, 146, 154, 158, **262–263**
Prototyp 1, 12, **58**, 59–60, 226
Prototypimplementierung 11–12, 24, 59–60, 109
Prototyping 12, 125
Prozeß VI, 1, 5, 8, 19, 38–39, 52–53, 55–56, 59, 90–91, 102, 113, **114**, 115–116, 119–121, 128, 130, 135, 138, 140–141, 143–144, 180–181, 185, 210, 214, 222–223, 225–227, 229–230, 242, **262**
PSTN 29–30, 55, 128, 131

Q

Qualität V, VII, 2, 5, 7–8, 18, 21–22, 30, 67, 83, 113, 176, 183, 185–186, 189, 193, 198, 200, 202, 211, 225, 232–233, 248, **263**
Qualitätssicherung 66, 183, 185, 193
Quality of Service 51, 109

R

Reaktionszeit 11, 22, 31, **37**, 55, 59–60, 63, 111, 114, 123–124, 209–210, 226, 262
Recovery 82, 88, 91, 176, 179–181, 247
Ressourcen 11, 27, 55, 80, 180–181

S

Schichten 30, 34, 36, 49, 52–53, 55–56, 61, 82, 93, **97**, 98–103, 115, 181, 194–197, 247, **262**
Schichtendarstellung 33
Schichtenmodell 14, 30, 34, 36, 44–45, 47, 49–50, 52–53, 56, 59–60, 63, 96, 98–99, 101, 103, 110, 127, 181, 193, 195–196, 247
Schnittstelle V, VII, 14, 22, 26–27, 31–35, 39–44, 46, 49–50, 61, 75, 81–83, 87–88, 90, **91**, 92–93, 99–100, 103, 106–107, 109, 127, 139–141, 144, 147, 149, 151–152, 154, 157–158, 188, 192, 194–195, 208, 210, 244–245, 247, 262
SDL 12, 128, 141, 159, 161, **214**, 215, 232–233, 243
Semantik 22, 32, 35, 49–50, 91, 112–113, 115, 120–122, 124, 127, 129–130, 132–138, 141, 146, 149, 151, 154, 156–157, 159–161, 214, 244, 262
Service 1, **30**, 31, 33, 36–39, 41–45, 51–53, 55, 82, **87**, 88–91, 93–95, 98–103, 105, 109, 115–116, 135–137, **138**, 139–144, 146–147, 149, 151, **152**, 154–161, 164, 194, 196–197, 246–247, **262**, 263
Serviceschnittstelle 41, 88, 90–91, 93, 142, 144, 246–247
Sicherheit 7, 17, 26, 59, 63, 82, 88, 175–176, 246, 263
Signalmodell 32–34, 44, 46, 50, 52, 56, 59–60, 63, **127**
Signaturen **161**
SIP/PINT-Stack 33, 35–36, 38, 41, 43–44, 46, 61, 93, 208–210
Skalierbarkeit 22, 31, 60, 81–82
Skalierung 9, 13
Sockets 11, 26, 91, 160
Software V–VI, 1, 5–9, 11, 18, 25–26, 30, 51, 69, 75, 79, 81–83, 88, 99, 101, 103, 111, 113–114, 116, 121, 123–125, 137, 175–180, 183–185, 197, 211, 234, 237, 241–242, 244–245, 248, 263
Software Engineering 5, 25, 186, 192, 211, 248
Software-Architektur VI, 2, 9, **17–18**, 19–21, 27, 30, 83, 127, 139, 245
Software-Entwicklung VI–VII, 1–2, 5, 8, 11, 15, 17, 19–20, 30, 59, 66, 113, 123, 186, 191, 193, 221–222, 234, 239, 241, 245
Software-Projekt VII, 1, 18, 20–21, 65, 67, 69, 123, 237, 239, 244, 248
Software-Qualität 83, 176
Software-Sicherheit 176
Software-System V–VII, 1–2, 5, 11, 13–14, 17–22, 34, 37–38, 48, 51–52, 74, 79, 87–89, 91–92, 101, 105–106, 112, 127, 133, 135, 178–179, 181, 183–185, 211, 231, 247–248, 262
Software-Technologie 12, 21, 83
Software-Zuverlässigkeit 82, **175**, 176–177, **263**
soziale Bedingungen **239**
Speicherbedarf 11–12, 41, 60, 109, 111, 135, 142, 210, 216
Spezifikation 37, 39, 41, 55, 112, 125, 127, 141, 144, 146, 151–

152, 156, 160, 185–186, 191–193, 197, 201–203, 205, 207, 222–223, 226, 231–233, 244, 247
Spezifikationssprache **22**, 83, 128, 135, 139, 185–186, 262
Sprachunabhängigkeit 217
Standards 2, 22, 30, 40–41, 46, 49, 61, 81, 83, 101, 119, 125, 141, 151, 158–159, 214, 217, 246
Standardschnittstelle 31, **46**, 63, 69
Strukturierung VII, 2, 14, 27, 82, 87–89, 101, 103, 115–116, 139, 189, 193, 242, 245
synchrone Schnittstelle 41, 87, 105, 140, 142, 161
synchrones Interface 44, 136, **138**, 152, 155–157, 161
Systemzuverlässigkeit 177–178

T

TCP/IP 11, 32, 160, 209, 217
Team 2, 12–13, 69, 72, 76, 179, 198, 224–225, 240, 245
Telekommunikation VII, 11, 22, 61, 119, 175–177, 179, 181, 214–215
Test 66, 71, 176, 179, 184, 186–188, 190–191, 196–197, 201–203, 205, 207–211, 223, 225, 230, 233, 237, 248
Testkonzept 184, 189–191
Testprozeß 184–185, 191, 201, 203, 211, 248
Threads 88, 91, 215–216
Transportkanal 40, 140, 144, 147, 149, **160**, 161, 262

U

UML 12, 22, 59, 81, 83, 128, 141, 155, **213**, 232–233, 243
Unix 26, 31, 88, 92, 115, 122, 235

V

Verfügbarkeit V, VII, **31**, **51**, 82–83, 123, 176, 183, 217, 242
Verifikation VI, 24, 59, 185, 214, 222–223, 227
Versionsentwicklung 31, **55**, 63, 88, 187, 189
Viren 5
Visualisierung 18

W

Windows 31, 49, 122, 215

Z

Zeitschätzung 2, 65, 76, 80, 245
Zuverlässigkeit VII, 5, 17, 51, 124, 175–179, 181, 183, 248, 263

Markenverzeichnis

Siemens, EWSD, Cospel sind Marken der Siemens AG.
Java, Java VM, JAIN, RMI sind Marken von Sun Microsystems, Inc.
COM, DCOM, DOS, Windows sind Marken von Microsoft Corp.
ClearCase ist eine Marke von Rational Software Corp.
Unix ist eine Marke von Bell Laboratories.
ADA ist eine Marke von United States Government.
ADABAS ist eine Marke der Software AG.
ALGOL 60 ist eine Marke der ALCOR-Gruppe.
C++ ist eine Marke von Bell Telephone Laboratories, Inc.
CHILL, H.323, MSC, SDL sind Marken von ITU-T,
TCAP ist eine Marke von ITU-T und IETF.
PINT, SIP, SNMP sind Marken von IETF.
CORBA, IDL, UML sind Marken von OMG Object Management Group.
SQL ist eine Marke von Oracle Corp.
OS/390, SNA sind Marken von IBM Corp.
Motif ist eine Marke von The Open Group.
COCOMO ist eine Marke von B. Boehm, TRW Inc.
C ist eine Marke von B.W. Kernighan, D.M. Ritchie, Bell Telephone Laboratories, Inc.
Parlay ist eine Marke von The Parlay Group.
POSIX ist eine Marke von IEEE.
PVCS ist eine Marke von MERANT GmbH.
RPC, SMALLTALK sind Marken von Xerox Corp.

FORTRAN wurde entwickelt von J. Backus bei IBM Corp.
OMT wurde entwickelt von J. Rumbaugh.
Pascal wurde entwickelt von N. Wirth, ETH Zürich.
PROLOG wurde entwickelt von A. Colmerauer.
SA wurde entwickelt von T. DeMarco.
SD wurde entwickelt von Stevens, Myers, Yourdon.
Plankalkül wurde entwickelt von K. Zuse.